인터넷 진화와 뇌의 종말

디지털의 미래, 디스토피아인가 유토피아인가

Copyright ⓒ acorn publishing Co., 2013. All rights reserved.

이 책은 에이콘출판(주)가 저작권자 조중혁과 정식 계약하여 발행한 책이므로
이 책의 일부나 전체 내용을 무단으로 복사, 복제, 전재하는 것은 저작권법에 저촉됩니다.
저자와의 협의에 의해 인지는 붙이지 않습니다.

인터넷 진화와 뇌의 종말

디지털의 미래, 디스토피아인가 유토피아인가

조중혁 지음

추천의 글

평소 '도이모이' 조중혁 님의 글을 읽을 때마다 '날카롭다' '시각이 독창적이다'는 생각을 많이 했다. 인터넷의 과거와 미래를 정리한 원고를 읽고 난 소감도 비슷했다. 과거와 현재를 통해 미래를 내다보는 안목이 돋보였다. 검색 서비스가 '자율적 검색'으로 진화하면 인간은 굳이 외울 필요가 없어져 암기력이 퇴화할 것이라고 예상한 부분도 재미있었다. 검색 기술과 SNS 발달에 따른 프라이버시 침해 문제도 날카롭게 지적하고 있다. 본인이 프라이버시를 지키려고 애써도 남에 의해 공개되는 시대가 다가올 것이므로, 사회적 합의가 필요하다는 것이다. 이 책은 인터넷이 앞으로 어떻게 진화할지, 그 진화가 우리에게 어떤 의미를 갖는지 생각해 보게 한다. 재미있게 읽었다.

– 김광현 / 한국경제신문 부국장, IT전문 기자, '광파리의 글로벌 IT 이야기' 블로거

조중혁 님의 글은 평소 내 강의 내용과 많은 부분 일치한다. 전자계산기를 쓰게 되면서 암산능력을 잃어버렸고, 자동차 내비게이션과 휴대폰 주소록, 노래방자막, 포탈 검색을 쓰면서 우리는 기억력을 잃어가고 있다. '뇌의 종말'이란 과거의 뇌가 하던 활동의 종말을 의미하는 동시에 새로운 뇌 활동의 시작을 뜻하는 말이다. 지식을 기억하는 데 사용되어온 두뇌를 미래에는 지식을 창조하고 융합하는 데 활용할 것임을 시사하는 제목이다. 이 책에는 인터넷의 과거와 미래에 대한 다양한 사례가 나온다. 우리는 이 사례에 등장하는 다양한 기업들의 흥망성쇠와 실패 원인, 우리 삶의 변화를 통해 미래를 들여다볼 수 있다. 이 책에 나오는 다양한 사례를 단편적인 사건으로만 보지 못하는 이유는, 역사는 항상 우리에게 미래를 내다볼 수 있는 교훈을 남기기 때문이다.

- 김중태 / IT문화원 원장, 「IT혁명이 만드는 비즈니스 미래지도」 저자

오늘은 과거의 투영이고, 미래는 과거의 반추를 통해 만들어져 간다. 크게는 인류 문명의 발전, 작게는 우리가 종사하는 산업과 회사의 성장에는 역사를 바로 알고, 현재를 제대로 이해하는 것에서 시작된다. PC통신과 초기 웹에 대한 다양한 경험과 해박한 지식을 기반으로 포탈, 통신사에서 근무하며 얻은 인사이트를 가진 저자는 이 책을 통해서 과거와 현재를 넘나들며 다양한 IT 상식과 인터넷 역사 그리고 서비스와 사업에 대한 이야기를 서술했다. IT 산업에 종사하는 사람이나 관련 산업에 관심 있는 분이라면, 이 책

이 주는 해박한 지식과 저자의 통찰력에 사고의 깊이가 깊어질 것이다. 인터넷이 지나온 역사와 미래의 이야기, 더 나아가 내일에 대한 트렌드를, 마치 소설책을 읽는 것처럼 편안하게 들여다볼 수 있다.

― 김지현 / 다음 커뮤니케이션 전략담당 이사, 카이스트 겸임 교수

과거와 현재가 씨줄과 날줄이 되어 미래를 만듭니다. 하지만 단순히 과거와 현재의 사건을 알고 있다고 미래를 이야기할 수 있는 것은 아닙니다. 기존 인터넷 트렌드 서적들이 해외 주요 사건들을 나열하는 데 비해 이 책의 저자는 국내외 주요 사건들의 의미와 해석에 초점을 두기 위해 노력하고 있습니다. 인터넷에 대한 큰 흐름을 이해하기 위해 저는 PC통신 시절부터 칼럼니스트로 활동해 오며 많은 인사이트를 보여준 저자의 이야기를 주의 깊게 살펴봅니다.

― 김철균 / 청와대 대통령실 뉴미디어비서관, 새누리당 SNS본부장

인터넷이 현실 사회를 변화시킬 것이란 상상, 그리고 그런 변화가 인간 두뇌의 이용 방식까지 바꾸게 될 것이란 예견. 그것을 현상으로 느끼는 것은 어쩌면 쉬운 일일지도 모른다. 하지만 왜 그런지 이해하기 쉽게 설명하는 것은 그리 쉬운 일이 아니다. 이 책은 그런 면에서 독자들에게 혁명적인 인터넷 진화에 몸 담고 있는 '현재'를 꿰뚫어 보는 안목을 키워줄 것이라고 본다. 이 책을 덮고

나면 저자가 말한 '개인 인간'의 뇌가 종말을 맞을 것이란 주장이 과격한 것이 아니며, '인류'의 뇌가 또 다른 진화의 순간을 맞고 있다는 사실을 분명하게 느낄 것이다.

- 명승은 / 한국블로그산업협회 회장, 국무총리실 자문위원, 『미디어 2.0』 저자

PC로 통신하던 것을 신기하게 생각하던 시절을 거쳐 '통신'이 중심이 되고, 우리 주위의 많은 기기에 혈관을 통해 피가 흐르듯 네트워크를 통해 정보가 흐르면서 세상은 큰 변화를 맞이했다. 네트워크가 긴밀히 연결될수록 더욱 많은 변화가 일어나고 있어 언제나 이에 대한 해석과 새로운 의미를 부여해야 하는 상황이 되었다. PC통신 동호회에서 만나 인연이 시작된 이후로 줄곧 지켜본 이 책의 저자 조중혁 님은 언제나 새로운 현상에 대해 분석해 보고, 의미를 부여하는 꽤 심각한 취미를 가지고 있었고 지금까지 건전하게 유지해온 듯하다. 이 책을 통해 저자가 정리한 세상을 함께 경험해온 이들에게는 공감을, 새로운 지식을 얻고자 하는 이들에게는 큰 자극을 줄 수 있을 것이다. 저자의 진지한 정리를 즐겨보시길 바란다.

- 안진혁 / CJ 오쇼핑 모바일 사업부 상무

지난 20여 년 동안 PC통신, 인터넷의 탄생과 성장과 경쟁의 극한 변화를 나와 함께 경험해온 저자는 그동안 우리가 기술의 변화에 묻혀 보지 못했던 우리 자신의 변화와 그 의미를 주목하고 있다.

이것은 인터넷 시대를 가장 앞서 탐구했던 ISF(인터넷 스터디 포럼)의 대표운영자 출신인 저자답게 가장 시기적절한 문제 제기인 듯하다. 저자의 약력이 말해주듯이 PC통신, 인터넷에 이어 모바일의 전선을 직접 답사하고 있는 저자는 지금도 IT블로거 모임을 주도하며 새로운 변화가 가져올 문제들의 실천적 해법을 모색하고 있다. 이 책은 그의 치열한 문제의식과 실천적 해법을 제시한 성찰의 결과물로 저자의 오래된 현장 경험과 아이디어를 덩달아 건질 수 있는 알찬 생각단지가 될 것이다.

— 임문영 / 전 iMBC 센터장, 현 미디어전략 컨설턴트

우리가 여행하는 목적 가운데 하나는 '역사'를 알고자 함에 있다. 그리고 그 역사에서 교훈을 얻고자 하는 것이다. 『인터넷 진화와 뇌의 종말』은 인터넷의 숨겨진 역사를 담고 있다. 많은 정보와 빠르게 변화하는 IT시대에서 자칫 잊어버리기 쉬운 과거의 되새김을 통해서 미래의 방향성을 찾는 데 도움을 주고자 하는 것이다. 인터넷, 검색, SNS, 포탈, 스마트폰 등 다양한 영역에서의 저자의 경험이 책 내용에 그대로 묻어나 있기에 더욱 더 신뢰가 간다. 한번에 자세히 보기보다는 여러 번 자주 보고 싶은 책이다.

— 이운덕 / SK증권 명동PIB 부장

지은이 소개

조중혁 doimoi@outlook.com

국내 최초의 인터넷 전문 모임이었던 '나우누리 인터넷 스터디 포럼' 대표 운영자 출신이다. 1996년 국내 최초의 인터넷 전문지였던 「월간 Internet」에 칼럼을 기고하며 IT 칼럼니스트 활동을 시작했다. 주간 동아, PC사랑, 전자신문 등의 전문지와 방송통신위원회, 전파진흥원, SK텔레콤, KT 등 정부부처와 대기업 사보에 300여 회 칼럼을 연재했다.

2001년 국내 최대 프로젝트였던 서울시청 포탈(www.seoul.go.kr)의 초기 메인 기획자로 기획과 설계를 담당하며 뼈대를 만들었다. 다음 해 서울시청 포탈은 UN에서 전자정부 세계 1위로 대상을 처음으로 수상하며 주목을 받았다. 이는 당시 '고건' 서울 시장의 대표적인 치적 중 하나가 되었다. 서울시는 현재까지도 세계 1위 자리를 고수하며 가장 앞선 전자정부 사이트로 인정받고 있다.

'박원순 서울 시장'의 인터넷 분야 멘토로 서울시 인터넷 정책에 대한 멘토링을 진행했다. '콘텐츠진흥원' 콘텐츠 심사위원, 미래부 '월드IT쇼' 초청 연사 등으로 활동했다. '서울시 지방 법원', '한나라당 임태희 정책위 의장', '민주당 정세균 대표' 등이 진행하는 인터넷 정책 간담회 등에 패널로 참여했다.

현재, LG U+ 본사에서 근무 중이다.

지은이의 말

인터넷 초기 시절인 90년대 초부터 인터넷을 하기 시작했다. 당시에는 인터넷을 다루는 책이 한 권도 없었으며 고작 한글로 된 문서 몇십 페이지 정도의 문서가 인터넷에 돌아 다니는 정도였다. 읽을 자료가 얼마 없는 새로운 분야라는 것이 저자의 호기심을 매우 강하게 자극했다. 경제학과에 입학했지만 학과 공부는 뒤로 미루고 아침부터 밤늦게까지 도서관에 앉아 해외 인터넷 자료를 검색하거나 네트워크 자료를 보는 것이 일상이었다. 저자가 다니던 도서관의 관련 자료를 모두 읽은 다음에는 전국에 있는 주요 대학도서관을 돌아 다니며 자료를 복사하기 시작했다. 내가 공부한 것을 사람들에게 알려 주기 위해서 PC통신 동호회에 강좌를 올리기 시작하다가 우연한 기회에 국내 최초로 인터넷을 전문적으로 다루던 잡지였던 「월간 Internet」에 글을 쓰기 시작하며 칼럼니스트 생활을 시작했다. 이때는 주로 인터넷 활용에 대해서 글을 썼다. 인터넷에 접속하는 것을 배우기 위해서도 많은 공부가 필요했던 시절이라 인터넷의 기술적 원리가 어떻게 되는지, 인터넷 기술이 어떻게 발전하고 있는지, 어떤 프로그램을 어떻게 사용해야 하는지 등에 대해서 주로 기고했다. 인터넷 자체가 주 관심사였다.

2000년이 넘어 인터넷이 점점 쉬워지고 대중화되면서 인터넷의 기술적 원리는 중요하지 않게 되었고, 인터넷은 누구나 쉽게 익히고 활용할 수 있는 기술로 자리잡았다. IT 마니아 혹은 전산 전공자들이 사용하던 인터넷을 누구나 쉽게 사용할 수 있게 되면서 인터넷 내에서 다양한 문화 현상이 일어나기 시작했다. 이때부터 저자의 관심은 인터넷 문화에 쏠리기 시작했다. 인터넷에서 벌어지는 국내외의 다양한 사례들을 모으기 시작했고 그것을 어떻게 해석해야 하는지에 대해 고민하기 시작했다. 당시는 단순 기술에 불과하던 인터넷이 문화와 결합되어 인터넷 내에서 다양한 문화가 만들어지던 시기였다. 인터넷을 제대로 알기 위해서는 기술적 배경 외에도 인터넷에 대한 다양한 역사와 배경을 알아야 했다. 해외 사이트를 돌아 다니며 관련 책들을 수입해 가면서 공부를 했다. 하지만, 이때만 해도 인터넷은 온라인에서 만들어지는 가상 사회일 뿐 우리 사회와의 연계성이 그리 크지 않았다.

2005년 정도가 되자 초고속인터넷의 대중화와 함께 인터넷이 우리 삶의 중심으로 들어 오기 시작했다. 우리 사회를 이끌어가는 대표적인 산업인 미디어, 금융 등이 본격적으로 인터넷과 결합되어 인터넷에서 소비되기 시작했고 우리 사회의 주요한 이슈들이 인터넷과 밀접하게 연관되기에 이르렀다. 온라인에서 다양한 문화를 만드는 것을 넘어 우리 현실 세계로 들어와 우리 삶과 우리 사회를 바꾸고 있었다. 점점 인터넷과 무관한 것을 찾기 힘든 사회가 되어 가고 있었다. 하지만, 이런 현상을 차분히 분석하고 해석한 책들은 찾기란 쉽지 않았다. 모든 활자들이 인터넷으로 빨려 들어가고 있지만 정작 인터넷이 우리 사회를 어떻게 바꾸고 있는지 너른 안목을 가지고 추적하듯 파고드는 책은 거의 없었다.

이 책은 인터넷에 대한 파편화된 지식만 늘어나는 현실 속에서, 긴 시야를 가지고 통찰하는 책이 부족하다는 저자의 인식 때문에 탄생한 책이다. 인터넷에 접속만 해도 그날 생산된 수많은 정보로 둘러싸이는 현실 때문에 오히려 너른 안목을 가지고 찬찬히 해석하는 일은 갈수록 어려워지고 있다. 눈앞에 쌓인 수많은 정보들이 우리 시야를 가리지만 이럴 때일수록 우리가 어디로 흘러가고 있고 어디로 가야 하는지를 아는 것이 중요하다. 나 역시도 이 과정이 쉽지 않았고 아직 완성되지 않았다. 이 책을 쓰기 위해 지난 20년간 가까이 글을 기고하며 모았던 과거 자료와 책을 들춰보고, 해외 전문가들이 이야기하는 인터넷의 미래에 대한 자료를 살펴봤다. 하지만 자료는 자료일 뿐 이것을 해석하는 것은 온전히 나 자신의 몫이었다. 이를 위해 사회과학적인 지식이 필요했고 관련 고전들을 읽으며 눈앞에 펼쳐져 있는 많은 단서들을 묶고 정리하면서 나만의 해석 작업을 진행해 한 권의 책을 만들었다.

인터넷이 탄생한 지 약 40년, 웹이 개발되어 대중화된 20년 만에, 우리는 과거와 완전히 다른 사회에서 살아가고 있다. 20년 전 스마트폰은 SF 영화에서나 나오는 소재로 먼 미래에나 가능한 일인 것처럼 여겨졌으나 이미 우리는 일상에서 한시도 놓지 않고 사용하고 있다. 스마트폰 때문에 바뀐 사회는 모두 설명할 수 없을 정도로 광범위하다. 앞으로 이런 획기적인 변화는 더 자주, 더 빠르게 일어날 것이다.

앞으로 기술은 검색, SNS, 클라우드, 빅데이터가 융합될 것이다. 이로 인해 발생하는 사회적인 현상은 단순 기술 융합 이상으로 광범위할 것이다. 인터넷과 핸드폰이 융합된 스마트폰이 우리 삶과 우리 사회를 완전히 바꾼 것처럼 검색, SNS, 클라우드, 빅데이터의 융합은 우리를 완전히 바꿀 것이다. 명령하듯 알려 주는 정보 때문에 일부 사람들을 제외하고 우리는 더 이상 뇌를 사용하지 않을 수도 있다.

인류가 탄생한 이후 우리 몸에서 가장 많이 사용하는 신체 기관은 근육이었다. 먼 원시 시대에는 근육을 이용해 동물과 생사를 건 혈투를 벌여야 했으며, 농경 시대에는 근육을 이용해 농사를 지었다. 산업혁명 이후에 기계의 발달로 큰 힘을 이용해야 할 때 일부 기계가 작업을 대신 해줄 수 있게 되었지만 근무 시간의 증가로 오히려 근육 사용 시간은 늘어나게 되었다. 얼마 전까지만 해도 근육은 생존을 위해 뇌보다도 더 많이 사용하는 신체로 근육을 사용하지 않고 살아 간다는 것은 상상할 수 없는 일이었다. 하지만 근육을 과도하게 사용하며 생산활동을 하는 사람들의 수는 점점 줄어들고 있다. 점차 퇴화되는 근육을 살리기 위해서 우리는 억지로 헬스클럽을 다니며 노력하는 첫 번째 인류가 되었다.

　기술의 변화는 때때로 사회, 권력, 산업 구조 등을 송두리째 바꾼다. 종이에 똑같은 글을 빠르게 찍어내는 기술인 인쇄술의 발달이 대표적인 예다. 이 단순한 기술로 생각의 중심이 신에서 인간으로 내려 오게 되었으며, 권력의 중심은 교회에서 시민사회로 이동되기 시작했다. 지식이 본격적으로 쌓이기 시작하면서 과학, 기술, 문화 등 모든 분야에서 과거와 비교할 수 없는 빠른 발전이 일어나기 시작했다. 검색, SNS, 클라우드, 빅데이터의 융합으로 사무직의 감소, 개인의 영향력 증대와 사생활 침해의 문제 등이 발생할 것이다. 개인의 판단을 대신해 알려주는 자율적 검색이 사실상 신이 되는 문제점이 발생할 수도 있다. 창의적으로 자유롭게 생각하는 사람들이 줄어 들고 무비판적으로 기술의 지시를 따르는 사람들이 늘어나게 될 것이다. 정치, 자본 권력 등은 기득권을 유지하기 위해 이를 이용해 대중을 조종하려고 들 것이다. 자유 의지를 지키려는 개인과 개인을 조종하려는 권력과의 싸움이 시작될 것이다.

　지난 20년 동안 나의 삶은 인터넷을 향해 왔다. 평일 새벽마다 일어나 관련 자료를 찾아 보고 주말마다 생각들을 정리하며 글을 쓰고 있다. 관련 자료들을 읽으며 내 스스로 질문을 하고 그 답을 찾기 위해 또 다른 자료를 찾아 보는 일이 내가 살아가는 중요한 이유 중 하나가 되었다. 많은 책을 읽었는데 솔직히 내가 무엇을 아는지는 잘 모르겠다. 다만, 조금씩 알아 가는 것은 내가 무엇을 몰랐는지와 내가 앞으로 무엇을 알아야 하는지에 대한 방향 정도 뿐인 듯하다.

인터넷은 세상에 나온 지 얼마 되지 않았기 때문에 체계적으로 정리된 학문이 없다. 해외의 책들을 살펴봐도 지엽적인 기술과 사건 사고에 대한 이야기를 얼마 되지 않은 저자의 경험으로 짜맞추듯 해석하는 것이 대부분이다. 하지만, 국내에서는 이런 노력조차도 부족하다. 지금 당장 이슈되는 것에 대해서는 비슷비슷한 글이 매우 많으나 불과 10년 전의 인터넷 관련 자료를 찾아 보기도 힘들며 10년 뒤에 펼쳐질 우리 삶에 대해 고민한 글을 찾기도 쉽지 않다. 아직 정리되지 않아 관련 학문도 없는 인터넷을 가지고 과거와 현재 그리고 미래를 연결해 보겠다는 노력은 생각보다 어려웠다. 1,000권 이상의 책과 잡지를 살펴봐야 했다. 하지만 능력 이상의 주제를 잡고 다양한 책들을 참고하려고 한 것이 오히려 주제에 집중하지 못한 결과를 가져온 것이 아닌가라는 아쉬움이 남는다. 하지만 다른 인터넷 관련 서적에서는 찾기 힘든 다양한 사례와 관점을 다루었다는 것만으로도 의미가 있다고 생각한다. 저자의 다양한 생각과 주장이 많은 사람들에게 영감을 불러 일으키고 관련 논의가 활발해졌으면 좋겠다. 더 나아가 저자가 의도한 것처럼 긴 안목을 가지고 인터넷을 통찰하고 우리 사회를 진지하게 바라보는 서적들이 많아진다면 바랄 나위가 없겠다.

이 책이 나오기까지 오랜 시간 방에 들어가 책을 쓰는 남편을

묵묵히 이해해 준 사랑하는 예희와 바쁘다는 핑계로 많이 놀아 주지 못하지만 잘 자라고 있는 조은, 조한별, 조한솔 세 아이의 희생이 있었다. 언제나 고마움과 미안한 마음만 있었을 뿐 표현을 제대로 하지 못했는데 이 지면을 통해 전하고 싶다. 어린 시절부터 나의 생각을 언제나 믿고 지지해주셨던 부모님께 감사의 인사를 드린다. 대학 시절 학과 공부는 뒷전에 두고 새로운 분야를 알고 싶다며 전국 도서관을 돌아 다니고, 밤마다 인터넷에 접속해 자료를 모으던 나를 이해해주고 지원해주셨던 부모님이 없었다면 이 책은 시작조차 하지 못했을 것이다. 어린 시절부터 함께했고 지금은 같은 회사, 같은 층에서 근무하는 친구 성인이도 옆에서 보이지 않은 지지를 많이 해 주었다. 그의 응원에 고마움을 전한다. 마지막으로, 필자의 어설픈 초기 원고를 보시고 바로 그 자리에서 계약을 해 주신 에이콘의 김희정 부사장님에게 감사의 인사를 드린다. 오랜 시간 정리 되지 않은 원고를 한 권의 책으로 만들기 위해서 김희정 부사장님의 도움이 컸다. 전문 IT 서적 편집자답게 부족한 부분을 정확하게 지적해 주어 내심 놀란 적이 한두 번이 아니었다. 책의 올바른 방향성을 이끌어 준 것에 대해 감사의 인사를 전한다.

목차

추천의 글 · 5 / 지은이 소개 · 10 / 지은이의 말 · 13

1장 검색이 여는 세상　　　　　　　　　　　　　　　25

　구글의 도전 · 26
　점점 똑똑해지는 검색 기술의 발전 · 32
　검색 기술이 바꾸는 세상 · 44
　세린디피티 엔진 · 51
　검색 기업의 미래 전략 · 57

2장 SNS를 통한 세상의 변화　　　　　　　　　　　　61

　네 번째 세상 · 62
　SNS와 커뮤니티 · 64
　페이스북의 성공 · 72
　스마트폰과 SNS · 77
　인터넷의 태동에서 SNS의 부흥까지 · 78
　제 기능을 잃어가는 두뇌 · 86

3장 사이버 공간의 현주소　　　　　　　　　　　　　91

　거짓과 소문이 쉽게 횡행하는 사이버 공간 · 92
　포털 발전의 역사와 미디어로의 문제점 · 96
　웹2.0 실패 후 빅데이터의 부족 · 103
　집단지성은 어디서 오는가 · 108
　데이터를 통한 리얼리티 인터페이스 · 115

4장 인터넷 기업들의 발전과 혁신 기술   121

    인터넷 기업들의 흥망성쇠 · 122
    마이크로소프트의 변화 · 125
    신무기로 재도약을 꿈꾸는 야후 · 131
    IBM의 교훈 · 137
    혁신의 대명사 아마존 · 142
    애플의 경쟁력과 발전 방향 · 147
    스마트 TV의 발전 · 152
    클라우드 컴퓨팅의 발전 · 158
    빅데이터의 허와 실 · 163
    빅데이터 분석과 투자의 결실 · 166
    경제 위기와 새로운 탄생 · 173
    사회적 시스템이 필요하다 · 179

5장 인터넷과 국가   185

    디지털 격차와 빅데이터 · 186
    인터넷 패권의 변화 · 194
    글로벌 인터넷 기업과 한국 국민의 빅데이터 · 199
    글로벌 인터넷 기업 손보기 · 204

6장 인터넷과 개인　　　　　　　　　　　　　　　211

　지적 세상으로의 변화 · 212
　검색의 발전과 사무직의 위기 · 220
　개인이 중심이 되는 세상 · 224
　개인 영향력의 논란과 종류 · 227
　개인 사생활의 위협 · 230
　검색과 디스토피아 · 236
　빅데이터로 고조되는 사생활의 위기 · 242

7장 인터넷 디스토피아 유토피아　　　　　　　259

　기술에 따른 사회의 변화 · 260
　클릭 믹스 모타르 · 264
　사회적 갈등 심화 · 271
　정보 계급 사회 · 273
　권력을 통한 생각의 이식 · 276
　디지털 진화와 뇌의 종말 · 284
　디지털 유토피아를 위한 제언 · 291

　찾아보기 · 297

구글의 도전

흔히 무한한 숫자를 이야기할 때 '천문학적 숫자'라는 표현을 사용한다. 하지만 오늘날에는 천문학적 숫자보다 많은 수가 '인터넷적 숫자'다. 구글이 수집한 인터넷 페이지가 2008년 이미 1조 페이지를 돌파했기 때문이다. 이는 은하수에 떠 있는 별보다 2배나 많은 수다. 인터넷 페이지가 폭발적으로 늘어나고 있지만, 이것이 우리에게 더욱더 많은 정보를 줄지, 그렇지 않을지는 아무도 모른다.

일반적으로 구글 같은 검색 사이트는 링크를 따라다니며 새로운 문서를 수집한다. 수집된 문서는 불필요한 부분을 제거한 후 데이터베이스에 보관하다가 사용자가 검색을 하면 자기들만의 알고리즘을 이용해 순서대로 보여 준다.

90년대 후반까지만 해도 검색 엔진은 수집한 웹페이지 양을 가지고 치열하게 경쟁하며 신경전을 벌였다. 빠르게 인터넷 사이트를 돌아다니며 더 많은 문서를 수집하는 기술이 최고 경쟁력이라고 생각했기 때문이다. 수집 결과는 실제보다 크게 부풀려 공개되거나 반대로 전혀 공개되지 않았다. 지금처럼 제3의 기관에서 객관적인 데이터를 제공하는 곳도 없어 믿기 어려운 부분이 있어도 그냥 믿는 수밖에 없었다.

사이트	색인 주기	색인 규모	이용자	참고	기준
알타비스타	1일	비공개	일 방문 2,000만 명(추정)	(공식 홍보) 일 5억 페이지	97년 10월
야후	1주 이내	93만 개 사이트	일 방문자 6,000만 명	색인 없음, 알타비스타 이용	97년 11월
익사이트	약 2주	14만 개 사이트	일 2,700만 페이지	-	97년 11월
인포시크	2시간 이내	1,000만 페이지	일 1,200만 페이지	-	97년 1사분기
라이코스	평균 1주일	1억 페이지	일 1,000만 페이지	-	97년 11월

▲ 90년대 후반 대표적인 검색 엔진

특히 당시 1위 검색 사이트였던 알타비스타가 이런 분위기를 조장했다. 알타비스타는 서버용 칩을 제조하던 DEC$^{Digital\ Equipment\ Corporation}$에서 알파칩의 성능을 홍보하기 위해 만든 사이트였다. 당시만 해도 무한해 보이던 인터넷 페이지를 빠르게 수집한 후 검색 창에 검색결과를 빠르게 보여 주는 것이 그들이 가진 서버 칩의 우수성을 홍보하는 길이라고 생각했기 때문이다.

홍보 효과를 높이기 위해 알타비스타는 altavista.digital.com이라는 서브 도메인을 사용했다. DEC는 인터넷 사용량이 폭발적으로 늘어 도메인이 중요해지리라는 사실을 예측하지 못해 altavista.com 도메인을 선점해 놓지 못했다. 아무도 사용하지 않던 이 도메인은 소규모 기업이던 '알타비스타'라는 또 다른 기업의 소유가 돼 있었다. DEC는 알타비스타 성공 이후 오랜 시간이 흐른 후 거액을 주고 이 도메인을 구입했다. 하지만 2000년도에 이르러 인터넷이 대중화되면서 급격하게 페이지가 늘어나자 이들 사이트는 당황하기 시작했다. 수가 대폭 늘어난 페이지를 효과적으로 다루지 못해 만족할 만한 검색결과를 보여주지 못했기 때문이다.

이때 혜성처럼 등장해 스타로 떠오른 사이트가 바로 구글^{Google}이었다. 구글은 페이지랭크^{PageRank}라는 기법을 사용해 다른 사이트로부터 유입되는 링크가 많으면 믿을 수 있는 사이트로 간주하고 상단에 검색결과를 보여 주었다. 이는 사용자에게 매우 큰 호응을 얻었고 구글은 발전을 거듭해 현재의 구글에 이르렀다.

오늘날 인터넷의 폭발은 구글이 처음 설계하면서 예측했던 규모를 벗어났다. 구글조차도 색인을 시작한 지 불과 10년 만에 1조 페이지가 넘은 사실에 놀라워하며 자사의 공식 블로그에 해당 사실을 알렸다.* 최근에는 불필요한 문서를 모두 제거하고 순수 색인하는 페이지만 하루 190억 페이지가 된다고 한다. 90년대 후반 알타비스타가 몇 년에 걸쳐 모은 페이지 수의 100배 이상의 페이지가 매일 만들어지고 있으며 이 속도는 점점 빨라지는 중이다. 특히 최근에는 소셜 네트워크, 스마트폰 등의 대중화로 더욱더 가속도가 붙었다.

2011년 시장 조사 기관인 IDC는 전 세계에서 생산된 디지털 정보량이 1조 2,000억 기가바이트^{GB}로 추정되며 전 세계 디지털 정

---

* 공식 블로그 글 http://googleblog.blogspot.kr/2008/07/we-knew-web-was-big.html 참조

보가 지난 해보다 48퍼센트 가까이 증가한 2.7제타바이트^{ZB}에 달할 것이라고 전망했다. 이름도 생소한 제타바이트라는 단위는 무려 1조 기가바이트를 뜻한다. SNS가 대중화되어 일반인들도 수많은 데이터를 인터넷에 남기고 있으며 기존에는 디지털 데이터를 생산하지 않았던 TV, 휴대폰 등 아날로그성 제품들도 디지털 제품으로 바뀌어 데이터를 생산하고 있다. IDC는 데이터 증가가 갈수록 빨라져 2020년에는 2009년보다 44배 성장할 것으로 예측했다.

구글은 최근 두 가지 도전에 직면해 있다. 하나는 하루가 다르게 늘어나는 인터넷 페이지를 어떻게 하면 효과적으로 검색하느냐 하는 점이다. 인터넷 세상을 오염시키는 스팸, 펌질, 불건전한 정보들이 난무할수록, 마치 90년대 후반의 검색 엔진 무용론처럼 가까운 시기에 구글 무용론이 나올 수도 있다. 검색이 쓸모 없어진다는 뜻은 인터넷에서 아무 정보도 찾을 수 없다는 뜻이고 이는 정보가 하나도 없는 인터넷 세상과 다를 바 없다.

래리 페이지와 세르게이 브린이 구글을 창업한 1998년도만 해도 인터넷 검색의 최고 강자는 야후에 검색 기술을 제공하던 알타비스타^{AltaVista}였다. 알타비스타는 당시 다른 검색 사이트와 마찬가지로, 다음에 설명한 내용처럼 웹페이지 내의 글을 분석해 검색결과를 보여주는 방식으로 순위를 정했다.

- 제목에 해당 단어가 있으면 가중치가 붙는다.
- 굵은 글씨로 처리된 부분에 해당 단어가 있으면 가중치

가 붙는다.
- 일반명사나 조사 같은 평범한 단어가 아니라 특이한 단어가 일치되면 가중치가 붙는다.
- 검색하려는 단어가 페이지 내에 가까이 붙어 있으면 가중치가 붙는다.
- 검색하려는 단어가 여러 번 중복되면 가중치가 붙는다.

물론 실제 알타비스타의 검색 공식은 이보다 훨씬 복잡했지만 모두 페이지 내용을 보고 경중을 따지는 방식이었기 때문에 내가 만든 웹페이지를 알타비스타 검색결과 상위에 노출시키려면 이 같은 규칙에 따라 웹페이지를 작성하기만 하면 됐다. 따라서 알타비스타는 아무런 내용 없이 이런 규칙만을 따라 만든 사이트가 검색결과 상위에 배치되는 문제로 큰 골치를 앓고 있었다. 이 때문에 알타비스타 무용론까지 나오기 시작했다.

이때 구글은 페이지랭크라는 기술을 들고 나와 검색의 패러다임을 바꿨다. 페이지랭크는 다른 웹페이지에 링크가 많이 걸려 있을수록 가치 있는 웹페이지로 인정해 검색결과 상위에 배치한다. 페이지랭크는 구글 창업자인 래리 페이지와 세르게이 브린 두 사람이 스탠포드대학 시절 연구 논문을 작성하면서 아이디어를 얻었다. 많이 참조된 논문이 가치 있는 논문이라는 학계의 오랜 정설을 따른 방법이다. 페이지랭크의 가장 큰 장점은 다른 웹페이지와의 관계로 가치를 평가하기 때문에 혼자 조작하기 힘들다는 점이다. 페이지랭크는 창업자들이 스탠포드대학 시절 발표한 「대규모 하이퍼텍스트 웹 검색 엔진의 해부 The Anatomy of a Large-Scale Hypertextual Web Search Engine」 논문에 기반을 두었으며 특허 권리는 스탠포드대학에 있다. 여러 사람들이 연합해 조작하는 것을 막기 위해 다음과 같이 다양한 장치를 마련했다는 특징도 있다.

- 모든 페이지는 0~10까지 페이지랭크 값을 가진다.(신뢰도가 낮은 사이트의 페이지랭크는 0, 높은 사이트는 10이다.)
- 어떤 페이지에서 링크를 걸면 해당 사이트에 페이지랭크를 부여해 준다.(다른 사이트로부터 링크가 많이 걸리면 내 페이지의 페이지랭크가 올라간다.)
- 내가 링크를 걸 때마다 링크가 걸린 사이트는 페이지랭크를 나눠서 부여받는다.(예: 내 페이지랭크가 10이며 내가 두 군데로 링크를 걸어 주면 상대방은 각각 5만큼 페이지랭크를 부여받는다. 따라서 페이지랭크를 높이기 위해 링크를 남발하거나 페이지랭크가 낮은 사이트로부터 링크가 걸리는 것은 도움이 되지 않는다.)

구글은 현재 폭발하는 데이터의 홍수 속에서 기존 사업의 검색 품질을 지키기 위해 수많은 도전을 하고 있다. 첫 번째 도전이 그들의 기존 사업 영역을 지키는 도전이라면 두 번째 도전은 그들이 쌓아 놓은 수준 높은 데이터와 검색 기술을 활용해 새로운 세상을 만드는 것이다.

점점 똑똑해지는 검색 기술의 발전

최근에는 페이스북 같은 소셜 네트워크 서비스^{SNS}가 온라인 세상의 중심이 되고 있다. 스마트폰, 태블릿 PC의 대중화 역시 SNS를 부각시키고 구글 같은 검색 서비스를 사람들의 관심에서 멀어지게 하는 요인으로 작용했다. 사용자들은 이동 중에 작은 모바일 기기 화면을 통해 검색으로 정보를 찾기보다는 자투리 시간을 이용해 친구들의 글을 본 후 간단한 의견을 보내는 쪽을 더 선호하기 때문이다. 많은 사람이 검색의 미래를 불안하게 바라보고 있고 이 때문에 검색 황제인 구글의 주가에는 빨간불이 켜졌다. 검색을 상징하는 단어였던 '구글링'과 가로로 긴 검색창은 사람들의 머릿속에서 점점 사라질 것으로 생각하는 전문가들이 많다.

하지만 SNS와 검색은 서로 배타적인 서비스로 대립해 먹고 먹히는 관계가 아니다. 오히려 SNS와 검색은 밀접히 결합돼 우리의 일상뿐만 아니라 경제, 사회까지 바꾸는 거대한 힘으로 작용할 것이다. 스위스에서 개최된 세계경제포럼인 다보스 포럼에서 구글의 에릭 슈미트 회장은 'search'라는 단어보다 'social'이라는 단어를 더 많이 사용하며 페이스북은 구글의 경쟁자가 아니라고 이야기했다. 오히려 페이스북 사용자가 많아질수록 구글을 더 많이 사용하게 되리라고 말하기도 했다. 검색, 소셜, 디지털 기기의 융합 혁명이 일어나는 것이다.

우리가 생각하는 전통적인 검색은 앞으로 점점 사라질 것이라고 많은 전문가들은 입을 모아 이야기한다. 이는 SNS의 등장 때문도 아니고 모바일의 발전 때문도 아니다. 현재의 검색 방식은 사용자들이 자신이 원하는 정보가 무엇인지 명확히 인지한 후에 검색을 하는 모델이다. 하지만 검색 전문 업체들이 바라보는 검색의 미래는 사용자들이 자신에게 필요한 정보가 무엇인지 몰라도 검색 엔진이 알려 주는 방식이다. 앞으로 검색은 알아서 우리를 도와주는 친구 같은 존재가 될 것이다. 하지만 일반 사용자들은 그것이 검색이라는 사실조차 인지하지 못할 것이다. 그냥 내가 최적의 판단을 해 행동할 수 있도록 언제 어디서나 나에게 조언을 해 주는 정보일 뿐이다. 구글은 이것을 '자율적 검색autonomous search'이라고 부른다.

구글을 작은 벤처에서 세계적인 기업으로 만든 에릭 슈미트 회장은 2011년 4월 모바일 월드 콩그레스Mobile World Congress에서 "스마트폰은 우리를 계속 추적할 것이고 길을 가다가 어떤 제품을 사라고 이야기를 해 줄 것이다."라고 이야기했다.* 또한 언론과의 인터뷰에서 구글의 목표가 "내가 내일 무엇을 하면 될까요?" 혹은 "내가 어떤 직업을 가져야 할까요?"라는 질문에 정확한 답변을 해 주는 것이라고 말했다. 에릭 슈미트는 이 질문에 아직 자신들이 답변하지 못하는 이유가 '당신이 누군지 모르기 때문'이라고 이야기하기도 했다. 당시만 해도 인터넷에 개인정보가 충분하지 않아 구글은 자신들의 목표를 이룰 수 없었다. 하지만 최근 SNS의 발전으로 가능성이 크게 높아졌다. 사용자가 과거에 올린 글과 프

---

* http://www.guardian.co.uk/technology/2011/feb/15/eric-schmidt-smartphone-future, http://www.slashgear.com/eric-schmidt-speaks-at-mobile-world-congress-2011-answers-many-questions-15133981/, http://bgr.com/2011/02/15/live-from-eric-schmidts-mwc-keynote/ 참조

로필, 친구관계, 이동경로 등을 분석하면 사용자의 사생활에 대한 정보를 많이 얻을 수 있기 때문이다.

인류는 인쇄술을 발명하면서 크게 발전했다. 인쇄술 발명 전 지식과 정보는 일부 사람들만의 전유물이었고 정보와 지식은 곧 권력이었다. 책의 발명으로 정보와 지식은 대중화됐지만, 책은 대표적인 아날로그 제품이었기에 광범위하게 활용하는 데는 한계가 많았다. 책을 읽은 후 머릿속에 넣어 놓은 내용만 활용할 수 있었다.

인터넷 발명 이후 모든 지식과 정보는 인터넷에 업로드되었고 필요할 때마다 누구나 꺼내 사용할 수 있게 됐다. 하지만 인터넷 전체 양에 비해 우리가 평소 활용하는 정보의 양은 극히 미약하다. 수많은 정보가 새로 만들어지지만 내가 필요해 직접 검색하는 일부 정보를 제외하고는 대부분 사용자의 선택을 받지 못해 제대로 활용되지 못한다. 앞으로의 검색 서비스는 기존의 버려지던 정보를 분석해 사용자가 필요성을 느끼기도 전에 사용자에게 최적화된 정보를 제공함으로써 정보의 활용도를 높이는 데 주력할 것이다.

구글은 나를 대신해 내가 내일 무슨 일을 하면 되는지, 어떤 직업을 갖는 것이 좋은지 같은 '판단'을 제공하고 싶어 한다. 하지만 이런 목표를 가진 기업은 비단 구글만이 아니다. 2008년 설립된 레코디드 퓨처Recorded Future*라는 벤처 기업은 자신들이 개발한

---

* 레코디드 퓨처 홈페이지: https://www.recordedfuture.com/, 공식 블로그: https://www.recordedfuture.com/about/blog/, 위키피디아 페이지: http://en.wikipedia.org/wiki/Recorded_Future 참조

'템포럴 애널리틱스 엔진temporal analytics engine'이라는 소프트웨어를 통해 '경쟁사와 자사의 제품 모니터링', '브랜드 가치와 선호도 분석' 등의 업무를 해 준다. 특이한 점은 '녹음된 미래'라는 뜻의 회사명에서도 알 수 있듯이 주로 과거와 현재보다는 미래를 분석하는 데 경쟁력을 가지고 있다는 사실이다.

레코디드 퓨처는 언론의 논조와 인용 횟수 분석뿐만 아니라 SNS와 블로그 등 인터넷과 각종 정보를 분석해 과거, 현재, 미래 예측을 위한 패턴 분석을 수행한다. 전혀 연관이 없어 보이는 문서들과 이벤트 등 각종 현황 사이에서 보이지 않는 연관 관계를 분석하는 방법이 이 회사가 가진 장점이다. 이런 기술력 덕분에, 공개된 자료들을 분석해 국가를 위험에 빠트릴 수 있는 다양한 공격을 사전에 탐지하는 일 같은 비밀스러운 임무도 수행한다.

기업들의 대형 인수합병 때에도 레코디드 퓨처의 기술이 이용되곤 한다. 내부 자료만으로는 기업의 가치를 정확하게 판단할 수 없기 때문에 외부 자료들을 활용해 해당 기업의 가치와 위험 요소 등을 사전에 파악하는 데 도움을 준다. 레코디드 퓨처는 직원이 20명도 되지 않지만 연관성이 없는 외부 자료를 분석해 미래를 예측할 수 있는 기술력으로 구글과 CIA 산하 기관에서 투자를 유치해 주목받았다. 미국 국가테러방지센터는 전 세계에서 수집되는 빅데이터big data를 24시간 모니터링하며, 이 중에서 테러가 의심되는 1만 개 이상의 테러 관련 정보를 분석한다. 안보를 위한 정보 수집과 분석 분야에 매년 200조 원 이상을 투입한다.

아이폰4S부터 탑재돼 세상의 관심을 받은 애플의 시리SIRI도 구글과 비슷한 목표를 갖는다. 지금은 애플에 인수돼 음성대화로 관심을 얻고 있지만 처음 시리를 개발할 당시 목표는 사용자의 상황을 알아 미리 도움을 주는 것을 목표로 했다. 초기 그들의 홈페이지에는 다음과 같은 목표가 공개돼 있었다.

1. 당신에 대해 더 많이 알려고 노력할 것이다.
2. 당신이 어떤 상황에 있는지 분석할 것이다.
3. 당신의 상황을 알고 미리 도움을 줄 것이다.
4. 당신은 더 좋은 경험을 하게 될 것이다.

▲ 시리와 한국어로 간단한 대화를 통해 필요한 정보를 얻을 수 있다.

아직 시리는 모든 질문에 답을 하지는 못한다. 그러나 사용자들이 일상에서 많이 이용하는 음식점, 영화, 이벤트, 지역, 택시, 날씨에 대한 답은 비교적 정확하게 찾아낸다. 일반적인 검색이 별도의 제휴 없이 내부 기술만 활용하는 데 비해 시리는 약 30개 대형 브랜드와 제휴를 통해 API 연동을 했다. 시리는 제휴를 확대하고 사용자의 생활 패턴 등을 추적해 각 개인에게 최적화된 기능을 제공하려 한다.

"주위에 현대 미술을 볼 수 있는 전시장이 어디 있니?", "거기 어떻게 가야 하지?", "그 근처에 중국이나 일본 음식 잘 하는 곳이 있으면 8시에 예약 좀 해 줄래?"라고 시리에게 이야기하면 알아서 처리해 주는 것을 목표로 개발 중이다. 명령하지 않아도 알아서 처리하는 기술도 연구 중이다. 예를 들어 해외 출장 때문에 비행기를 예약해 놓았지만 비행기 출발이 늦어질 것으로 예상되면 항공티켓 예약시스템이 바로 시리에게 해당 사실을 통보해 주는 식이다. 그러면 시리는 오늘 만나기로 한 사람들의 스케줄을 확인 후 다시 시간을 잡고 식당에서의 식사를 다시 예약한다.

시리는 음성 인식을 위해 '뉘앙스^{Nuance}'라는 솔루션을 사용한다. 뉘앙스는 사람이 이야기하는 말을 적당한 문자로 변환시켜 검색을 할 수 있게 도와준다. 예를 들어 "강남까지 대중 교통을 이용해서 가장 빠르게 가는 방법이 뭐니?"라고 음성으로 물어보면, '강남 빠른 대중 교통'이라는 문자로 변환시킨다. 문자로 입력받은 정보는 다시 크게 3가지로 분류해 처리된다. "김성인에게 전화해."처럼 스마트폰 기능과 연결된 명령은 하드웨어를 즉시 구동시키고, 그렇지 않은 명령은 검색을 한다.

자체적으로 구축한 정보를 먼저 확인해 스스로 대답할 수 있는 질문은 바로 답변을 하지만 그렇지 않은 이야기는 '울프럼알파WolframAlpha'의 검색을 이용해 답변한다. 울프럼알파는 정리된 한 개의 질문에 대답해 주는 검색 엔진으로 가장 뛰어나기 때문이다. 울프럼알파 외에도 인공 지능 검색 엔진인 에비닷컴(evi.com), 날씨 정보 사이트인 웨더버그닷컴(weatherbug.com), 지역 정보 사이트인 시티서치(citysearch.com)와 야후 로컬(local.yahoo.com), 옐프닷컴(yelp.com), 식당정보 사이트 오픈테이블닷컴(opentable.com), 콜택시 사이트인 택시매직닷컴(taximagic.com), 영화 정보 사이트인 로튼토마토즈닷컴(rottentomatoes.com), 영화 티켓 구매 사이트인 뮤비티켓닷컴(movietickets.com), 콘서트, 스포츠 티켓 등을 사고팔 수 있는 스터브허브닷컴(stubhub.com) 등의 전문적인 정보를 이용하기도 한다.

애플이 인수하기 전 시리는 직원이 19명인 작은 기업에 불과했다.* 그러나 하루 아침에 생긴 기업은 아니었다. 시리의 전신은 SRI International의 칼로CALO 인공지능 프로젝트다. 미국 국방부 산하 방위고등연구계획국의 자금으로 운영되던 대규모 인공지능 연구 프로젝트였다. 때문에 칼로 초기에는 인공지능 기술을 군사용으로 활용할 수 있는 방법에 대한 연구를 진행했으나, 현재는 상업적인 목표로 개발을 진행하고 있다. 시리의 CEO 역시 칼로에

---

* http://tist.acm.org/index.php, http://dl.acm.org/citation.cfm?doid=1989734.1989744, http://en.wikipedia.org/wiki/Siri_%28software%29#cite_note-32, http://theweek.com/article/index/226216/how-apples-siri-got-her-name 참조

참여했으며 창업 후 구글, 야후, 애플, 나사^{NASA}, 제록스연구소, 모토로라 등에서 우수 인력을 스카우트했다.「USA투데이」,「뉴욕타임스」,「월스트리트저널」 등 세계적인 언론으로부터 많은 관심을 받은 기업이었기 때문에 아이폰4S에 시리가 탑재되기 전부터 많은 전문가들의 관심을 받은 앱 중 하나였다. 당시에는 아이폰 앱스토어에서 '시리 어시스턴트$^{Siri\ assistant}$'라는 이름의 애플리케이션을 누구나 내려받아 설치한 후 사용할 수 있었다.

하지만 새로운 기능이 추가되지 않은 아이폰4S를 출시하면서 새로운 기능인 것처럼 대대적인 홍보를 하기 위해 앱스토어에서 '시리 어시스턴트'를 내려 기존 사용자들이 이용할 수 없게 했다. 애플이 아이폰4S 홍보를 위해 꼼수를 부린 것인지도 모른다. 비록 시리는 애플의 마케팅 전략으로 시작했지만 애플이 수집한 빅데이터와 결합해 더 높이 발전할 것으로 전망된다.

시리는 아이폰 탑재에 이어 애플TV에도 탑재될 것이라고「뉴욕타임스」가 2011년 11월 보도했다. 초기에는 단순한 음성 인식 수준이겠지만 점차 발전돼 "좀 재미있는 프로그램 없니?"라고 물어보면 시리가 자신에게 맞는 프로그램을 추천해 줄 날이 멀지 않았다. 시리는 자신을 '가상 개인 비서'로 정의한다. 내가 내일 무슨 일을 해야 하는지 물어보면 단순히 일정만 알려주는 것이 아니라 내 상황을 분석해 합리적인 행동을 할 수 있도록 도움을 주는 똑똑한 비서가 될 준비를 하고 있다.

지금 우리들이 이용하는 네이버와 구글의 검색 기술은 인터넷에서 검색어가 들어간 웹페이지를 자신들만의 정렬 방식을 통해 1등부터 마지막까지 나열해 준다. 그러면 우리는 검색결과에 나열된 페이지를 하나하나 열어 보며 추적하듯 정보를 찾아본다. 하지만 길을 가다가 내가 물어보지 않아도 나에게 꼭 필요한 정보만 알려주는 검색 기술은 현재 방식으로는 불가능하다. 꼭 필요한 시점에 핵심만 요약해 알려줘야 하기 때문이다. 이 분야에서 선두에 서 있는 울프럼알파*는 사용자가 검색한 질문에 핵심만 요약해 알려 준다.

울프럼알파WolframAlpha(www.wolframalpha.com)는 2009년 출시된 신생 사이트지만 이미 큰 주목을 받고 있다. 울프럼알파의 특징은 수많은 데이터를 모아서 그것들이 가진 규칙이나 속성을 분석해 모델로 만들어 놓았다는 점이다. 그들은 10조 개 이상의 데이터를 모아서 5만 개 이상의 모델을 만들어 놓았다고 이야기한다. 시리가 제휴를 통해 특정 분야 질문에 대해 인공지능 수준의 답변을 한다면, 울프럼알파는 모델링을 통해 다양한 분야의 질문에 인공지능 수준의 답변을 한다.

하지만 아직은 울프럼알파도 모든 분야에서 인공지능 수준으로 답변을 할 수 있는 것은 아니다. 이미 지식이 체계화돼 있거나 체계화하기 쉬운 전문 분야 혹은 학술 분야에서의 답변들은 놀라

---

* http://www.youtube.com/watch?v=56lSaies6Ws#t=927s, http://news.bbc.co.uk/2/hi/technology/8052798.stm, http://en.wikipedia.org/wiki/Wolframalpha#cite_note-ios-price-20 참조

운 검색결과를 보여주는 데 비해 생활 속 정보나 지엽적인 정보는 검색결과가 만족스럽지 못하다. 울프럼알파는 수학, 물리학, 화학, 공학, 우주, 시간, 날씨, 장소/지역, 사람/역사, 문화/미디어, 음악, 세계, 스포츠/게임, 컬러, 경제, 건강/의학, 음식, 교육, 단체/기관, 교통/운송, 기술, 인터넷/컴퓨터에서 핵심을 정리해 검색결과를 보여준다.

다음의 그림은 울프럼알파에서 'Korea'를 검색한 결과다. 네이버와 구글에서 'Korea'를 검색하면 해당 단어가 들어간 웹페이지를 나열해 주지만 울프럼알파는 요약된 정보를 보여준다.

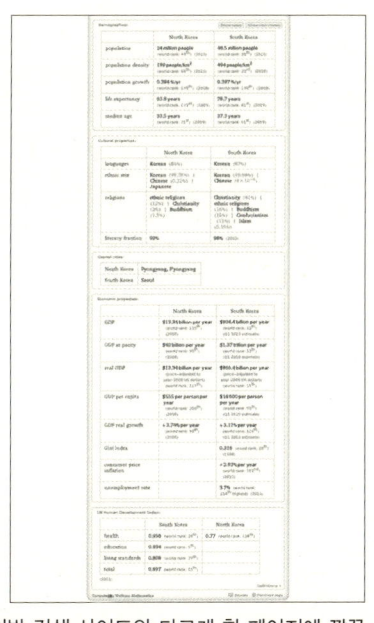

▲ 울프럼알파에서 Korea를 검색한 화면이다. 일반 검색 사이트와 다르게 한 페이지에 깔끔하게 정리해서 보여준다.

울프럼알파가 10조 개 이상의 데이터를 분석해 5만 개 이상의 모델을 만들어 놓을 수 있었던 저력은 이미 그들이 세계 최고 수준의 수학, 공학 분야 소프트웨어 기술을 보유하고 있었기 때문이다. 울프럼알파를 만든 울프럼 리서치Wolfram Research는 매스매티카Mathematica 소프트웨어로 유명한 회사다. 매스매티카는 1988년 처음 출시된 후 계속 버전업되어 현재 8.0까지 나와 있다. 공학, 과학, 금융 업체와 이공계 연구 분야에서 매우 많이 사용하며 특히 난이도 높은 수학 관련 작업을 할 때 흔히 사용하는 수학 프로그램으로 계산과 관련된 거의 대부분의 작업을 할 수 있다.

검색은 인터넷에서 수많은 정보를 모아서 복잡한 수학적 공식

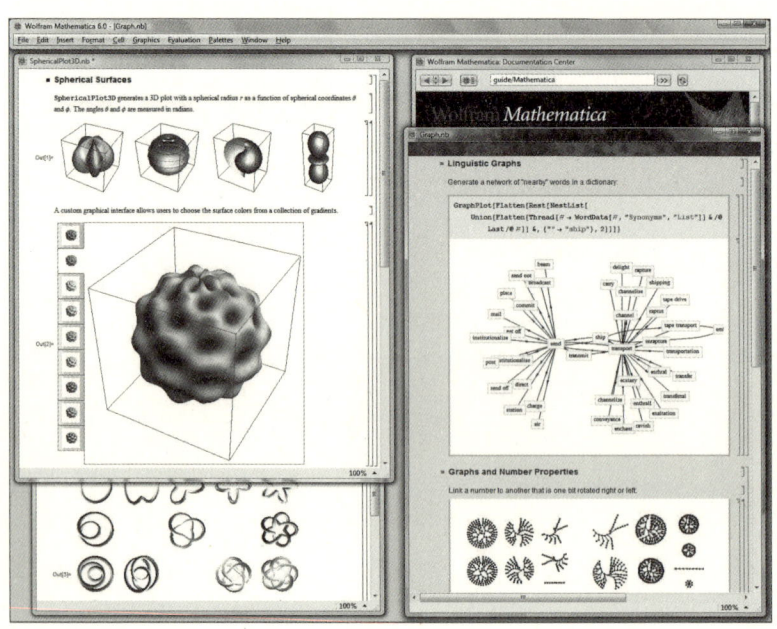

▲ 매스매티카 화면

을 개발해 묶고 정리하는 기술이다. 울프럼알파는 신생 사이트지만 오랜 기간 쌓아온 수학적 기술력을 바탕으로 신개념의 검색 서비스를 제공하고 있다.

울프럼알파 역시 구글과 비슷한 방향으로 발전하리라 예상된다. 자율적 검색을 이루기 위해서 기술적으로 가장 중요한 부분은 '1개의 정리된 답변'이다. 지금처럼 인터넷 전체에서 해당 단어가 들어간 문서를 찾아서 1등부터 꼴등까지 나열해주는 방식이 아니라 1개의 정리된 답변이 중요하다. 이 분야에서 울프럼알파는 가장 앞서 있다. 아이폰의 시리도 울프럼알파의 엔진을 일부 사용한다

인터넷에 떠 있는 수많은 정보를 분석해 내게 필요한 정보를 내가 필요한 시점에 알아서 알려주는 기술이 앞으로 우리가 만나게 될 기술이다. 미래 기술이긴 하지만 IT역사에서 매우 오래된 기술인 인공지능기술이 검색과 SNS 등과 결합돼 새로운 모습으로 태어나고 있다. 인공지능이란 단어를 우리가 어려서부터 들었던 것처럼 인공지능 컴퓨터가 우리의 일을 알아서 척척 처리해주고 우리에게 도움을 주는 세상을 만들기 위한 연구는 이미 1950년대부터 시작됐다. 1940년대에 전자계산기 수준의 성능이지만 크기는 집채만한 최초의 컴퓨터가 나왔고 1970년대 후반에는 PC가 등장했다. 인공지능에 대한 연구는 컴퓨터 발전의 역사와 보폭을 맞춰 왔다. 인공지능에 대한 연구를 한 대표적인 사람은 올리버 고든 셀프리지다. 그는 1959년 「대혼란Pandemonium」이라는 논문을 써

서 인공지능에 대한 이론적 토대를 마련했다. 이 때문에 그는 '인공지능의 아버지'로 불리기도 한다.

인텔이 설립된 1970년대에는 실리콘밸리에서 1차 IT 창업 붐이 불었다. 이때 창업한 회사들이 1980년대 연구 개발에 투자를 가장 많이 한 분야가 바로 인공지능 분야로서, 인공지능에 대한 연구를 적극적으로 한 대표적인 회사는 애플이었다. 하지만 애플은 인공지능 분야에서 가시적인 성과를 내기도 전, 마이크로소프트와 HP에 크게 밀리기 시작하고 회사 사정이 나빠지면서 인공지능에 대한 투자를 크게 줄였다. 한동안 IT 업계에서 관심이 멀어졌던 인공지능에 대한 연구가 검색, SNS, 스마트폰 등의 발달로 제반환경이 마련되면서 구글, 시리, 레코디드 퓨처 등이 새로운 개념으로 발전돼 관심이 높아지게 됐다.

검색 기술이 바꾸는 세상

구글은 자율적 검색을 위한 다양한 준비를 차곡차곡 진행 중이다. 2008년 1월, 지금은 야후 CEO로 자리를 옮긴 당시 구글 검색서비스 담당 부사장이었던 마리사 메이어가 '검색의 미래는 소셜 검색'이라고 선언한 이후 2009년 소셜 검색social search을 오픈해 사람 간의 관계를 통해 검색 정확도를 높이는 노력을 하고 있다.

구글은 플리커Flickr, 프렌드피드FriendFeed, 유튜브YouTube, 레딧Reddit, 디그Digg, 딜리셔스delicious, 브라이트킷BrightKit을 교차 비교해가며 나의 계정과 흔적을 찾아 검색결과에 반영한다. 하지만 구글은 SNS를 직접 서비스해 시장의 주도권을 잡고 소셜 검색의 정확도도 높이기를 원한다. 실제로 구글은 2010년 2월 버즈buzz를 출시했다. 버즈가 충성도 높은 지메일gmail과 결합되어 시장에서 조기 안착하길 기대했으나 이용자가 크게 늘어나지 않자 서비스를 중단하고, 2011년 7월 구글플러스Google+를 새롭게 출시해 SNS 시장을 장악하기 위해 끊임없이 노력 중이다.

구글 소셜 검색은 다음과 같은 정보를 취합해 검색결과에 반영한다.

- 구글 채팅을 통해 연락한 적이 있는 친구들의 정보
- 구글 리더Google Reader에서 가입한 리스트와, 친구들과의 커뮤니케이션 기록과 선호도
- 웹사이트, 블로그 등에서 친구들과 공유하거나 만든 내용
- 친구들과 공유한 사진 혹은 이미지
- 구글 프로필에 등록한 개인정보와 사이트 정보 등
- 검색 후 '+1'을 통해 호감도를 표시한 정보

핵심 서비스가 검색인 구글은 개인정보에는 큰 관심을 두지 않았다. 로그인과 가입도 강요하지 않았다. 하지만 요즘 구글의 행보를 보면 부쩍 개인정보 수집에 큰 관심을 두고 있음을 알 수 있다. 소셜 검색과 함께 최근에 구글이 공격적으로 확대하는 서비

스는 프로필^{Profile}이다. 개인정보와 계정 설정을 위한 간단한 서비스지만 기능을 계속 보강해 가며 기존 서비스와 연계를 추진한다.

검색결과에 '추천' 버튼을 붙여 소셜을 통한 검색결과 정확도를 높이려는 '+1' 탭도 프로필에서 확인할 수 있게 했다. 구글은 '+1'이 신뢰가 중요한 제품의 리뷰와 지역 정보 등을 검색할 때 큰 역할을 할 것으로 기대한다. 다른 사이트와 연계를 통해 개인정보를 수집하는 데에는 한계가 있기에 프로필 기능을 강화해 사용자들이 직접 자신의 개인정보를 입력하도록 유도한다.

2010년 9월 선보인 구글의 인스턴트 검색$^{Instant Search}$도 자율적 검색의 초기 준비 단계로 생각하고 있다. 인스턴트 검색은 사용자들이 검색어를 모두 입력하기 전에 검색결과를 보여주는 기능

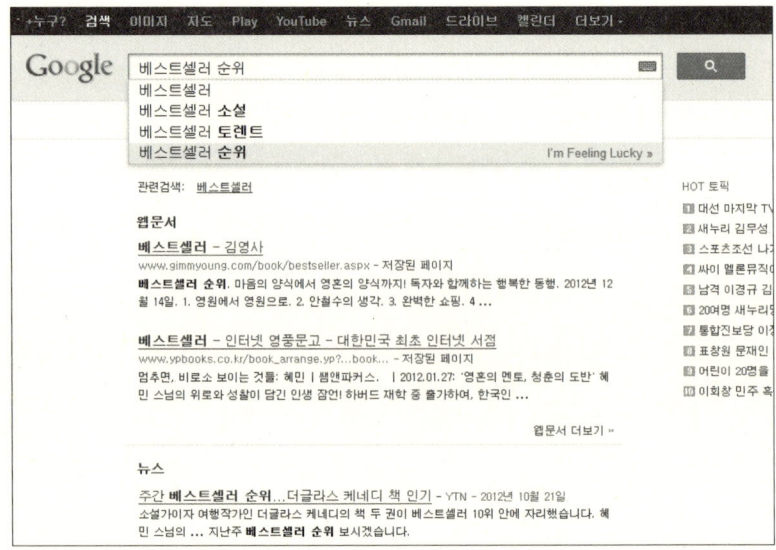

▲ 구글은 인스턴트 검색 기술을 도입해 '엔터' 키를 누르지 않아도 하단에 검색결과를 빠르게 노출해 준다. 사용성 편의를 위해 추천어의 경우만 인스턴트 검색 기술이 적용돼 있다.

이다. 사용자가 원하는 정보를 입력하고 '검색' 버튼을 누르기에 앞서 사용자들이 좋아할 만한 결과를 미리 예측해 보여 준다.

구글 트렌드Google Trends*도 자율적 검색으로의 발전을 염두해 두고 개발한 선행기술이다. 구글 트렌드는 뉴스를 분석해 해당 검색어의 검색 빈도가 지역별로 어떻게 변하는지 그래프로 보여주는 서비스로, 검색어와 뉴스가 지역별로 어떤 차이가 있는지에 대한 정보를 모은다. 이미 구글 트렌드는 가까운 미래를 예측하는 훌륭한 툴로 인정받고 있다. 예를 들어 특정 지역에서 '아파트'에 관련된 검색이 늘어난다면 조만간 해당 지역에서 아파트 거래가 늘어나리라고 예측하는 방식이다.

검색은 인공지능의 기초 기술이 될 것이다. "남자 친구랑 여름 휴가 때 일본 여행을 가고 싶다."라는 글을 올릴 경우 남자 친구의 스마트폰 일정표를 확인 후 휴가 일주일 전 인터넷 전체에서 일본 여행을 가장 싸게 이용할 수 있는 곳을 추천해줄 수 있다. 만약 여름 휴가 시즌이 다가와 빠르게 항공편이 매진될 경우 마감될 수 있으니 예약을 서두르라고 알려줄 수도 있다.

구글은 트위터 사용자들의 글을 활용할 수 있는 권리에 대해 수천억 원을 주고 계약을 맺었다.† 구글은 이미 개인의 글을 분석

---

* 구글 트렌드 URL: http://www.google.co.kr/trends/ 참조
† 관련 뉴스: http://news.inews24.com/php/news_view.php?g_serial=452098&g_menu=020600, http://mashable.com/2009/10/21/google-twitter-search-deal/
구글 공식 블로그 관련 포스팅: http://googleblog.blogspot.kr/2009/10/rt-google-tweets-and-updates-and-search.html 참조

해 상업적인 목적으로 활용하는 법에 대해 많은 노하우를 보유했다. 사용자들이 올리는 글을 분석해 그 사람의 성향이나 선호도 등을 분석하는 작업을 시도 중이다. 서로가 연인관계임을 파악하는 것도 어렵지 않다. 명확하게 친구 관계인 경우 더욱 파악하기 쉽지만 비공개 커플이라고 해도 구글의 운영체제를 사용하는 안드로이드 스마트폰의 메일을 분석해 보면 쉽게 알 수 있다.

구글은 사진 14장만 있으면 그 사람 외형에 대한 모든 정보를 분석할 수 있는 기술도 이미 보유했다. 심지어 사진보다 더 나이가 들거나, 다른 각도에서 찍히거나, 얼굴의 일부만 찍혀도 그 사람이 누군지 파악할 수 있는 앞선 기술까지 보유했다고 한다. 많은 사람들이 싸이월드나 블로그 등에 수십 수백 장의 사진을 공개해 놓고 있기 때문에 분석을 위한 소스는 이미 인터넷에 산적해

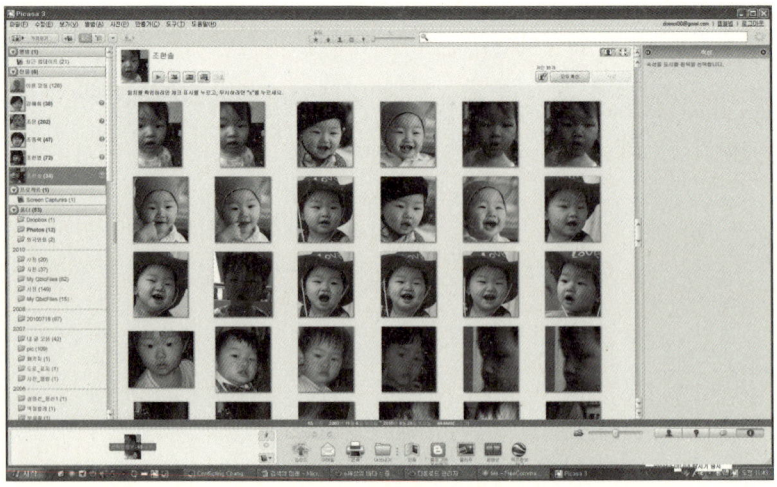

▲ 컴퓨터 전체를 찾아본 다음에 사람의 얼굴을 파악해 동일한 사람을 묶어 준다.

있다. 인물 인식 기술을 발전시키고 있는 첨병 중에 하나가 '피카사Picasa'라는 프로그램이다.

국내에서도 사용자가 많은 사진 관리 프로그램인 구글 피카사의 가장 큰 특징은 '인물 인식' 기능이다. 내가 나온 사진, 혹은 여자 친구가 나온 사진 등으로 정렬이 가능하다. 유명인이 아닌 일반인인 경우 피카사는 이 사람이 누구냐고 몇 번의 질문을 한다. 답변을 몇 번 해 주면 그 다음부터는 피카사가 사진 내에 포함된 사람을 인식한다. 내 컴퓨터 전체를 빠르게 스캔해 내 여자친구가 찍힌 사진을 찾을 수 있다. 심지어 수십 명의 단체 사진에서 여자 친구가 나온 사진도 어렵지 않게 찾아낸다.

피카사는 웹과 연동되기 때문에 사용자들의 정보를 교차분석할 수 있다. 단체 사진일 경우 타인이 이미 피카사를 이용해 사진을 업로드했을 수 있고, 사진에 있는 사람들이 누구라는 사실을 이미 다른 사람이 태깅해놓거나 댓글로 달아놓았을 수 있다. 피카사를 비롯한 대부분의 웹사이트들은 사진을 올릴 때 태그 등록을 요구한다. 교차 분석을 통해 얻을 수 있는 정보는 일반인들이 상상하는 것 이상이다. 사진에는 위치정보와 시각정보가 있다. 사진에 등장하는 사람들이 특정 시각, 특정 장소에 함께 있었다는 의미다. 사진에 등장하는 배경을 분석하면 그 시간에 무엇을 했고 어떤 일들이 있었는지도 알 수 있다.

요즘 스마트폰에는 대부분 사용자의 현재 위치를 계산하는 위

성항법시스템인 GPS 기능이 탑재돼 있다. 과거 내가 이동한 패턴과 지금 이동하는 패턴을 파악한다면 내가 어디로 가는지 예측할 수도 있다. 길을 가다가 "100m 전방 백화점에 들어가 여자친구를 위해 '오휘' 파우더를 사세요."라는 알림을 받는 날이 올 것이다. 이는 증강현실과 연계될 수도 있다. 휴대폰 혹은 휴대폰과 연동되는 안경으로 주위를 둘러보면 내가 사야 할 제품들의 목록들을 볼 수도 있다. 왜 '오휘'라는 제품을 사야 하는지, 여자 친구에게 어떤 의미가 있는지도 함께 알려줄 수 있다. 여기에 구글은 은근슬쩍 광고를 삽입할 것이다. "오휘 파우더와 함께 사용하면 좋은 '썬블록 크림'도 사실 것을 추천합니다." 한발 더 나아가 나의 재무현황과 주식시장, 경제시황 등을 복합적으로 분석해 "지금 당신이 보유한 주식을 팔고 집 앞에 있는 아파트를 사세요."라고 알려줄 수도 있을 것이다.

구글은 그들의 검색광고 플랫폼인 애드워즈(AdWords)와 애드센스(AdSense)를 우리 삶 전체로 확장시킬 것이다. 온라인과 오프라인의 경계가 사라지고 우리 삶 전체는 이들 광고 플랫폼으로 둘러싸일지도 모른다. 구글은 광고도 정보로 취급해 우리가 좋아할 만한 광고만 보여 주기 때문에 우리는 미처 그것을 광고라고 생각하지 않는다. 검색결과에는 집단 지성이 활용될 수 있다. 동일한 조건에서 나와 비슷한 다른 사람은 어떤 판단을 했는지? 이들의 만족도는 어느 정도인지도 알 수 있을 것이다. 뿐만 아니라 전문가들은 나와 같은 상황에서 어떤 결정을 했는지도 알 수 있다. 우리는 이 조언을 따를지 따르지 않을지 결정하기만 하면 된다.

자율적 검색의 영향력이 커질 경우 책임 소재 문제가 필연적으로 발생할 수 있다. 자율적 검색으로 주식 구매를 추천해 사용자가 주식을 구매했는데 며칠 후 주식이 폭락한다면 책임 소재에 대한 분쟁이 생길 수밖에 없다.

긍정적으로 활용된다면, 앞으로 검색과 SNS를 적절하게 사용하는 사람은 지금보다 더 풍부한 경험을 할 수 있다. 구글은 앞으로 검색이 발전되면 더 이상 외로울 일도 없고 지루할 일도 없을 것이라고 이야기한다. 검색이 나와 가장 잘 어울리는 사람을 자동으로 찾아 친구를 맺어줄 수도 있다. 서로의 프로필을 비교해 보고 개인 일정표를 확인해 본 후 서로가 만날 수 있는 중간 지점을 파악한 검색 서비스가 "내일 저녁 5시, 이 세상에서 당신과 가장 잘 어울리는 사람을 강남역 5번 출구 앞에서 만나시겠습니까?"라는 이야기를 해 줄 날이 곧 다가올지도 모른다.

세린디피티 엔진

내가 경제학을 전공할 당시 학부 시절 교수님으로부터 제일 많이 들었던 이야기는 '경제학은 선택의 학문'이라는 말이었다. 자동차를 사야 할지 집을 사야 할지, 취직을 해야 할지 공부를 더 해야 할지를 수학적 논리를 이용해 분석해야 했다. 경제학은 '모든 생산자와 소비자가 관련된 모든 정보를 알고 있으며 완벽하게 합리적'이라는 가정을 바탕으로 한다. 하지만 소비자가 해당 정보를 완벽하게 파악하고 제품을 사는 경우는 매우 드물다.

판매원이 할인 가격이라고 이야기하면 정말로 저렴한 가격인지 면밀히 따져보지도 않고 덜컥 사는 경우가 대부분이다. 누군가에게서 좋다는 말만 듣고 필요한지 따져보지도 않고 제품을 덥석 구매하는 경우도 많다. 우리는 해당 제품에 대해 모든 정보를 알지 못하며 그때그때 기분에 따라 비합리적인 소비를 하는 경우가 태반이다. 생산자 또한 소비자에 비해 상대적으로 합리적인 판단을 내리는 경우가 많지만 경제학에서 이야기하는 수준은 아니다. 이 때문에 경제학은 현실에 맞지 않는 경우가 많았다. 세계적인 금융 위기도 예측하지 못해 경제학 무용론까지 나오기도 했다. 하지만 경제학이 검색과 연계되면 새로운 기회를 모색할 수 있을 것이다.

경제학의 기본 가설인 "모든 생산자와 소비자가 관련된 모든 정보를 알고 있으며 완벽하게 합리적이다."라는 가정을 충족시킬 수 있어 활용도와 정확도가 높아질 수 있기 때문이다. 검색은 수집한 이용자의 정보와 환경에서 어떤 판단을 하는 편이 합리적일지 경제학의 도움을 얻게 될 것이다. 우리는 이 정보를 활용해 작게는 물건을 사는 것부터 크게는 인생의 중요한 결정을 하는 부분까지, 어떤 선택이 나에게 최적의 선택인지 판단하는 데 도움을 받게 될 것이다.

길을 걷는 사용자에게 검색 기술을 활용해 최적의 정보를 제공하기 위해서는 지금과는 전혀 다른 검색 기술이 필요하다. 현재 검색 기술은 사용자가 원하는 정보를 입력하는 방식이지만 앞으로의 검색은 사용자도 생각하지 못한 뜻밖에 좋은 정보를 알려주는 '세린디피티 엔진serendipity engine'을 추구한다.

기초 정보 활용

- 지인의 위치와 결합: 사용자의 집과 직장, 여자친구의 집, 부모님 집, 직장동료 집의 위치정보를 파악해 활용한다.
- 이동경로: 사용자가 최근 방문한 곳을 파악해 이동 패턴을 분석한다. 생활반경과 이동경로를 알 수 있다. 동일한 거리라도 사용자 동선 내에 있는 정보와 동선 밖에 있는 정보의 만족도는 다르다.
- 시간 분석: 식사 시간 무렵이라면 주위 음식점을 분석해 사용자가 좋아할 만한 음식을 추천해 준다.
- 실시간 정보: 대형쇼핑센터에서 예상치 못한 파격 할인행사를 한시적으로 시행한다면 필요한 제품에 한해 구입을 추천해 준다.
- 식습관: 사용자가 즐겨 찾는 식당을 분석하고 사용자의 식습관과 식성을 파악해 장소와 메뉴를 추천해 준다. 중국음식을 좋아하는지 한식을 좋아하는지를 분석해 파악할 수 있다.
- 접속 사이트와 앱 분석: 다음 지도, 네이버 윙스푼을 실행했다면 사용자는 지금 지역정보가 필요하다는 뜻이다.
- 검색 키워드: 사용자가 찾은 검색 키워드를 분석해 그가 요즘 어떤 정보에 관심이 있는지를 파악한다.
- 북마크: 인스타페이퍼(instapaper)나 리드잇레이터(read it later) 애플

리케이션은 사용자에게 유용한 사이트로서, 시간에 쫓기는 이들을 위해 나중에 읽고 싶을 때 읽을 수 있게 책갈피해놓는 북마크 프로그램이다. PC에서 책갈피를 해놓으면 스마트폰에서도 확인할 수 있어 많이 사용된다. 검색은 이들 프로그램을 주목한다. 사용자들이 등록해놓은 페이지를 분석하면 사용자가 앞으로 어떤 정보를 원할지 예측할 수 있기 때문이다.

- 친구: 친구들의 위치정보를 지속적으로 파악하다가 친구가 근처에 왔을 경우 같이 할 수 있는 일을 추천해 준다. 혹은 사용자가 어떤 행동을 할 때 검색은 이를 지켜보다가 친구가 가까이 있으니 함께할지를 물어볼 수 있다.
- 일반적 선호와 나만의 선호: 사람들은 대부분 많은 사람이 선택한 제품을 선호하는 경향이 있다. 쇼핑몰에서 인기 제품을 보여주는 이유이기도 하다. 하지만 자신이 좋아하는 분야나 전문성이 있는 분야는 일부러 다른 사람과 다른 선택을 한다. 얼리어답터들이 대중화되지 않은 제품을 미리 구해서 사용하거나 명품 애호족들이 국내에서 구매하기 힘든 명품을 해외에 나가 구매하는 것이 대표적인 사례라 하겠다. 검색은 이 두 가지 선호를 잘 조합해 추천해 줘야 한다. 동일한 사람이라도 어떤 제품과 경험은 대중적인 방식을 좋아하지만 어떤 제품과 경험은 희소성을 좋아하기 때문에 이 차이를 적절히 분석해 추천 결과에 반영해야 한다.

검색은 기초 정보를 다양하게 조합해 활용한다. 예를 들어 어떤 음식을 먹느냐는 단순히 개인 식성만의 문제는 아니다. 동일한 사람도 평일 점심 시간에 먹는 음식과 주말 저녁 시간에 먹는 음식이 다르다. 보통 평일 낮에는 친구 혹은 동료들과 저렴하면서 빨리 먹을 음식을 찾지만 주말 저녁은 조금 가격이 비싸더라도 가족들과 대화를 하면서 여유롭게 즐길 수 있는 맛있는 음식을 좋아한다. 장소에 따라서 먹는 음식이 달라진다. 똑같은 주말이라고 해도 집 근처에서 먹는 음식과 멀리 야외로 나가 관광지에서 먹는 음식은 다르다. 검색은 개인의 취향을 넘어 주변환경, 주위 사람들, 현재 시간 등 다양한 변수를 면밀하게 분석 후 정보를 알려 줘야 한다.

만약 어떤 사람이 주말 저녁에 집을 나와서 자동차를 타고 이동을 시작했다고 하자. 그가 향하는 방향이 시내 중심가라면 그는 쇼핑을 하거나 가족들과 저녁 식사를 할 가능성이 높다. 하지만 그가 목요일 혹은 금요일 저녁에 대중 교통을 이용해 시내 중심가로 이동하기 시작했다면, 그는 술을 먹을 가능성이 높다. 이는 거리 정보, 친구 정보, 식습관 정보 등 다양한 정보와 재결합될 수 있다. 예를 들어 저녁 식사 시간이 다가오면 10분 거리에 친구가 있으니까 같이 저녁 식사를 하는 것이 어떻겠냐고 추천해 주는 방식이다. 만약 친구끼리 식성이 비슷하다면 성공 가능성이 높아진다. 그가 중국 음식을 먹고 싶어 중국집을 검색한다면 친구 중에 중국 음식을 좋아하는 친구와 연결해 주는 것도 한 방법이다.

이와 같은 대규모 데이터, 즉 빅데이터를 활용한 검색 기술의 발전은 비단 개인의 삶만 바꿔 놓지는 않을 것이다. 기업의 투자, 의사 결정 등 비즈니스 의사 결정에도 큰 역할을 할 것이다. 다우

존스 지수의 방향을 87퍼센트의 정확성으로 예측할 수 있다는 사실을 발견한 인디애나대학의 존 볼렌 정보학 교수는 2011년 트위터에 올라온 글을 분석해 투자의사 결정을 하는 헷지펀드를 만들기도 했다.* 날마다 트위터 사용자들의 의견, 선호도 변화 등을 과학적으로 분석해 투자할 곳을 정하는 방식이다. 영국의 아비바AVIVA 보험사는 혼잡 시간, 사고 다발지역, 운전경력, 성별, 직업 등 빅데이터를 정밀하게 분석해 보험료 산정에 참고한다.

 사람들이 만족할 만한 세런디피티 엔진serendipity engine이 되기 위해서는 다양한 정보를 혼합해 분석해야 한다. 이때 가장 중요한 것은 어떤 정보들을 어떻게 혼합하며 어느 정보에 가중치를 줄지 결정하는 일이다. 이는 매우 어려운 알고리즘으로, 한 번에 설계할 수 있는 구조가 아니다. 수많은 사람들의 피드백을 통해 끊임없이 정교화하며 개인화해야 하는 복잡한 문제다.

 검색의 해독 능력과 상황파악 능력도 강화돼야 한다. 지금은 사용자가 단어를 입력하면 그 단어의 뜻이 무엇인지도 모른 채 해당 단어가 들어간 페이지를 우선 순위에 따라 정렬해준다. 하지만 자율적 검색이 되기 위해서는 웹페이지에 들어 있는 단어가 어떤 의미로 사용됐는지 알아야 한다. 예를 들어 '성인'이라는 단어를 생각해보자. 사전에는 '인격과 식견이 뛰어나고 덕망이 높은 인물', '자라서 어른이 된 사람' 두 가지 뜻이 등록되어 있다. 하지만

---

* 관련 뉴스: http://mtwt.mt.co.kr/topics/50430, http://m.ddaily.co.kr/view.php?uid=96175 참조

사전에는 없지만 인터넷에서 검색해 보면 90퍼센트는 음란물이라는 뜻에 사용된다. 옛 성인들의 지혜가 필요한 사람에게 음란물을 추천해주지 않기 위해서는 해당 페이지를 해독하는 능력과 해당 사람이 처한 상황을 분석하는 능력이 필요하다.

검색 기업의 미래 전략

구글은 자율적 검색을 활용한 편리한 서비스를 모두 무료로 제공할 것이다. 구글의 기본 전략은 자신들이 큰돈을 들여 개발한 서비스와 인수한 서비스를 모두 무료로 제공하는 것을 원칙으로 한다. 구글의 에릭 슈미트 회장이 언론에서 "저렴하게 팔기보다는 무료로 제공하는 방식이 좋다. 의미 있는 플랫폼이라면 반드시 큰돈을 만들어 줄 것이다."라고 이야기한 대목에서 알 수 있듯이, 그들은 철저하게 플랫폼 전략을 추구한다.

무료 전략은 디지털 경제에서 새로운 경쟁자 등장을 허용하지 않는 무서운 전략이다. 소비자들이 제품을 바꾸는 가장 중요한 이유는 가격이다. 하지만 현재 사용하는 제품이 무료라면 경쟁 제품으로 바꿀 이유가 크게 줄어든다. 무료 전략을 사용하면 신규 사업자가 등장하기 어렵고, 등장한다고 해도 기존 업체와 경쟁에서 이기기 어렵다. 무료 서비스가 가능한 이유는 무료를 통해 대규모로 사용자를 모을 수 있고 이를 통해 광고 같은 다양한 수익 사업이 가능하기 때문이다. 하지만 무료로 서비스한 후 대규모 사용자를 확보할 수 있는 기업은 극소수에 불과하기 때문에 신규 사업자 대부분은 중도에 사업을 포기할 수밖에 없다.

서비스 품질 경쟁에서도 신규 사업자는 기존 사용자와 경쟁하기가 매우 어렵다. 요즘 인터넷 서비스는 사용자들이 쓰면 쓸수록 제품의 질이 좋아지는 구조이기 때문이다. 네이버 '지식인'을 생각하면 이해하기 쉽다. 후발 주자인 다음과 엠파스가 유사 서비스를 만들어 많은 노력을 기울였지만 대규모 사용자가 포진한 네이버 지식인을 이길 수 없었다. 이미 구축된 콘텐츠와 사용자들이 새로운 콘텐츠와 사용자를 부르는 구조이기 때문이다.

구글은 자율적 검색을 무료로 제공해 우리 생활을 지배하는 유일한 기업이 되길 원한다. 하지만 무료로 서비스를 이용하는 대신 사용자들은 '사생활 제공'이라는 비용을 내야 한다. 구글은 개인의 관심과 선호도를 분석해 수익을 확대하기 위해 오래 전부터 사용자가 검색하는 단어들을 서버에 저장하고 있으며 클레임드 플레이스claimed places라는 이름으로 위치와 검색, 그리고 광고를 연계하는 기술을 개발 중이다.

또한 구글은 개인의 가장 은밀한 정보인 지메일을 분석해 상업적으로 활용하고 있다. 내가 주고받은 메일을 분석해 나에게 맞는 광고가 무엇인지 분석해 나에게 보여준다. 구글의 이런 기법은 개인 사생활을 침해한다는 비판이 끊이지 않지만 구글은 사용자의 메일을 사람이 열어 보는 것이 아니기 때문에 문제없다는 반응이다. 하지만 개발 과정 중에는 자신들이 원하는 기능이 제대로 구현되는지 확인하기 위해 사람이 메일과 광고를 비교해 보는 과정을 수없이 반복할 수밖에 없다. 개발 완료 이후에도 광고 시장 변화와 트렌드에 대응하기 위해서 끊임없이 기능을 개선해야 한다. 이런 과정 없이 완성도 높은 개발이 불가능하기 때문에 구글의 변명에 쉽게 동의하기 힘들다. 구글뿐만 아니라 이런 기술은 이미 일반화되는 추세다.

마이스페이스(myspace.com)는 이미 2005년부터 인간관계를 분석해 광고 기술에 활용했다. 내 친구가 엑스박스^{Xbox} 동호회에 가입했을 경우 내가 로그인하면 엑스박스 광고가 뜨도록 설계했다. 마이스페이스는 개인정보를 활용해 광고 효과를 높이는 기술 개발을 계속할 것이라고 이야기한 적이 있다. SNS 업체들에게 개인정보 활용은 민감한 사항이기 때문에 현재 어느 정도까지 활용하는지, 또 어떤 식으로 고도화시켰는지 밝힌 곳은 없지만, 우리가 상상하는 것 이상으로 고도화시켜 활용하고 있음이 분명하다.

구글은 그들의 검색 플랫폼이 사용자들의 삶 전체를 둘러싸기 위해서 몇 가지 기술적 기반이 마련돼야 한다고 주장한다. 구글은 핵심 과제로 안드로이드폰의 증가, 클라우드 컴퓨팅의 대중화, 무선 인터넷 속도를 꼽는다. PC를 벗어나 이동 중에도 사용자들이 구글의 검색 기술을 이용하기 위해서는 모바일 OS를 장악해야 한다. 구글의 안드로이드는 애플의 iOS를 뛰어넘어 전 세계 시장점유율 50퍼센트(2011년 5월 컴스코어 발표 기준)로 1위를 달리고 있다. 구글은 이미 인터넷에서 쓰이는 검색, 오피스, 뉴스, 블로그, RSS

리더 등 핵심 애플리케이션을 모두 보유했으며, 이를 안드로이드와 연동하는 작업을 강화 중이다. 이미 스마트폰과 웹 애플리케이션의 연동은 완성 단계에 들어섰다. 태블릿 PC도 삼성의 갤럭시탭을 통해 아이패드의 가장 강력한 경쟁자로 부상했다.

구글은 마지막 남은 영역인 PC를 통해 언제 어디서나 그들의 플랫폼을 이용할 수 있게 하려 한다. 구글은 웹 브라우저 '크롬'을 통해 10퍼센트 이상의 점유율을 기록하고 있다. 이를 발판으로 크롬OS를 탑재한 넷북도 선보였다. 하드디스크 드라이브 없이 모든 정보를 웹에 저장하는 방식이 특징이다. 구글은 스마트폰, 태블릿 PC, 일반 PC의 연계를 통해 언제 어디서나 자사 서비스를 이용하길 원한다. 더 나아가 사용자들의 모든 정보를 자사 서비스에 저장하기를 원하는 무서운 회사다.

구글의 야욕을 한 마디로 정리한 단어가 그들이 만들어 낸 '클라우드 컴퓨팅'이란 단어다. 언제 어디서나 자신의 플랫폼을 이용하면서 사용자의 데이터를 빨아 들이려고 한다. 당연히 이 정보들은 자율적 검색과 광고 정확도 향상을 위한 기본 정보로 활용될 것이다. 우리의 개인정보와 우리가 살아가면서 생성하는 무수한 데이터 조각들을 구글은 구름^{cloud} 속에 모아 분석한다. 바다 건너 떠 있는 그 구름 속에 우리와 관련된 어떤 정보가 어떻게 분석되고, 앞으로 어떻게 활용될지 정작 당사자인 우리는 아무것도 모르고 있다.

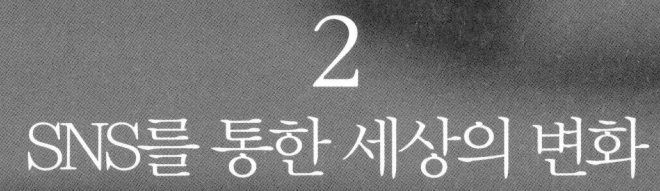

2
SNS를 통한 세상의 변화

네 번째 세상

우리가 살고 있는 세상은 어떻게 발전했을까? '세상'이라는 단어를 사전에서 찾아 보면 '사람이 살고 있는 모든 사회를 통틀어 이르는 말'이라고 써 있다. 다시 '사회'를 사전에서 찾아 보면 '같은 무리끼리 모여 이루는 집단'이라고 정의돼 있다. '인간'이라는 단어도 '사람 인人'과 '사이 간間'이라는 글자가 결합된 단어다. 결국 우리가 살고 있는 세상은 사람 사이의 관계가 모여 만들어지는 것이다.

우리가 사는 세상은 총 4단계로 발전해 왔다. 첫 번째 단계는 농경 사회로 서로가 협업해 살았으며, 경쟁하지 않는 사회였다. 혈연 중심의 사회로 서로 도우며 따뜻하게 살았으나 경쟁하지 않았기에 생산성이 부족했다. 두 번째 단계는 산업 사회로서 서로 분리되어 경쟁하며 살아야만 하는 사회였다. 혈연 사회가 붕괴된

후 개인 중심의 사회가 되었고 각자가 더 많은 이익을 얻기 위해 타인과 끊임없는 경쟁을 해야 했다. 내가 타인에게 미치는 영향은 유명인이 아니고서는 크지 않았다.

세 번째 단계는 현재 우리가 살고 있는 '정보 사회'로, 서로 연결돼 있으며 협력해서 살아야만 하는 사회다. 의미 있는 데이터, 즉 일련의 판단과 행동을 할 수 있는 정돈된 데이터를 많이 아는 사람이 유리한 사회다. 사회는 매우 복잡해져 거미줄처럼 연결돼 있기에 서로 협력해서 살아야만 한다. 개인에게는 인맥이 중요하며, 기업에게는 협력이 중요하다. 하지만 현재까지는 각 경제 주체들의 본원적 모습이 중요하지, 유기성은 생각보다 크지 않다. 정보는 각자가 찾아서 이용하는 개념이지, 자연스럽게 우리 삶 속에 스며들어 우리 모두의 가치를 새롭게 창조하는 개념으로 발전되지는 못했다.

앞으로 다가올 네 번째 단계는 공동 창조 사회로서 유기성이 극대화돼 서로 협력하며 사는 세상이다. 정보 사회의 연결을 뛰어넘는 연결성으로 모두가 하나되어 다 같이 창조하고 다 함께 소비한다. 정보 사회가 정보가 필요할 때 찾아서 사용하는 사회였다면, 공동 창조 사회는 정보 기술이 우리 삶 속에 자연스럽게 녹아 있다가 우리가 필요하다고 생각하는 시점에 우리에게 다가오는 세상이다.

이미 우리 삶에 자연스럽게 스며들어 평상시에는 전혀 의식하지 못하고 전기를 사용하듯이, SNS 또한 우리 생활에 자연스럽게 융화돼 우리는 평상시 SNS를 사용한다는 사실조차 인식하지 못한다. 과거에는 혼자서 하던 게임을 요즘에는 친구를 초대해 함께 이야기를 나누며 하는 것처럼, 앞으로는 실생활에서 친구를 가상으로 초대해 일과 취미를 공유하며 이야기를 나눌 수 있다. 이 과정에서 발생하는 수많은 사람들의 데이터는 우리도 모르는 사이에 클라우드 컴퓨팅에 쌓이고, 다양한 형태로 분석돼 각자에게 필요한 맞춤 정보로 전달될 준비를 하고 있다. 자율적 검색$^{autonomous\ search}$ 기술은 우리가 물어보지 않아도 필요한 시점에 나에게 친숙한 모습으로 찾아와 개인별 맞춤 정보를 알려줄 것이다. 우리는 각자가 생산한 데이터뿐만 아니라 다른 사람이 생산한 수많은 데이터를 같이 활용하고 소비하게 된다.

SNS와 커뮤니티

이처럼 네 번째 세상은 실생활에 결합된 SNS와 이를 통해 생산된 정보를 분석해 개개인에게 필요한 정보로 가공해 적절한 시점에 알아서 알려주는 세상이다. SNS에 대해 이야기하기에 앞서, 비슷한 듯하면서도 차이가 있는 '커뮤니티'에 대해 먼저 이야기해 보자.

커뮤니티 사이트, 커뮤니티 서비스라는 단어의 유래는 미국에서 1997년도에 출판된 아서 암스트롱의 『Net.gain: expanding markets through virtual communities』라는 책이다. 이 책은 1993년도에 하워드 라인골드$^{Howard\ Rheingold}$가 세계 최초의 사이버 커뮤니티라고 할 수 있는 WELL(Whole Earth 'Lectronic Link, 전지구 전자링크)에 대해 자신의 경험과 느낌을 쓴 『버추얼 커뮤니티Virtual community』라는 책의 영향을 많이 받았다. WELL은 하이테크 기술자들이 주로 활동하던 마니아 커뮤니티로서 롤플레잉, 사격 등 다양한 주제를 토의하는 비영리 게시판 서비스였다. 이 두 책 모두 커뮤니티에 대한 개념은 매우 포괄적으로 접근하고 있다. 여러 사람이 온라인에서 커뮤니케이션하는 모든 현상을 버추얼 커뮤니티라고 정의했고, 그렇기에 유즈넷USENET, RPG, MUG 심지어 이메일까지 모두 커뮤니티 서비스로 광범위하게 분류됐다.

이후 게시판, MUD 등 다양한 커뮤니티 종류 중 특별히 개인의 관심, 취미, 사회적 위치, 학교 등 동질감이 있는 사람들 간의 커뮤니티를 만들어 주는 서비스를 소셜 네트워크 서비스Social Network Services, SNS라고 부르기 시작했다. 광의의 개념이었던 커뮤니티라는 단어에서 마이스페이스 같은 개인 중심의 서비스가 인기를 얻자 이들 서비스들을 총칭하는 단어가 필요했고 이를 SNS로 정의하게 된 것이다.

웹에서 커뮤니티를 제공한 서비스로는 1996년에 오픈한 클래스메이트(Classmate.com) 등이 있었지만 한국처럼 PC통신을 통해 오랜 기간 온라인 커뮤니티를 경험하는 기회가 없었기에 주류로 성공하지 못했다. SNS는 2002년 프렌드스터Friendster가 인기를 얻으면서 조금씩 대중화되었으며 본격적으로 마이스페이스MySpace를 통해 꽃을 피웠다. 현재는 페이스북이 전성기를 누리고 있지만 몇 년 전만 해도 마이스페이스가 현재의 페이스북 못지 않은 전성기를 누렸다.

2003년 오픈한 마이스페이스는 우리나라의 싸이월드로부터 영향을 받았지만 토대는 미국 초기의 SNS 서비스인 프렌드스터에서 파생돼 시작한 사이트다. 당시 프렌드스터가 조금씩 미국 시장에서 인기를 얻기 시작했는데 이 현상을 보고 라이브유니버스LiveUniverse의 CEO와 프렌드스터의 직원들이 합심해 만든 사이트가 마이스페이스다.

싸이월드Cyworld도 처음에는 다음 카페를 벤치마킹한 후 카페당 참여자가 적은 소규모 카페를 목표로 했지만 초기 기획 의도와는 다른 방향인 미니홈피에서 크게 성공했듯이, 마이스페이스도 처음에는 인디 뮤지션들의 음악 홍보의 장으로 시작한 서비스가 일반인들에게 널리 퍼지게 되면서 2005년 전후로 전성기를 맞이하게 된다. 마이스페이스 내 음악 서비스가 큰 인기와 영향력이 있었던 이유는 초기 기획 목적이 뮤지션 홍보였던 만큼 뮤지션과 배우들이 만들어 놓은 프로필(일종의 미니홈피)이 당시 700만 개가 될 정도로 막강한 저력을 가지고 있었기에 가능한 일이었다.

다음 표에서 알 수 있듯이 마이스페이스는 2005년부터 2006년까지 급성장하게 된다.

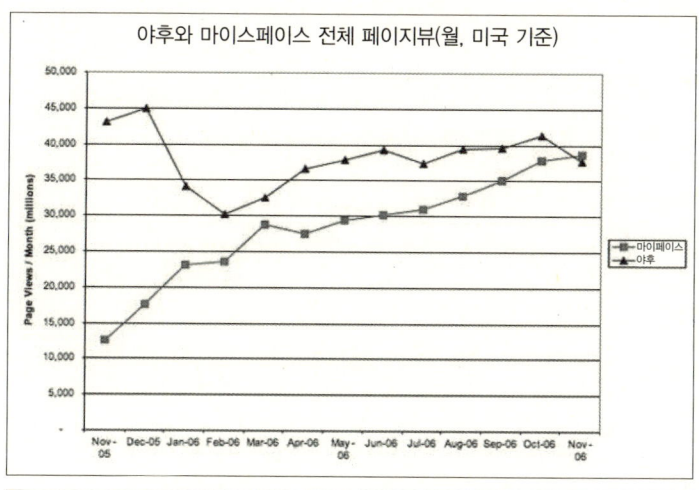

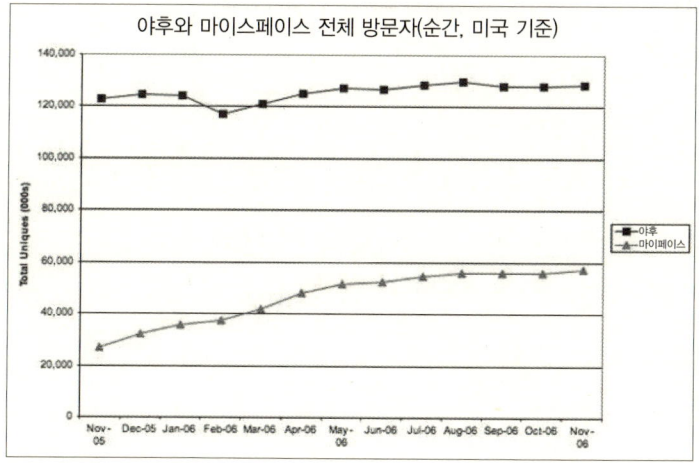

▲ 2006년 마이스페이스가 급성장하며 페이지뷰 기준으로 야후를 이기며 세계 1위에 올랐다.*

　　이는 전문가들이 바라보는 시장 가치에도 그대로 반영됐다. 이 쉽스eShips의 CEO인 야엘 엘리쉬가 2007년 3월, 웹2.0 사이트의 가

* 시장 조사 기관인 컴스코어가 조사한 자료를 테크크런치에서 2006년 12월 12일 발표(http://techcrunch.com/2006/12/12/its-officialish-myspace-is-biggest-site-on-internet/)

격을 정리한 자료에서 볼 수 있듯이 가장 비싼 사이트 5개 중에서 SNS로는 마이스페이스가 유일하게 랭크되어 있는 사실만 봐도 당시 마이스페이스의 인기를 짐작할 수 있다. 지금 인기를 얻고 있는 페이스북보다 많이 앞서 있었다.

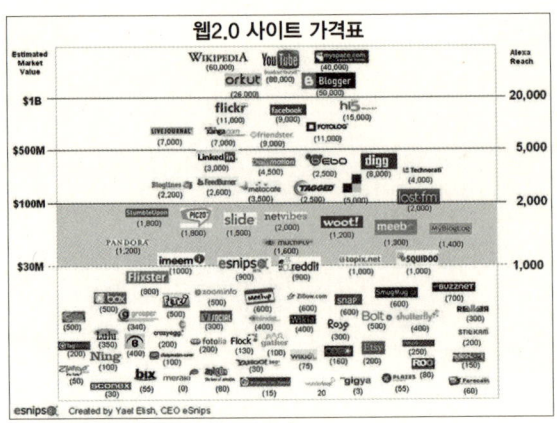

▲ 가장 비싼 사이트 5개 중 SNS로는 마이스페이스가 유일하게 포함돼 있다.(2007년 3월 기준)*

실제 당시 미국에 머물렀던 지인들에 따르면 국내 싸이월드 열풍이 불 때 전 국민의 취미가 되었던 것처럼, 이 당시 마이스페이스의 열풍도 국내 싸이월드 열풍 못지않게 뜨거웠다고 한다. 마이스페이스가 미국 시장에서 큰 인기를 끌자 소규모 업체들은 마이스페이스에 자신들의 콘텐츠를 퍼가서 홍보하길 원했다. 이런 식으로 홍보해 성공한 대표적인 사이트가 유튜브YouTube다.

---

* 관련 포스팅: http://esnips.blogs.com/about_esnips_/2007/04/web_20_ecosyste.html

유튜브 이전에도 동영상 커뮤니티 사이트는 많이 존재했다. 하지만 유튜브가 다른 동영상 커뮤니티와 달랐던 이유는 플래시로 동영상을 인코딩해 기존 동영상 커뮤니티에서 제공했던 WMV에 비해 타 사이트로 퍼가기가 편했기 때문이다. 시의 적절하게 마이스페이스가 미국에서 엄청난 인기를 얻기 시작했을 당시에는 마이스페이스에 동영상 기능이 제공되지 않았기 때문에 다들 유튜브에 동영상을 올리고 마이스페이스에 퍼가기 시작했다. 결국 이는 유튜브의 성공 요인으로 작용했다.

유튜브 초기에는 동영상 재생 횟수의 70퍼센트가 마이스페이스에서 플레이됐다. 마이스페이스 입장에서도 유튜브가 나쁘지 않았다. 동영상을 올리기 위해 로그인이 증가했으며 동영상이라는 매력적인 콘텐츠를 퍼나르는 사람들이 많아지면서 마이스페이스 사용자도 비약적으로 늘어나기 시작했기 때문이다. 특히 비용 절감 효과가 컸다. 동영상은 많은 네트워크 비용과 스토리지 비용이 들어가는데, 유튜브가 이 비용을 모두 내 주는 것이나 다름 없었기 때문이었다.

유튜브의 성공으로 인해 많은 군소 업체들이 마이스페이스에 퍼가기 기능을 지원했는데 이런 전략을 사용하는 업체들이 지나치게 많아지자 마이스페이스는 마이스페이스 내에서 상업적인 활동을 할 수 없다는 약관을 근거로 이들 사이트를 차단하기 시작했다. 이는 결국 미국 소규모 업체들에게 반감을 사게 된다. 여기서 힌트를 얻은 페이스북은 F8 개발자 컨퍼런스를 통해 플랫폼 개방이라는 획기적인 조치를 발표하며 큰 성공을 이루게 된다. 이에 위기를 느낀 마이스페이스는 구글과 손잡고 MDP$^{Myspace\ Developer\ Platform}$라는 비슷한 개념의 플랫폼 개방을 시도했으나 이미 시장 분위기는 페이스북으로 넘어가고 있었다.

> **트위터는 어떻게 발전했을까?**[*]
>
> 트위터는 창업자 잭 도시(Jack Dorsey)가 지금 이 순간 친구들이 무엇을 하는지 공유하게 하고자 만든 사이트였다. 초기 트위터 시절 국내 사용자가 거의 없어, 팔로잉 대상자를 찾기 힘든 내게는 특별한 감흥을 주지 못했다. 솔직히 상당히 소모적인 내용으로만 가득한 사이트로만 생각했다. 가끔 접속해서 테스트를 하는 수준이었다.
>
> 트위터의 초창기라고 할 수 있는 2006년, 내가 처음 접한 트위터의 모습은 황당함 그 자체였다. 트위터 상단에 써 있는 "What are you doing?"이라는 질문에 '지금 집에서 밥 먹는 중', '회사에서 일하는 중'이라는 등 다들 지금 어디서 뭘 하는지 짧은 글을 올렸다. 나와는 전혀 관계 없는 외국인들이 영어로 올리는 이런 내용들이 나에게 무슨 도움이 되는지 전혀 이해할 수 없었다.
>
> 트위터를 주목하게 된 때는 2007년 개최된 IT와는 다소 거리가 멀어 보이는 음악 축제부터였다. SWSX에서 대형 전광판을 설치한 후 트위터를 통해 행사 진행을 생중계했는데, 이때 작성된 관련 글들이 2만 개나 되었다. 이는 세계 최대 IT 전문 블로그인 테크크런치(www.techcrunch.com)

[*] http://www.thedailybeast.com/newsweek/2007/04/29/twitter-is-brevity-the-next-big-thing.html, http://gawker.com/243634/twitter-blows-up-at-sxsw-conference?tag=technextbigthing, http://en.wikipedia.org/wiki/Twitter#cite_note-Newsweek_Tipping_Point-21 참조

를 통해 크게 보도됐다. 이후 트위터는 해외 블로거들 사이에서 가장 큰 화젯거리가 됐고, 세계 최대 블로그 검색 사이트인 테크노라티에 'SWSX' 와 '트위터'란 단어가 2007년 하반기 내내 인기 검색어로 선정됐다.

이후 언론이 트위터를 주목하기 시작한 것은 '제임스 벅' 사건 때문이었다. 2008년 4월 10일, 제임스 벅(UC 버클리 저널리즘 졸업생)과 그의 통역관이 이집트에서 인터넷에 반정부 사진을 올린 혐의로 체포됐다. 체포 직후 그는 모바일을 이용해 트위터에 상황을 전송했다. 그의 친구들은 UC 버클리와 카이로에 있는 미국 대사관과 언론사에 연락했다. 대학 측에서 고용한 변호사에 의해 그는 다음날 구치소에서 풀려났다. 이 사건 이후 트위터는 실시간성과 단순함을 특징으로 하는 마이크로미디어 사이트로 성장하기 시작했다. 나사(NASA)는 화성에서 얼음을 발견한 역사적인 순간을 트위터를 통해 알렸으며 시스코 사와 썬마이크로시스템즈 사 등은 제품과 서비스 정보를 제공했다. 결정적으로 트위터의 성장은 2009년 1월 오바마 대통령의 계정이 해킹되는 사건이 계기가 됐다. 최초의 흑인 대통령 오바마의 취임식으로 전 세계 언론의 관심이 그에게 집중된 시기였다. 이때 그의 계정이 해킹 당하는 사건은 전 세계 언론의 관심 속에 집중 보도됐고 수많은 사람들이 트위터에 가입하는 계기가 됐다.

국내 사용자들이 트위터를 통해 교류를 시작한 시기는 2008년 중순부터다. 세계 최대의 SNS 사이트인 페이스북(www.facebook.com)의 국내 사용자들이 트위터로 옮겨 오면서부터다. 주로 인터넷 업계 종사자들이 2007년 말부터 벤치마킹 차원에서 페이스북을 사용하다가 실시간 대화가 가능한 트위터로 옮긴 것이다. 2008년 하반기에는 드림위즈 이찬진 사장과 인터넷기업협회의 허진호 당시 회장이 가입하기 시작하면서 인터넷 업계 종사자들의 가입이 줄을 이었다. 특히 허진호 회장은 국내 최초로 트위터 오프라인 모임을 직접 주최하며 붐을 이끌었다.

페이스북의 성공

페이스북은 부동의 1위를 지키던 마이스페이스를 추월해 2008년 7월 세계 1위 SNS로 등극했다. 커뮤니티 서비스는 사람들이 많이 모여 있어야 가치가 높아지는 특성상 후발주자가 선발주자를 추월하기란 거의 불가능하지만, 페이스북은 불가능할 것이라는 선입견을 깨고 정식 서비스 2년 만에 SNS 대표 주자로 성장했다.

마이스페이스는 내 자신을 불특정 다수에게 공개해 보여주는 서비스다. 친구의 개념이 있긴 하지만 그 의미가 크지 않다. 자료를 올리지 않고 남의 자료를 보기만 한다면 로그인하지 않아도 사용하는 데 크게 불편하지 않다. 반면, 페이스북은 초기에 완벽히 폐쇄적인 서비스로 시작했다. 지금은 사이트가 커지면서 조금씩 사생활을 개방하는 방향으로 바뀌었지만 초기에는 로그인하기 전까지는 아무것도 볼 수 없었다. 로그인 후에도 친구로 맺은 사람의 프로필만 볼 수 있으므로 친구로 맺은 사람이 없다면 다른 사람의 어떤 정보도 볼 수 없다. 하지만 누군가와 친구가 되면 이야기가 완전히 달라진다.

'친구가 어느 동호회에 가입했는지', '친구가 누구와 어떤 대화를 주고 받았는지', '개인정보를 어떻게 수정했는지', '누구와 새롭게 친구를 맺었는지' 등의 사적인 정보가 완벽히 공유된다. 이는 "당신의 친구가 어느 동호회에 가입했으니 너도 가입해 봐.", "당신의 친구가 누구와 어떤 대화를 주고 받았는지 너도 확인해 봐.", "친구가 개인정보를 변경했으니 확인해 봐.", "너의 친구가 새로운 친구가 생겼는데 네가 아는 사람일 거야." 등으로 끊임없이 나에게 이야기해 준다. 친구들끼리 사생활을 공유하다 보니 페이스북은 친구가 몇 명만 생겨도 빠져 나오기가 쉽지 않다. 며칠만 사용하지 않아도 친구에게서 무슨 일 생겼냐고 전화가 올 정도다.

페이스북은 웹사이트를 운영체제 수준으로 승화시켰다. 세계 최초로 도입한 F8(페이트라고 발음함)라는 개발자 컨퍼런스에서 발표한 페이스북의 오픈 API 전략 때문이다. 이는 누구라도 페이스북에서 공개하는 API를 이용해 페이스북 애플리케이션을 개발할 수 있는 정책이다. 그 회사의 직원이 아니면 기업 애플리케이션을 개발할 수 없지만, 페이스북은 오픈 API를 이용해 자유롭게 페이스북 앱을 개발할 수 있다. 마이크로소프트 직원이 아니어도 윈도우용 프로그램을 개발할 수 있는 점과 비슷하다. 2007년 중순부터 시작된 페이스북의 모든 플랫폼 전략은 큰 호응을 얻었고 사용자들은 스스로 개발자와 서비스 제공자가 되어 재미있고 유용한 수만 가지 콘텐츠를 개발해 페이스북에 올렸다. 페이스북은 후발주자로 시작했지만 마이스페이스보다도 더 다양한 서비스와 콘텐츠가 넘쳐 나는 사이트가 됐다.

페이스북은 아이비리그 대학들을 기반으로 한 고급 이미지 구축으로 성장했다. 페이스북은 2004년 오픈됐는데 초기에는 하버드대학교 교내 커뮤니티로 하버드 대학생이 아니면 가입조차 할 수 없는 사이트였다.* 창업자가 하버드대학교 재학 시절 친구들과

---

* http://en.wikipedia.org/wiki/Facebook#cite_note-9 참조

의 교류 차원에서 만든 사이트이기 때문이었다. 페이스북이 점점 인기를 끌자 또 다른 명문대인 스탠포드대학교, 콜럼비아대학교, 예일대학교, MIT, 보스턴대학교 학생들도 가입할 수 있게 점차적으로 서비스를 확대했다. 그 후 일부 고등학생들에게도 공개했고, 2006년 9월 모든 사람들이 가입할 수 있게 했다.

　이런 이유로 페이스북은 아직도 대학생들이 활발하게 활동한다. 또한 명문대를 중심으로 성장했기에 경쟁사인 마이스페이스에 비해 좀 더 좋은 이미지를 구축했다. 특히 청소년층과 20대 초반층에서 큰 인기를 끌었다. 다음 표에서 보듯이 2007년 2월, 17세에서 25세 남자들에게 가장 좋아하는 사이트를 물었을 때 56퍼센트가 페이스북이 가장 좋다고 응답했다는 결과가 있을 정도로 청소년층과 20대 초반 세대에서 인기를 얻기 시작해 1위 사이트로 성공할 수 있었다.

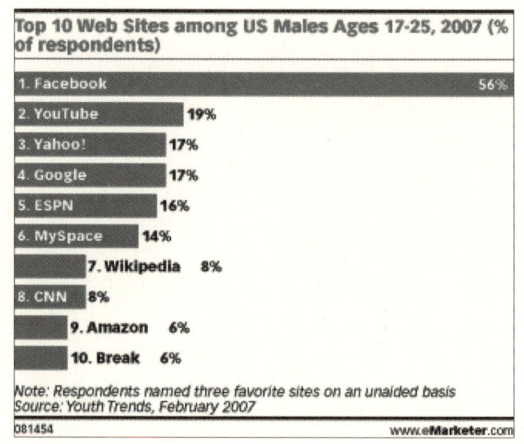

▲ 페이스북은 2007년 당시 10대 후반과 20대 초반에서 큰 인기를 얻으며 성장하기 시작했다.(eMarkterer.com, 2007년 2월 기준)

커뮤니티 서비스는 1위 서비스와 차별화된 경쟁력만으로는 1위 서비스를 이길 수 없다. '완전히 다른' 서비스로만 1위 서비스를 이길 수 있다. 다음 카페를 이긴 서비스는 다음 카페와 차별화된 서비스가 아닌, 완전히 '다른' 서비스인 싸이월드였다. 페이스북도 마이스페이스와 전혀 다른 서비스를 제공해 단숨에 1위로 등극했다.

일부 학자들은 SNS에서 주고받는 수많은 메시지와 데이터를 보며 커뮤니케이션 혁명을 이뤘다고 주장한다. SNS가 나오기 전 대표적인 커뮤니케이션 매체였던 TV, 책, 신문은 소수의 엘리트 계층이 대중을 향해 일방적인 메시지를 전달하는 방식이었다. 일반인이 메시지를 전달할 수 있는 방법은 전화를 통해 일대일로 커뮤니케이션하는 방법뿐이었다. 하지만 페이스북과 트위터에서 볼 수 있듯이 평범한 개인도 이제 여러 사람을 향해 자신의 메시지를 전달할 수 있기에 SNS가 커뮤니케이션의 혁명을 이끌었다고 평가한다.

SNS는 점차 인터넷을 집어 삼키고 있다. 페이스북 같은 SNS는 많은 사람이 특별한 목적 없이 매일 접속해 시간을 소비하며 데이터를 만들어 내고 있다. 많은 전문가들이 SNS의 접속 빈도와 이용 시간에 주목하는데, 오프라인과 마찬가지로 사람들이 모여 시간을 소비하는 곳에서는 비즈니스 성공 확률이 높기 때문이다.

실제 SNS는 인터넷에서 가장 돈이 되는 서비스 모델인 검색 서비스를 위협하고 있다. 세계 1위 사이트 구글과 국내 1위 사이트 네이버는 '검색'을 통해 사용자가 원하는 정보와 사이트를 알려주는 것으로 큰돈을 벌고 있다. 하지만 SNS의 급성장으로 검색을 통해 내가 원하는 정보를 찾기보다 SNS를 통해 관계를 맺은 사람들이 보내 주는 링크를 클릭해 정보를 보는 경우가 더 많아졌다. 실제로 테크크런치(techcrunch.com) 보도에 의하면 페이스북을 통해 공유되는 정보가 2010년 기준으로 주간 평균 50억 건이라고 발표했다. 구글의 방문자 수가 한 달 모두 합쳐서 1억 4,000만 명에 불과해 이미 페이스북을 통한 정보 소비가 구글을 통한 정보 소비를 능가했다고 볼 수 있다. 정보 소비의 공간이 검색에서 SNS로 넘어가는 것이다.

페이스북의 '좋아요Like' 기능은 페이지북 내에서도 사용하지만 다른 사이트에도 붙일 수 있다. 웹서핑을 하다가 맘에 드는 글이 있을 경우 '좋아요' 버튼을 클릭하면 나의 페이스북에 자동으로 링크가 등록된다. 해당 기업은 '좋아요'를 클릭한 소비자를 분석해 비즈니스 의사 결정을 내릴 수 있다. 페이스북 이외에 기업은 자신들에게 전달된 '좋아요' 버튼을 분석할 수 있을 뿐이지만 페이스북은 모든 '좋아요'를 분석해 사람들의 선호를 다양하게 분석할 수 있다.

페이스북은 스마트폰용 위치 공유 프로그램을 '근처Places'라는 이름으로 서비스한다. 스마트폰을 통해 언제 어디서나 나의 위치를 페이스북에 보내 친구들과 공유할 수 있다. 이제 페이스북은 나의 온라인 정보뿐만 아니라 오프라인 정보까지 확보한 셈이다.

개인들은 SNS에서 온라인으로 할 수 있는 온갖 일을 해결하며 개인의 모든 정보를 공개하는 방식으로 흘러간다. 애인, 부모, 심지어 나보다도 나에 대해 더 잘 알고 있는 SNS 세상이 오고 있다.

스마트폰과 SNS

2009년 11월 상륙한 아이폰 열풍을 시작으로 본격적으로 스마트폰 세상이 열리자 인터넷 업계의 많은 사람들이 스마트폰을 통해 이용하는 서비스가 무엇이 될까에 대해 고민하기 시작했다. 이에 대한 결론은 SNS였다. PC에서 인터넷을 사용할 때는 자판 입력이 가능하고 긴 시간 목적성을 가지고 인터넷을 이용하는 경우가 많은 데 비해, 스마트폰은 이동 중 자투리 시간을 이용해 잠깐씩 인터넷에 접속하는 경우가 많기 때문이다. PC로 인터넷 이용 시에는 검색 서비스가 핵심 서비스가 되어 네이버, 구글이 큰 인기를 얻었다면 스마트폰에서는 이동 중에 친구들이나 지인들이 올리는 글을 통해 대화를 하거나 정보를 얻는 경우가 많기 때문이다.

　국내보다 스마트폰이 먼저 보급된 미국에서 스마트폰 사용자들이 가장 많이 사용하는 서비스는 SNS였으며 국내 역시도 스마트폰 보급 이후 트위터, 페이스북 등의 SNS 이용자가 매우 빠르게 늘어났다. 2010년 초 트렌드모니터(trendmonitor.co.kr)에서 발표한 자료에 의하면 "스마트폰과 가장 잘 연동되는 서비스가 무엇이라고 생각하느냐?"는 질문에 대표적인 SNS인 트위터가 52.2퍼센트로 1위를 차지했다. 심지어 SNS에 대한 정의로 26퍼센트의 사람들이 'SNS는 휴대폰으로 연동되는 인터넷 서비스'라고 답할 정도로 SNS는 스마트폰 사용자들의 의식 속에 핵심 서비스로 자리잡았다.

실제 스마트폰에서 SNS는 인터넷 업계 관계자들이 예상한 것처럼 짧은 시간 내 큰 폭의 성장을 거뒀다. 2012년 1월에 방송통신위원회와 한국인터넷진흥원이 발간한 「2011년 하반기 스마트폰 이용실태 조사」를 살펴보면 이미 스마트폰 이용자의 절반 이상이 SNS를 이용하고 있었다.

스마트폰과 SNS의 결합은 언제 어디서나 데이터를 생산하기 때문에 데이터의 폭발로 연결된다. 사람들이 단순히 이동 중에 글을 많이 읽거나 쓰기 때문이 아니다. 우리가 인터넷에 접속하면 아무 일을 하지 않아도 데이터의 흔적을 서버에 남긴다. 내가 의도하지 않아도 카카오톡 같은 메신저 앱들은 나도 모르는 사이에 서버에 앱이 실행 중임을 알리며, 위치 기반의 앱들은 실행만 해도 내 위치를 나도 모르게 전송하기도 한다. 수많은 데이터가 나도 모르는 사이에 생성되고 서버에 저장되고 있다.

인터넷의 태동에서 SNS의 부흥까지

인터넷은 원래 컴퓨터끼리의 연결을 뜻하는 단어였다. 현재와 같은 의미를 갖게 된 것은 각자 존재하던 네트워크들이 서로 연결되기 시작해 단일한 거대 네트워크가 되면서부터다. 인터넷의 전신인 아르파넷^{ARPANET}이 1969년 레오너드 클라인록 교수에 의해 구축되고 그의 제자인 빈트 서프가 1974년 TCP/IP를 개발해 기술이 표준화되면서 그동안 따로 존재했던 전 세계의 네트워크들이 빠르게 연결되어 폭발하기 시작했다.*

90년대 초에는 인터넷이란 단어가 컴퓨터들끼리의 연결이란 뜻과 현재 우리가 사용하는 의미의 월드와이드웹과 동일한 뜻으로 혼재되어 사용됐다. 이를 구분하기 위해 첫 글자를 대문자로 쓰거나(Internet), 고유 명사를 뜻하는 the를 붙여 사용(the internet)하기도 했다. 이에 비해 웹은 컴퓨터끼리 연결 후 이용 가능한 여러 기술 중 하나다. 1969년 아르파넷에 컴퓨터를 연결한 후 정보 교환을 하기 위해 다양한 기술이 등장했는데 웹이 등장하기 전 23년간 고퍼, 텔넷, 아키, 이메일 등 다양한 프로그램을 서버에 설치해 정보를 교환했다.

웹은 팀 버너스리에 의해 제안된 기술로 웹문서들끼리 링크를 걸 수 있는 기술이다.† 팀 버너스리가 근무하던 유럽 입자물리학 연구소^{CERN}는 유럽연합의 공동 연구소로 주로 물리학에 대한 연구를 하고 있었다. 각국에서 온 과학자들이 보유한 방대한 연구 자료를 효과적으로 공유할 방법을 찾다가 문서들끼리 링크를 걸면 좋겠다는 생각에서 개발한 기술이 웹이다. 1989년 제안 후 1991년 하이퍼텍스트91에서 최초로 발표했고 1992년부터 '월드

---

* http://en.wikipedia.org/wiki/Internet_protocol_suite, http://en.wikipedia.org/wiki/ARPANET 참조
† http://en.wikipedia.org/wiki/World_Wide_Web 참조

와이드웹'이라는 명칭을 사용했다. 하지만 당시 웹을 주목하는 사람은 거의 없었다.

링크라는 기능은 이미 47년 전에 바네바 부시$^{Vannevar\ Bush}$에 의해 처음 제안된 후 컴퓨터에서 많이 사용하는 기술이었기 때문이었다. 당시의 웹은 문서 중간 중간에 링크가 걸려 있는 정도가 전부였다. 마우스 없이 키보드를 이용해 웹서핑을 해야 했기에 매우 불편했을 뿐 아니라 이미지 없이 글자만 표현 가능해 시각적인 효과도 없었다. 전문가들은 웹을 두고 링크를 인터넷에 접목한 것에 불과하다며 저평가했다. 하지만 역사는 전혀 다른 곳에서 만들어졌다.

미국 NCSA에서 계약직으로 근무하던 22살의 젊은 청년인 마크 앤드리슨$^{Mark\ Andreessen}$이 모자익^{Mosaic}(이후 넷스케이프로 변경)이라는 프로그램을 개발한다.* 모자익을 PC에 설치해 웹을 이용하자 지금처럼 글자와 그림을 마우스로 선택해 가면서 이동할 수 있었다. 이름 그대로 거미줄^{web}처럼 복잡하게 연결된 웹은 네트워크 효과를 내며 폭발적 성장을 하며 인터넷에서 가장 인기 있는 기술이 되었다.

이후 인터넷은 1997년 경 폭발적인 성장을 하게 된다. 이 때문에 가장 다급해진 회사는 마이크로소프트였다. 인터넷을 쓰레기장이라고 비하했지만 폭발적 성장에 놀라 급하게 '인터넷 익스플

---

* http://en.wikipedia.org/wiki/Marc_Andreessen 참조

로러'를 출시하며 인터넷 정복을 노렸다. 이 때문에 IT 역사에 영원히 남을, 전 세계 IT 마니아들과 전문가들의 관심을 집중시킨 '마이크로소프트와 반마이크로소프트 진영'의 전쟁이 시작됐다. 20대 청년인 마크 앤드리슨은 IBM, 썬마이크로시스템즈 등 IT 최강자들을 우군으로 끌어들여 전쟁을 팽팽하게 끌고 갔다. 사람들은 이 전쟁을 골리앗과 다윗의 싸움으로 비유했다. 사람들은 현대판 다윗이 된 마크 앤드리슨이 전설처럼 현대판 골리앗인 마이크로소프트를 쓰러트리길 기대했다. 하지만 전쟁은 마이크로소프트의 결정적인 한방으로 싱겁게 끝이 났다. 마이크로소프트는 인터넷 익스플로러를 윈도우에 기본 탑재함으로써 인터넷에 익숙하지 않은 일반인들을 끌어들여 수적 경쟁에서 앞서 나가며 전쟁을 끝냈다. 마크 앤드리슨은 그렇게 역사 속으로 사라지는 듯했다.

하지만 마크 앤드리슨은 누구보다 네트워크 효과를 잘 이해하는 인물로 웹2.0을 통해 부활했다. 웹2.0 정신인 참여, 개방 등이 결국 네트워크 효과를 증진시키는 핵심요소이기 때문이었다. 대표적인 웹2.0 기업인 디그닷컴(digg.com), 넷바이브스닷컴(netvibes.com)에 투자해 성공시키며 업계의 주목을 받았다. 그러나 이것은 시작에 불과했다. 넷스케이프를 통해 세상을 변화시켰듯이 마크 앤드리슨은 SNS를 통해 세상을 변화시켰다. SNS야말로 친구가 친구를 부르는 서비스로 네트워크 효과를 내는 대표적 서비스다. 또 마크 앤드리슨은 닝닷컴(Ning.com)을 창업했다. 닝닷컴은 국내에서는 잘 알려지지 않았지만 오피니언 리더들이 많이 활동하는 세계적인 SNS다. 기세를 몰아 그는 대표적인 SNS인 트위터와 세계 1위 소셜 게임 제작사 징가^{Zynga}에 투자자로 참여해 성공시켰다.

SNS 분야에서 마크 앤드리슨의 능력을 보여 준 결정적인 사건은 페이스북을 세계 1위 사이트로 만든 사건이다. 20대의 젊은 인터넷 기업인인 마크 주커버그가 멘토로 모신 사람이 바로 마크 앤드리슨이었다. 앤드리슨은 정신적 후원자로 중요한 시기마다 마크 주커버그에게 조언해 준 것으로 알려졌다. 주커버그는 앤드리슨이 페이스북 경영에 직접적으로 참여하길 원했다. 앤드리슨은 이를 수락했고 페이스북의 이사회에 2008년 7월 공식 합류했다. 이사회는 페이스북의 최고 의사 결정 기구로 마크 주커버그와 피터 티엘 2명밖에 없었다. 얼마 후 페이스북은 세계 1위 사이트로 성장했다.

그가 손대는 사업마다 모두 인터넷의 큰 흐름이 되자 마크 앤드리슨은 실리콘 밸리에서 트렌드 메이킹의 귀재로 불리며 실리콘 밸리를 상징하는 인물 중 한 명이 됐다. 그가 손대는 사업은 거대한 트렌드로 성장할 가능성이 매우 높은 사업으로 인정받으며, 이 때문에 실리콘 밸리에서 열리는 IT 행사에 기조 연설자로 자주 초대된다. 20대에는 젊음과 아이디어만으로 세상을 바꿨다면 지금은 백전노장이 되어 혜안, 돈, 인맥 등 다양한 무기를 통해 세상을 바꾸고 있다.

이런 마크 앤드리슨이 최근 가장 적극적인 투자를 하는 분야가 '큐레이션^{curation}'이다. 그가 세운 벤처투자사인 '앤드리슨 호로

위츠Andreessen Horowitz'*가 2011년 10월 2,700만 달러(약 305억 원)라는 거액을 투자한 회사가 있었다. 글로벌 서비스였지만 당시 가입자 수가 '300만 명'밖에 되지 않은 '핀터레스트(pinterest.com)'였다. 현재 국내 사용자를 대상으로 하는 미투데이 가입자 수가 1,300만 명인 상황과 비교해 보면 글로벌 서비스임에도 사용자 수는 3분의 1밖에 되지 않았다. 핀터레스트는 SNS를 큐레이션으로 발전시킨 사이트로 인터넷에 정보가 폭발적으로 늘어나면서 누군가 내가 보여 줄 정보를 정리해 보여 주는 서비스다. 이용자, 콘텐츠, 링크가 많아질수록 서비스의 가치가 높아진다. 트위터와 기술적으로는 유사하지만 트위터가 텍스트를 주로 사용하고 사람을 팔로잉한다면, 핀터레스트는 이미지와 동영상을 주로 사용하고 콘텐츠를 팔로잉한다. 이 때문에 내가 스스로 고민할 필요 없이 남들이 정리해 주는 정보를 받아볼 수 있다.

　인터넷에 정보가 너무 많아지자 내가 필요한 정보를 찾아볼 수 있는 '검색' 사이트 또한 크게 발전했다. 하지만 검색은 '구독'이 아니라 '찾아보기' 서비스다. 내게 필요한 정보를 알려 주는 것이 아니라 내가 필요한 정보를 필요할 때 직접 찾아보는 서비스다. 실시간으로 쏟아지는 수많은 정보 중에 내가 고민할 필요 없이 나에게 맞는 정보를 가공해 알아서 전달해 주는 누군가가 필요한 세상이 됐다.

---

* 앤드리슨 호로위츠 홈페이지: http://a16z.com 참조

이처럼 큐레이션은 더 나아가 해당 정보에 어떤 숨은 의미가 있는지, 그 숨은 의미가 나에게 어떤 의미로 다가오는지 알려주는 것을 목표로 한다. 마치 미술관의 큐레이터가 단순히 수많은 미술 작품 중에서 괜찮은 작품을 모아만 주면 일이 끝나는 것이 아닌 점과 비슷하다. 관람객들에게 좋은 작품을 전달하기 위해 주제와 의미를 관람객들에게 알기 쉽게 전달해 줘야 한다. 마찬가지로 큐레이션은 포털 사이트와 SNS에서 무수하게 유통되는 일회성 콘텐츠가 아니라 나에게 의미를 해석해 알려 주는 꼭 필요한 정보 서비스로 발전할 것이다.

선두 주자인 핀터레스트는 큐레이션을 아주 쉽게 만들었다. 큐레이션이 지향하는 의미적인 큐레이션 모델에 아직 이르지 못했지만, 원형에 가장 가까운 서비스를 만들었고 의미 있는 가입자를 모았다는 점에서 대표 주자로 인정받는다. 핀터레스트는 핀터레스트뿐만 아니라 다른 사이트도 서핑을 하다가 맘에 드는 이미지나 동영상이 있을 경우 쉽게 퍼올 수 있게 만들었다. 별도의 프로그램 설치 없이 핀터레스트에서 제공해 주는 주소를 인터넷 익스플로러 '즐겨찾기'에 등록만 하면 된다. 이후 인터넷을 돌아 다니다가 맘에 드는 이미지와 동영상이 있을 경우 즐겨찾기를 클릭만 해 주면 나의 'Board'에 등록이 된다. 트위터와 페이스북은 커뮤니케이션을 위해 나의 모든 글이 팔로워들과 친구들에게 보여주는데 비해, 핀터레스트는 주제별 'Board'를 만들 수 있고 주제별로 팔로잉할 수 있다. 내가 '요리'에 관심이 있다면 검색을 통해 요리 정보를 찾는 데 그치는 것이 아니라, 혹은 트위터를 통해 요리 전문가의 일상을 듣는 것이 아니라, 요리를 주제로 하는 'Board'를 구독만 하면 되는 식이다.

이런 장점 때문에 핀터레스트는 급성장 중이고 CNN이 선정한 '2012년 가장 주목 받을 웹사이트'로 선정되기도 했으며, 신생 사이트임에도 불구하고 「타임」에서 발표한 '2011년 50대 최고의 웹사이트'에 선정되어 크게 주목을 받기도 했다. 큐레이션 서비스로는 핀터레스트 외에도 스토리파이(Storify.com), 폴리보어(polyvore.com), 큐레이티드바이(Curated.by), 딜리셔스(delicious.com), 페이퍼리(Paper.li), 비주얼리(visual.ly) 등이 있다. 사람들은 누군가 나에 맞는 정보를 대신 골라 주고 대신 생각해 주기를 바라고 있고, 따라서 이 니즈를 빠르게 파고드는 서비스가 성장하고 있다.

사람들은 이미 정보의 폭발에 부담스러워 한다. 단순히 양의 문제가 아니라 누구나 쉽게 인터넷에 콘텐츠를 올릴 수 있게 되면서 선별의 어려움을 느낀다. 나와 관계 없는 불필요한 정보, 정보라고도 이야기하기 어려운 수준의 낮은 낙서, 순수성을 가장한 광고성 글 등으로 고민한다. 내게 정말 필요한 정보를 누군가 알려 주기를 원하고 있다. 이런 사용자들의 욕구를 만족시켜 줄 수 있는 큐레이션 서비스가 주목을 받지만, 사람의 분류는 한계가 있을 수밖에 없다. 기술이 수많은 정보를 분석해 입에 딱 맞는 정보를 알려 주는 기술을 활용한 큐레이션이 앞으로 더 많은 주목을 받을 것이다.

제 기능을 잃어가는 두뇌

앞으로 우리는 사고를 게을리할지도 모른다. 인류가 생긴 수백만 년 전부터 불과 수십 년 전까지만 해도 사람들은 대부분 육체 노동을 하고 살았다. 살기 위해 생산을 한다는 것은 신체의 근육을 사용하는 것을 의미했다. 하지만 현재 일부 사람을 제외하고는 대부분 서비스업과 사무직에 근무함에 따라 생산을 위해 근육을 사용하는 일은 흔치 않다. 우리는 퇴화되는 근육을 발달시키려고 헬스클럽을 다니면서 노력하는 최초의 인류다. 앞으로 대부분의 사람들은 생각하고 판단하는 일이 크게 줄어들 것이다. 구글이 시키는 대로 하면 되기 때문이다. 구글의 지시를 따라 물건을 사고, 구글의 지시를 받아 사랑하는 사람을 만날지도 모른다. 구글이 아닌 다른 사이트가 될 수도 있고 사람마다 의존하는 정도의 차이는 있겠지만, 우리가 검색 기술이 판단하는 지시를 따라 행동하리란 점은 거의 확실해 보인다.

우리는 이미 과거와 다른 방식으로 뇌를 사용한다. 디지털 기술의 발달로 암기와 관련된 부분은 대부분 디지털 기술에 의존하고 있다. 대표적인 사례가 전화번호다. 휴대폰 등장 이전까지만 해도 수십 명의 전화번호를 외우고 다니는 경우가 흔했지만 지금은 자신의 전화번호를 제외하고는 단축키와 검색으로 전화번호를 금방 찾을 수 있기 때문에, 가까운 지인의 전화번호도 못 외우는 경우가 다반사다. 휴대폰을 분실할 경우 외우는 전화번호가 전혀 없어 아무에게도 연락하지 못하는 고립감을 겪기도 한다.

단순한 것만 기술에 의존하고 고차원적인 것은 두뇌를 많이 사용한다고 생각할 수도 있다. 현재까지는 맞는 말이다. 하지만 갈수록 고차원적인 부분에서도 두뇌를 사용하지 않게 될지도 모른다. 불과 몇 년 전만 해도 지도를 제대로 해석해 빠른 길을 찾아가는 능력은 오랜 운전 경험이 있어야만 가능한 일이었다. 하지만 요즘 운전자의 대부분은 종이 지도를 가지고 다니며 스스로 길을 찾지 않는다. 대신 자동차 내비게이션에 의존해 운전한다. 시동과 동시에 자신이 가고 싶은 길을 알려주기 때문에 편리하다. 내비게이션이 고장날 경우 아무 곳도 가지 못하는 문제도 발생한다. 심지어 매일 출퇴근하는 회사도 내비게이션이 없을 경우 길을 헤매는 경험을 하게 된다. 이쯤 되면 내비게이션이 음성으로 우리에게 지시를 했고 우리는 시키는 대로 따라 한 것이 된다.

이렇듯 디지털 기술에 의존하면서 두뇌를 적게 사용하는 영역이 단순히 편리성과 관계되는 영역만으로 한정되지는 않는다. 과거 우리는 같이 여행을 가거나 워크샵을 가면 모두 둘러 앉아 노래를 부르는 경우가 많았다. 하지만 노래방의 발달로 우리는 가사가 없으면 노래를 부르지 못한다. 처음부터 끝까지 가사를 외우는 경우도 없을 뿐더러 반주가 없으면 음을 정확히 잡기도 어렵다.

자동차가 우리의 근육을 점점 움츠리게 만들듯이 정보 기술에 대한 과도한 의존으로 우리는 이미 의학적으로 두뇌의 변화를 경험하고 있다. 삼성서울병원 윤세창 교수는 조선일보와의 인터뷰에서 "기억 대신 검색이 중요한 위치를 차지하게 되면서 검색에 필요한 뇌기능은 발달하지만, 두뇌의 기억 용량은 감소하게 된다."며 "디지털 기기에 지나치게 의존하면 기억력이 쇠퇴한다."고 이야기했다. 사람의 기억은 뇌의 해마라는 부위에서 주로 담당하는데, 기억력을 사용하지 않으면 해마의 위축을 가져오고 기억 용량이 줄어든다고 한다. 조선대학교병원 정신과 김상훈 교수도 언론과의 인터뷰에서 다음과 같이 말했다. "현재 수준의 기계 사용으로 인해 인간의 뇌 기능이 완전히 퇴화하는 것은 아니다. 하지만 뇌에서 하는 인간의 고급기능인 암기와 연산기능을 기계에 의존하다 보니 창조적인 뇌 기능 자체가 퇴화할 가능성이 있기는 한다. 이렇게 인간의 뇌기능을 약화시킬 수 있다는 가능성이 가장 큰 문제라고 생각한다."

객관적이지 못한 나의 판단에 따라 혼자 결정하고 행동하는 것이 좋을까? 아니면 다양한 상황을 객관적으로 분석한 컴퓨터의 도움을 받아 판단하고 행동하는 편이 좋을까? 기업에서는 합리적인 판단을 위해 다양한 솔루션을 도입해 이용한다. 개인 역시도 합리적인 판단을 위해 기술의 도움을 받는 편이 나쁘지 않을 것이다. 검색 기술 발전의 힘을 빌려 나의 개인정보, 온라인에서의 활동, 더 나아가 친구들의 정보들을 광범위하게 수집한 후 분석을 한다면, 나보다 나에 대해 더 잘 알 수 있고, 내가 무엇을 해야 하는지 객관적인 판단을 훨씬 더 정확하게 할 수 있으리라. 우리가 행동하거나 결정하기 위해서는 할 수 있는 일, 해야 하는 일, 알아둬야 하는 일, 바람직한 것, 합리적인 것을 판단해야 하는데, 검색은 마치 법에 따라 재판하듯이 정보를 취합해 수학적인 확률을 따져 우리에게 도움을 줄 수 있다.

컴퓨터는 매우 합리적이며 기억력도 매우 좋다. 하지만 인간은 그렇지 못하다. 내가 정확히 기억한다고 생각하는 것도 사실과는 거리가 먼 경우가 많다. 과학자들이 이미 여러 실험을 통해 우리의 기억력이 온전하지 못하다는 사실을 증명했다. 우리 뇌는 하루 종일 보고, 듣고, 느끼는 과정에서 얻은 수많은 정보를 정리해 저장해야 하는데 그 모든 내용을 저장할 수는 없다. 필요한 정보만 저장을 하는데 이 과정이 생각만큼 정확하지도 못하다. 기억력에 대해서 가장 많은 연구가 이루어진 분야가 목격자의 증언을 연구하는 분야였다. 과학자들은 사람이 기억하는 내용과 실제 발생한 사실 사이에 매우 큰 차이가 있을 수 있다는 사실을 발견했다. 심지어 무의식에 암시를 주어 현장에 없었던 사람을 목격자가 범인으로 지목하게 만들 수도 있다는 사실을 발견했다.

우리는 스스로의 판단이 완벽하지 못하다는 사실을 잘 알고 있기에 결정하기 어려운 문제의 경우 제삼자의 도움을 받으려고 한다. 주식이나 부동산 구매 시 전문가의 도움을 받는 것부터 고민을 친구에게 털어놓고 조언을 받는 경우까지 다양하다. 앞으로 이런 제삼자의 조언은 정보 기술이 상당 부분 그 자리를 대체하게 될 것이다. 정보 기술은 SNS처럼 의도적으로 생산하는 데이터, 이동정보나 구매정보처럼 무의식적으로 생산하는 데이터, 그리고 책처럼 깊은 혜안을 담고 있는 지식 등 다양한 정보를 적절히 분석해 내게 가장 적절한 행동과 판단을 명령하듯이 알려줄 것이다. 이 정보는 가장 합리적인 결정을 내리는 데 도움을 주므로, 이를 참고해 행동하게 된다면 우리는 더욱 합리적인 존재가 될 수 있을 것이다.

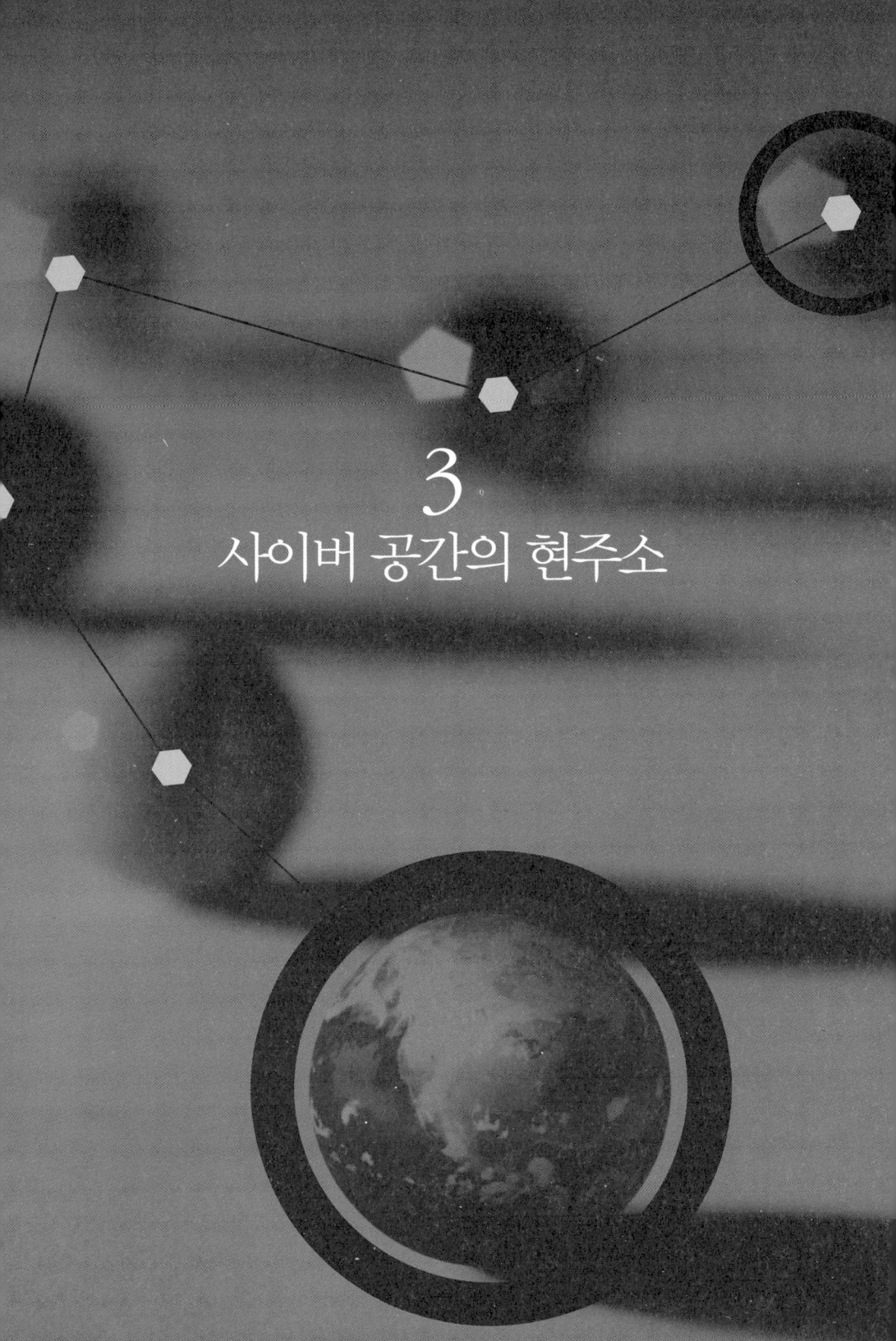

3
사이버 공간의 현주소

거짓과 소문이 쉽게 횡행하는 사이버 공간

네 번째 사회인 공동 창조 사회의 중심이 되기 위해서는 반드시 해결해야 하는 문제가 있다. 먼저 신뢰의 시스템을 구축해야 한다. 현재도 잘못된 정보가 SNS에 많지만 사회의 중심축에 이를수록 더 많은 잘못된 정보가 의도적으로 유포될 수 있다. 정치적, 경제적 이익을 얻기 위한 악용 사례도 더욱 많아질 것이다. 인터넷 자유주의자들은 SNS의 자정 기능을 주장하며 잘못된 정보가 유포될 경우 누군가 진실을 빠르게 알려 주기 때문에 큰 문제가 없다고 주장한다. 하지만 현실적으로는 그렇지 않은 경우가 대부분이다. 잘못된 정보를 접한 사람이 정확한 정보를 다시 접한다는 보장도 없을 뿐더러 이미 경제적, 사회적으로 피해를 본 다음인 경우도 많다. 잘못된 정보가 꼬리에 꼬리를 물고 커지며 확산되는 경우도 많다.

SNS에서 잘못된 정보가 유포되어 가장 큰 피해를 본 사이트가 아이러니하게도 페이스북이라는 사실이 그 증거 중 하나다. 2009년 12월 페이스북은 다음 해 6월 30일부터 유료화된다는 소문때문에 크게 고생했다. 월 이용료 6.99달러라는 약간은 비싼 듯하지만 현실성 있는 금액으로 사람들의 관심과 반발심리를 동시에 자극했다. 수많은 사용자들은 페이스북 유료화를 반대하며 비난했고 페이스북을 탈퇴하겠다는 사용자도 많았다. 일반인들이 이용하는 대형 SNS가 유료화된 사례가 없었지만 이 소문은 크게 확산되어 온라인을 뜨겁게 달궜다. 하지만 이것은 작전을 위한 해커들의 의도적인 헛소문 유포로 밝혀졌다. 해커들은 SNS를 돌아다니며 헛소문을 퍼트리며 메일을 보내 확산시켰다. 이미 8만 3,000명이 가입했으니 당신도 빨리 동참해 달라며 링크를 걸어 놓았다. 하지만 이것은 지뢰였다. 해당 링크를 클릭하는 순간 PC에는 바이러스가 설치되기 시작했다.

　　페이스북은 공식적으로, 유료화 계획이 전혀 없으며 링크를 누르는 순간 바이러스에 감염될 수 있기 때문에 절대 클릭하지 말라고 경고하는 메일을 보냈지만 소문은 점점 확산되었다. 일부 사용자들은 페이스북이 급성장해 서버와 네트워크 비용을 감당할 수 없어 유료화할 수밖에 없을 거라는 추측으로 유료화를 기정사실로 받아들였다. 페이스북이 유료화 계획이 없다고 이야기하는 것에 대해서도 기업들이 불리한 내용은 최대한 나중에 이야기하려는 일반적인 전략에 불과하다고 짐작했다. 초기 해커들이 흘린 월 이용료 6.99달러는 갈수록 불어 월 이용료 70달러라는 말도 안 되는 소문까지 돌았다. 급기야 페이스북 COO^{최고 운영 책임자}인 셰릴 샌드버그는 「비즈니스위크」에 인터뷰를 자청해 페이스북 기본 서비스를 유료화할 계획이 없음을 직접 밝히기까지 했다.

페이스북의 다양한 노력으로 소문은 점점 줄어드는 것처럼 보였으나 이번에는 페이스북 인기 1위 게임인 팜빌^{FarmVille}이 유료화된다는 소문이 돌았다. 페이스북은 SNS가 아니라 팜빌을 서비스하는 게임 사이트라는 농담이 있을 정도로 초기 페이스북 사용자들은 팜빌을 많이 이용했다. 사실상 사용자 입장에서는 페이스북 유료화나 다름없었다. 사람들은 게임 유료화라는 더욱 그럴듯한 소문을 믿었고, 떠나는 사용자를 잡기 위해 페이스북과 팜빌은 동분서주해야 했다.

페이스북은 잘못된 정보에 대해 적극적인 대응을 한 경우였지만 기업 입장에서는 적극적인 대응도 힘들어 냉가슴만 앓는 경우도 많다. 세계 1위 기업인 코카콜라가 그런 경우였다. 미국 국민들에게 큰 상처를 준 9·11테러 바로 직후, 코카콜라의 디자인이 '미국 국기에 대한 맹세' 혹은 '엠파이어 스테이트 빌딩'으로 변할 것이라는 소문이 온라인에 퍼졌다. 아직도 미국은 많은 초등학교에서 아침 조회 시간에 자리에서 일어나 국기에 대한 맹세를 외운다. 엠파이어 스테이트 빌딩은 9·11테러로 무너진 세계무역센터가 지어지기 전까지 세계에서 가장 높은 건물이며 미국을 상징하는 건물이었다. 모두 애국심과 큰 연관이 있는 디자인이었다.

코카콜라 입장에서는 참으로 난감한 소문이었다. 미국 기업이 긴 하지만 전 세계인이 즐겨먹는 콜라이기에 미국인만을 위한 디자인을 하기는 힘들었다. 자칫 잘못하면 '코카콜라=미국'이라는 공식이 강해져 글로벌 전략에 타격을 줄 수도 있었다. 그들 입장에서는 갈수록 커져가는 소문을 부인하고 싶어도 그럴 수가 없었다. 이 소문의 근원에는 당시 9·11테러로 큰 상처를 받은 미국 국민들이 코카콜라를 통해 국가에 대한 자긍심을 높이고 상처받은 자존심을 회복하고 싶어하는 심리가 있었기 때문이다. 잘못된 정보에 적극 대응하는 자세가 오히려 큰 반발을 불러올 수 있었기에, 그냥 자국 국민들의 요구에 묵묵부답으로 욕을 먹는 수밖에 없었다.

당시 코카콜라가 온라인의 소문에 시달리는 과정을 주의 깊게 지켜 보던 사람들이 있었다. 바로 코카콜라의 경쟁사인 닥터페퍼였다. 닥터페퍼는 1885년부터 만들어진 음료로 코카콜라, 펩시콜라, 세븐업과 함께 미국을 대표하는 음료 중 하나다. 하지만 코카콜라에 비해 자국 시장에 대한 의존도가 높다. 닥터페퍼는 미국 국민들의 요구 사항을 간파하고, 2001년 11월부터 다음 연도 4월까지 한시적으로 해당 디자인의 닥터페퍼를 생산했다. 코카콜라가 비애국적인 기업으로 욕을 먹는 사이 닥터페퍼는 발 빠른 행동으로 자국민들의 사랑을 받았다.

국내에도 과학적 근거가 없는 광우병 소문이 다음 아고라를 중심으로 확산되어 온 나라가 혼란에 빠진 적이 있다. 미국 소가 죽으로 만든 핸드백만 사용해도 광우병으로 죽을 수 있다는 소문, 미국 소를 재료로 한 화장품을 통해 감염되면 5년 이내에 죽는다는 소문, 길을 지나가다가 호흡만으로도 전염되어 죽을 수 있다는 소문까지 확인되지 않은 소문이 난무했다. 초기 청소년들의 주장으로부터 시작됐으나 어느덧 많은 국민들이 사실인 것처럼 믿게 되었다. 언론은 확인되지 않은 주장을 기사화시켜 기정사실로 만들었으면 포털은 이 기사를 메인에 노출시켜 소문을 확산시켰다. 이 상황에서 온라인의 자정작용은 기대할 수 없었다. 수만 명의 시민들이 매일 서울 시내로 나와 촛불 집회에 참여했고 유무형의 국가적 손해는 계산하기도 힘들었다. 광풍이 쓸고 지나간 다음에야 많은 부분 사실이 아님을 알게 됐지만 이미 많은 피해를 보고 난 다음이었다.

과거 인터넷에서 잘못된 정보는 웃고 넘어 갈 문제였지만, 데이터를 통해 연결된 세상에서는 타인과 세상에 큰 피해를 줄 수도 있다.

포털 발전의 역사와 미디어로의 문제점

최근 몇 년간 블로그처럼 일반인들이 글을 올릴 수 있는 서비스가 대중화되면서 표현의 자유가 크게 늘어났다. 하지만 인터넷 성숙도는 이를 따라가지 못하고 있어 표현의 자유가 늘어난 만큼 악플에 시달리는 일반인들도 크게 늘어나 사회 문제가 되고 있다. 인터넷에서 나의 생각이 옳다는 사실을 인정받기 위해 다른 사람의 의견을 도구로 보는 사람이 많다. 심지어 자신을 정의로 규정한 후 생각이 같은 사람은 선, 다른 사람을 악으로 규정하는 경우도 흔하다. 제목만 보고 자신의 생각과 다를 경우 본문은 읽어 보지도 않고 악플을 다는 사람들도 많다. 철학자 쇼펜하우어도 인간의 허영심을 지적하며 다음과 같은 이야기를 남겼다.

"우리가 먼저 제시한 견해가 맞는 것으로 결론이 나든, 다른 사람의 견해가 맞는 것으로 결론이 나든, 모든 논쟁은 결국 옳은 쪽으로 결론이 날 것이다. 어느 편이 옳은지는 부차적인 문제다. 하지만 지금은 어느 것이 옳은가보다는 누가 이기느냐 지느냐가 주된 관심사다. 우리는 허영심 때문에 우리가 제기한 견해가 틀리고 상대방의 견해가 옳다고 결론 나는 경우를 절대 인정하고 싶어 하지 않는다."

자신의 생각과 다른 사람을 인정하지 못하는 문제는 동서고금을 막론하고 인간의 일반적인 특성인가 보다. 하지만 우리나라가 특히 인터넷에서 갈등과 악플이 심각한 이유는 사회적인 이유에서 찾을 수 있다. 사회적 불평등이 갈수록 심해지고 최소한의 기회조차 갖지 못하는 사람들이 많아지기 때문이다. 사회에 대한 불만이 많아졌으나 이것을 해결할 적당한 방안을 찾지 못하자 자신과 다른 생각을 가진 불특정 다수를 향해 공격을 하는 것이 아닐까? 많은 사람이 이용하는 인터넷은 사회를 반영하게 된다. 정도의 차이가 있을지언정 누구나 균등한 기회를 가져 조금이라도 불평등이 해소되는 사회가 되어야 인터넷 문화도 한층 성숙한 사회가 될 수 있는 기반이 될 것이다.

사회적 불평등과 불만이 근본적인 문제이긴 하지만 이것을 부추기며 상업적으로 이용하는 포털의 책임을 묻지 않을 수 없다. 네이버와 다음으로 대표되는 우리나라 포털은 건전한 데이터보다는 자극적인 글과 선정적인 글을 전면에 노출해 저급한 데이터 생산에 일조를 하고 있다. 네이버와 다음에서 선정해 메인에 노출하는 글은 우리 사회에 뜨거운 관심을 받아 우리의 생각과 대화에 큰 영향을 미친다. 하지만 주요 포털이 선정하는 글은 우리 사회에 어둠을 밝히는 꼭 필요한 정보가 아니라 선정적 흥미 위주의 글이 점점 늘어나고 있어 더욱 사회적 피해가 크다. 네이버와 다음은 언론으로 인정받기를 경계하고 있다. 각종 규제와 함께 사회적 책임을 다해야 하기 때문이다. 하지만 네이버와 다음의 성장은 뉴스를 기반으로 사회적 영향력을 키우면서 성장했다. 사실상 언론과 다름없었다. 해외 포털 사이트들이 검색 기술을 바탕으로 성장한 것과 대비되는 부분이다.

국내 포털에서 뉴스를 처음으로 볼 수 있었던 것은 1998년이었다. 이때 포털은 신문사에서 받은 뉴스를 최신순으로 정렬해 보여 주는 정도였다. 하지만 2000년 YTN 기자 생활을 정리하고 야후코리아로 이직한 최휘영 씨는 획기적인 시도를 했다. 기존 신문처럼 사회적으로 알리고 싶은 뉴스는 크고 눈에 띄는 영역에 배치하고 그렇지 않은 뉴스는 잘 보이지 않는 영역에 배치했다. 이를 눈여겨 본 네이버는 한일 월드컵이 열린 2002년 그를 스카우트했다. 그는 월드컵 경기 내내 네티즌들이 좋아할 만한 기사를 전방위적으로 노출했으며 인터넷의 특징인 댓글과 실시간 기사를 통해 종이 신문을 주눅들게 만들었다. 기세를 몰아 같은 해 12월에 있었던 대통령 선거에 기존 언론보다 더 큰 영향력을 행사함으로써 네이버 시대가 시작되었음을 알렸다. 그는 네이버를 운영하는 nhn에서 큰 인정을 받게 되며 2005년 CEO 자리에 오르게 된다. 네이버의 역사는 언론의 역사였다.

경쟁사인 다음 역시도 뉴스를 통해 사회적인 영향력을 키우면서 성장했다. 현 다음 커뮤니케이션 석종훈 의장은 조선일보 기자 출신이다. 2002년 부사장으로 부임한 후 첫 번째로 한 일은 그동안 존재했던 게시판 서비스를 정리하는 일이었다. 이후 2004년 12월, 현재도 우리 사회에 가장 큰 영향력을 미치는 '아고라'를 오픈하며 촛불집회 등 우리 사회의 뜨거운 이슈를 만들고 이끌었다.

네이버와 다음은 의제 설정 기능을 제공한다. 어떤 일을 크게 확대하기도 하고 축소하기도 한다. 우리 사회에 꼭 필요하다고 생각하는 중요한 일과 그렇지 않은 일을 구분해 우리 사회에 담론을 만들 수도 있고 사라지게 할 수도 있다. 심지어 이런 과정들을 통해 여론의 방향까지 바꿀 수 있기에 포털 사이트의 운영 원칙은 매우 중요하다. 하지만 포털은 사회적, 정치적 책임에서 벗어나려고 한다. 스스로가 가진 영향력을 포기하지 않고 책임지지 않으려다 보니 필연적으로 연성화의 함정에 빠지게 되었다.

　메인 페이지를 포함한 주요 영역은 자극적인 연예 뉴스와 선정적인 글로 넘쳐난다. 사회적으로 문제가 될만한 내용을 전방위로 노출하다 보니 포털 사이트에서는 악플을 쓰는 것이 당연한 세상이 되었다. 포털의 선정성은 가속화되고 있으며 공익성은 하루가 다르게 사라지고 있다.

　다음은 사회적 이슈가 많은 아고라의 글을 메인 페이지에서 빼버렸다. 시사 블로거들의 글을 메인 페이지에서 기본적으로 노출되지 않게 하는 기술적인 조치도 단행했다. 대신 이 자리는 연예 이슈와 선정적인 글로 채웠다. 클릭을 유도해 광고 매출을 늘릴 수 있고 정치적 부담, 사회적 논란 등 복잡한 문제에 신경 쓸 필요가 없는 일석이조 효과였다. 네이버와 다음의 운영진들은 온라인 편집장의 역할을 하고 있다. 이들이 선정적이거나 자극적인 소재의 글을 골라 노출한다면 우리 사회는 병들어 갈 수밖에 없다.

　매년 말 주요 포털들이 발표한 인기 검색어만 봐도 연성화가 갈수록 심해지고 있음을 알 수 있다. 대부분 헤드라인이 연예인과 XX녀, 충격! 같은 자극적 단어다. 현재 우리 사회는 연예 뉴스와 XX녀에만 몰두할 정도로 한가하지 않다. 갈수록 빈부격차는 심해지며 내일의 희망을 잃은 사람들이 늘어나는 추세다. 이들의 목소리를 듣고 사회적 어둠을 밝히는 일이 우리 사회를 움직이는 포털의 모습이어야 한다. 빅데이터를 통해 미래를 예측하며 합리적인 의사 결정을 하려는 세상의 바람은 갈수록 커질 것이다. 그러기 위해서는 분석할 만한 가치가 있는 데이터를 생산해야 한다. 국내 인터넷 업계와 문화에 큰 영향을 미치는 포털이 바람직한 가치가 있는 데이터 생산에 일조를 해야 한다.

논의를 진전시켜 포털이 검색과 미디어 서비스를 같이 해도 좋은지에 대한 사회적 논의도 필요하다. 검색은 인터넷 세상에서 정보를 찾아가는 유일한 방법이다. 포털 사이트에서 검색되지 않는 글과 서비스는 인터넷에서 존재하지 않는 것과 다름없기에 검색은 글과 서비스의 생사 권한을 가진다고 할 수 있다. 그렇기에 콘텐츠 경쟁력이 있다면 검색 사이트의 상위에 노출되어야 하며 이해 관계 때문에 내 글이 뒤로 밀리거나 사라지는 일이 없어야 한다. 즉 공공재적 성격이 강하다.

국내 검색 포털에서는 검색과 미디어를 모두 서비스하지만, 미국 시장에서는 그동안 검색 사업자와 미디어 사업자가 분리돼 발전되어 왔다. 90년대 야후가 검색과 미디어 사업을 동시에 진행하긴 했지만, 야후는 검색 엔진을 타 업체에서 구매해 사용해 왔기에 큰 문제가 되지 않았다. 2000년도 초반, 검색으로 1위에 오른 구글은 그동안 기능형 서비스에 치중해 왔지만 최근 들어 미디어 서비스에 큰 관심을 보이고 있다. 사람들이 검색결과에서 어떤 내용이 순수 검색결과이고 어떤 내용이 광고인지 알아차리기 시작하면서 검색 광고 클릭률이 하락하는 추세다. 매출을 늘리기 위해서는 광고를 더 노출시켜야 하기에 미디어형 사이트를 직접 운영하려는 것이다.

구글은 블로거닷컴(blogger.com)과 유튜브(youtube.com) 등을 인수했으며 놀^{Knol}(knol.google.com)을 개발해 2008년 7월에 서비스하기 시작했다. 구글의 미디어 서비스 확장은 포털 서비스의 역할과 범위에 대한 논쟁을 불러왔다. 실제 「뉴욕타임스」는 놀을 오픈한 바로 다음 달인 2008년 8월에 'Is Google a media company?'* 라는 기사를 헤드라인으로 크게 다뤘다. 구글이 놀을 통해 미디어 서비스로 진출하는 데에 대한 반발이었다. 이들이 제기한 문제점은 공공재적 성격이 강한 검색 사이트에서 직접 미디어 서비스를 운영하면 공평한 경쟁이 되지 않는다는 주장이었다. 이를 두고 앞으로 구글이 검색결과에서 다른 사이트보다 자사 사이트인 놀을 먼저 노출하는 것 아니냐는 의혹의 눈길을 보냈다.

좀 더 나아가 검색 포털에서 검색과 미디어를 동시에 하는 방법이 정당하냐는 논란까지 확산됐다. 실제로 'buttermilk pancakes'를 구글에서 검색하면 놀이 상단에 검색됐다. 놀이 예상외로 부진해 논쟁은 많이 줄어들었지만, 구글은 계속 미디어 서비스를 확장할 것이고 이 중 성공적인 서비스가 나오면 다시금 포털 서비스의 역할과 범위에 대한 논쟁이 가열될 확률이 높다. 이는 검색 신뢰성에 금이 가게 할 수도 있다. 검색 서비스의 형평성과 신뢰성을 중시하는 미국 시장에서 검색결과에 대해 여러 매체에서 계속적인 의혹을 제기할 가능성이 높기 때문이다. 문제는 구글이 미디어

---

* 관련 기사: http://www.nytimes.com/2008/08/11/technology/11google.html?pagewanted=all&_r=0 참조

서비스를 소유하는 한 이를 해결할 방법이 없다는 데 있다.

구글이 신뢰성을 회복하는 방법은 구글 검색이 어떤 조작도 없다는 사실을 증명하는 방법뿐인데 검색의 알고리즘(수학적 공식)은 공개할 수 없는 정보이기 때문에 어려움이 있다. 이는 구글의 가장 핵심적인 기업 비밀이며, 공개했을 경우 이를 분석해 누구나 첫 페이지에 노출하려고 노력하기 때문이다.

공공재적 성격이 강한 검색과 미디어를 동시에 서비스하는 데에 대해 구글은 다양한 비판에 시달렸고, 결국 놀 서비스는 활성화되지 못했다. 구글은 사업적 성과도 기대에 못 미치고 언론의 견제를 받던 놀을 더 이상 운영할 필요가 없다고 판단해, 2012년 4월 30일 조용히 서비스를 종료했다. 사회적으로 매우 중요한 인프라인 검색과 미디어를 같은 기업에서 모두 서비스하는 것이 사회적으로 바람직한 일인지 고민해 봐야 하는 시기다.

웹2.0 실패 후 빅데이터의 부족

지금 인터넷에서 벌어지는 문제 중 상당수는 네이버와 다음으로 대표되는 포털 중심적인 구조에 있다. 모든 것이 포털에서 소비되고 있기에 포털은 자신들의 기득권을 최대한 지키려고 노력할 뿐 새로운 서비스를 만들어내거나 혁신을 단행하지 않는다. 네이버와 다음의 2강 구도로 고착화된 이후 이들이 남들보다 앞서 최초로 만들어 낸 서비스는 거의 없으며 중소 벤처가 만들어 시장에서 좋은 반응을 얻기 시작하면 카피해 중소기업을 어렵게 만드는 서비스만 만들 뿐이었다. 이에 대한 반발로 국내 인터넷 업계에서 웹2.0이란 단어가 몇 년간 유행하며 포털 중심적인 생태계가 바뀔 것으로 기대했으나 시간이 지난 지금도 포털을 중심으로 블로그 사용자가 늘어났을 뿐 웹2.0 혁명은 우리에게 없었다. 웹2.0을 표방한 벤처들은 사용자의 외면을 받아 대부분 생존의 갈림길에 놓여 있는 사이, 해외 SNS인 트위터와 페이스북의 국내 시장 공략이 가속화됐을 뿐이다. 포털 댓글들의 상당수가 욕설과 비방인 데 비해 빅데이터로 분석으로 가치 있는 글의 상당수는 트위터와 페이스북에 올라가는 실정이다.

왜 이런 문제가 발생했을까? 그 이유는 국내 인터넷 전문가들의 분석 수준이 사이트 벤치마킹 수준을 벗어나기 못했기 때문이다. 미국에서 새롭게 인기를 얻는 사이트가 있으면 접속해 해당 사이트의 특성을 벤치마킹하거나 미국 언론의 분석 기사를 번역해 국내로 전달하는 수준이었기 때문이었다. 미국과 한국의 생태적 차이를 파악하지 못한 채 미국 사이트를 국내로 가져와 한글화시키고 우리나라 사람들이 좋아하게 조금만 서비스 모델을 바꾸면 동일하게 성공할 것이라는 순진한 생각을 하며 사람들을 현혹시켰다.

미국은 웹2.0 열풍으로 새로운 트렌드를 만들었지만 한국은 왜 그렇지 못했을까? 언어와 문화 차이 등 여러 가지 이유가 있지만 가장 중요한 이유는 시장 환경의 차이로 인한 수익 실현 가능성의 차이 때문이었다. 미국의 웹2.0은 생산 원가의 절감으로부터 시작됐다. 디지털 혁명은 2000년대 들어 닷컴 스타트업 기업의 창업 비용을 크게 낮췄다. 하드웨어와 네트워크 가격이 크게 낮아졌으며 리눅스를 대표로 MySQL, 아파치, PHP 등 상업용 프로그램 못지 않은 무료 소프트웨어의 확산 역시 생산 원가를 절감하는 데 큰 도움을 줬다. UCC의 확산으로 콘텐츠 생산을 소비자에게 넘김으로써 생산 비용도 거의 들지 않는 기업 환경이 만들어졌다.

창업 비용의 감소는 미국 경제 위기 속에서도 닷컴 기업의 창업을 크게 증가시키는 주요한 원인으로 작용했다. 90년대 대표적인 검색 포털 중 하나였던 익사이트(Excite.com)를 창업했던 존 크라우스는 94년 당시 300만 달러를 창업비로 사용했으나 10년 후 잣스팟(JotSpot.com)을 창업할 때는 10만 달러밖에 들지 않았다고 밝혔다. 2008년 이후에는 클라우드 컴퓨팅의 등장으로 창업 비용이 더욱 저렴해져 이제는 비용이 거의 들지 않는다고 해도 과언이 아니다. 창업비로 30분의 1밖에 사용하지 않았지만 잣스팟은 성공했고 몇 년 후 구글에 인수되어 현재는 '구글 사이트'란 이름으로 서비스된다. 존 크라우스처럼 1억 원 미만의 금액으로 창업한 사람이 미국에서 크게 늘어났다.

디지털 혁명으로 인한 창업 비용과 함께 마케팅 비용의 하락 역시 웹2.0 열풍을 가속화시켰다. 온라인에서 링크는 최고의 가치다. 돈을 지원해주는 것보다 대형 사이트에서 링크를 하나 걸어 주는 것이 더 효과적인 경우가 많다. 해외에서는 구글과 SNS의 성장으로 웹2.0 기업들의 마케팅 비용 감소를 가져왔다. 구글은 인터넷에서 인기 있는 사이트와 글을 검색해 주는 정책을 채택했다. 웹2.0 업체 입장에서는 경쟁력이 있을 경우 구글로부터 막대한 사용자를 얻을 수 있다는 사실을 의미했다.

미국판 싸이월드로 2005년경 미국에서 폭발적인 인기를 누리던 마이스페이스(MySpace.com)의 정책도 웹2.0 업체에게는 큰 도움이 됐다. 마이스페이스는 사용자들이 자신의 미니홈피(프로필)를 자유롭게 수정할 수 있게 했다. 많은 사용자들이 HTML 소스코드 편집 기능을 이용해 웹2.0 업체들의 콘텐츠를 자신의 홈페이지에 삽입하거나 링크를 걸었다. 웹2.0 서비스의 대표주자 중 하나인 유튜브는 마이스페이스로부터 가장 큰 마케팅 수혜를 본 업체였다. 초기 유튜브 동영상 재생의 약 70퍼센트가 마이스페이스로부터 나온 것이었다. 유튜브는 마이스페이스를 발판으로 빠른 시간 내 세계

 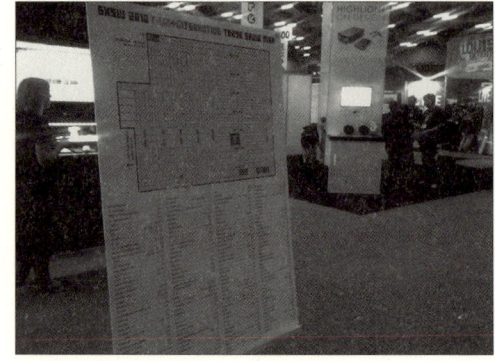

▲ 세계 3대 음악 제품 전시회 중 하나인 SXSW의 SXSW interactive 섹션

적인 업체로 성장했고 16억 5,000만 달러라는 천문학적인 금액으로 구글에 인수된다. 온라인 마케팅 비용뿐만 아니라 다음에서 자세히 설명할 오프라인 마케팅에서도 좋은 환경이 마련됐다.

온라인에서 구글과 마이스페이스가 큰 역할을 해 주었다면 오프라인에서는 SXSW가 큰 역할을 해 주고 있다. SXSW는 세계 3대 음악 제품 전시회 중 하나인데 'SXSW interactive'*라는 섹션을 추가해 혁신적인 웹2.0 서비스를 선정하고 이를 대중적으로 확산시키는 역할을 한다. 대표적인 블로그 검색 사이트인 테크노라티가 2006년 선정되어 크게 성공했으며 2007년에는 트위터가 큰 도움을 얻었다. 대형 전광판을 설치 후 트위터를 통해 행사 진행을 생중계했는데 이때 작성된 글이 2만 개나 되었다. 이는 세계 최대 IT 전문 블로그인 테크크런치(techcrunch.com)를 통해 크게 보도되며 성장의 발판이 되었다.

국내에서도 똑같이 디지털 혁명을 통해 창업비는 크게 줄어들었다. 하지만 창업비 하락보다 마케팅비 상승폭이 더욱 컸다. 네이버는 콘텐츠를 내부에 쌓아 두었고 네이버 이외의 사이트에 대해서는 관심을 두지 않았다. 당시에 HTML 편집 기능을 제공하지 않은 것도 큰 문제점이었다. 네이버는 이용자들이 다른 사이트로 넘어가지 못하도록 최소한의 링크만 제공했다. 이는 국내 최대 커뮤니티인 싸이월드도 다르지 않았다. 웹2.0 업체 입장에서는 포털

---

* SXSW interactive 공식 홈페이지: http://sxsw.com/interactive

과 커뮤니티를 통해 입소문을 유도할 수 있는 방법이 매우 제한적이었다. SXSW같이 웹2.0 업체들에게 관심을 갖는 대중적인 대형 행사도 존재하지 않았다. 이런 현실에서 웹2.0 기업이 할 수 있는 마케팅은 비용을 크게 지불하는 전통적인 광고밖에 존재하지 않았다. 이는 웹2.0 기업들의 마케팅 비용 상승을 불러 왔고, 이 비용을 감당할 수 없는 업체는 자연스럽게 시장에서 사라지는 수밖에 없었다.

집단지성은 어디서 오는가

공동 창조 사회가 되기 위해서는 사회적으로 도움이 되는 정보를 생산해 사회적 정보 자산을 쌓아야 한다. 대한민국은 세계 최고 수준의 인터넷 인프라를 설치해 놓았지만 소모적인 논쟁, 소문, 험담 등 생산적이지 못한 활동이 매우 많다. 이제는 가치 있는 데이터 생산을 늘려야 한다. 인터넷 맹신론자들은 집단지성을 이야기하지만 과연 생산적인 집단지성이 국내에 있는가에 대해 부정적인 시각이 많은 것도 사실이다. 포털 사이트의 선정적 운영, 사회의 구조적인 문제점 등 여러 문제가 있지만 인터넷 업체들의 철학 부재가 가장 심각한 원인이다.

국내 업체들이 집단지성을 위해 사용자 참여를 유도하는 방식은 대부분 경품을 내건 이벤트다. 하지만 이벤트를 통한 사용자 참여 유도는 경품 사냥꾼들의 먹잇감만 될 뿐 순수 일반 이용자 참여에 큰 도움이 되지는 않는다. 이벤트가 시작되면 소문을 들은 경품 사냥꾼들이 몰려와 경품을 노리고 활동하지만 이벤트가 끝나면 더 이상 활동하지 않고 또 다른 먹잇감을 찾으러 다른 사이트로 떠나 버리기 때문이다. 이들이 생산하는 콘텐츠의 품질도 기대에 못 미치는 경우가 많다. 어떻게 하면 좀더 생산적인 사용자 참여를 이끌어 낼 수 있을까? 답은 멀리 있지 않다. 이들의 참여를 이끌어내 매우 유명해진 리눅스와 위키피디아에서 답을 찾아야 한다. 리눅스는 현재 약 300만 명이 참여해 발전시키고 있으며 위키피디아 역시도 비슷한 수의 참여자가 인터넷 백과사전을 만들어 가고 있다. 이들 프로젝트에 참여하는 대부분은 20~30대 젊은 남성이며 대졸 이상의 고학력자들이다. 아무런 보상도 없는 자발적인 열정으로 사용자 혁명을 만들어 내고 있다.

리눅스와 위키피디아가 성공한 것은 단순히 소스를 공개했거나 편집 권한을 열어 뒀기 때문이 아니다. 고학력 지식 노동자들이 아무런 대가 없이 참여하는 이유는 프로젝트의 명분이 이들의 가슴을 움직였기 때문이다. 이들 프로젝트는 사용자의 참여가 세상을 더 아름답게 발전시키는 데 도움을 준다는 명분을 제공했다. 국내 사용자 참여 사이트들이 대부분 일차원적인 재미와 편의를 홍보하며 경품을 걸고 참여를 독려하는 방법과 비교되는 부분이다. 이들에게 중요한 것은 미끼와도 같은 경품이 아니라, 자신과 타인에게 인정과 존경을 받는 것이다. 리눅스와 위키피디아에 참여하는 활동은 이런 욕구를 충족시켜준다.

90년대 중반 PC 시장을 잠식한 마이크로소프트가 인터넷에서도 영향력을 행사하려고 하자 사람들은 위기를 느꼈다. 리눅스의 창시자 리누스 토발즈는 리눅스를 소스까지 완전 공개하며 참여를 독려했다. 초기 리눅스 전파에 큰 역할을 했던 에릭 레이먼드는 보는 눈만 많으면 어떤 버그도 잡을 수 있기에 많은 사람들의 참여가 중요하다는 '시장과 성당'이라는 명문을 인터넷에 올려 초기 리눅스 확산에 큰 도움을 주었다. 리차드 스톨만은 저작권을 상징하는 카피라이트Copyright에 반대해 누구나 저작권의 구속 없이 사용 가능하다는 카피레프트Copyleft라는 재미 있는 단어로 많은 젊은이들의 관심을 끌었다. 리눅스는 정보 공유를 상징하는 아이콘이 되었고 언론들은 '리눅스 VS 마이크로소프트'를 '선량한 다윗 VS 비열한 독점주의자'의 대결로 자주 묘사했다. 리눅스에 참여하는 활동은 정보를 독점하려는 마이크로소프트에 맞서는 '정보 민주주의 운동'으로 포장되면서 수많은 지식 노동자들의 참여를 이끌어 냈다. 내가 옳은 일을 하고 있다는 뿌듯함, 그리고 비슷한 수준의 지적 능력을 가진 사람들로부터의 인정은 돈으로 살 수 없는 큰 만족감을 참여자들에게 느끼게 해 주었다.

위키피디아 역시도 대의 명분을 제공한다. 위키피디아 대표인 지미 웨일즈는 인간은 옳은 일을 하는 존재라고 강조한다. 위키피디아는 가난한 나라 어린 아이들도 무료로 이용할 수 있는 양질의 정보이기 때문에 교육의 평등을 통해 꿈과 희망을 심어줄 수 있다고 주장한다. 위키피디아 프로젝트에 참여하는 행동은 세상을 아름답게 하는 옳은 일이라는 주장에 많은 사람들이 동조했기에 성공을 이룰 수 있었다. 국내에서 생산적인 집단지성이 부진한 이유는 그동안 국내 인터넷 업계가 사용자들을 지나치게 상업적인 활용의 수단으로만 바라보았기 때문이다. 사용자들이 참여해야 하는 이유가 조금 더 나은 세상을 만들기 위해서라면 국내에도 이에 호응하는 사용자는 많을 것이다.

'집단지성'은 일반 대중이 모였을 때 전문가 수준으로 높은 지적 능력을 만들어 낼 수 있다는 뜻이다. 하지만 이는 아직 완벽히 검증되지 않은 이론이며 관련 전문가들 사이에서도 논란이 치열하다. 초등학생들이 아무리 많이 모여도 대학생 수준의 수학 문제를 풀 수 없는 것처럼 일반 대중이 아무리 많이 모여도 전문가 수준의 지성이 나오기란 불가능하다는 주장도 있다. 요즘은 인터넷의 영향력이 커지면서 의도적으로 특정 개인과 집단에 유리한 방향으로 의견을 몰아가거나 객관적이지 못한 정보를 제공하는 경우도 많다. 이런 정보에 일반 대중의 감정적인 판단이 개입할 경우 집단지성을 기대하기 어려운 것이 사실이다. 이런 문제 때문에 집단지성을 표방하는 사이트는 신뢰성 문제로 많은 공격을 받는다.

누구나 편집할 수 있는 인터넷 백과 사전인 위키피디아(www.wikipedia.org)는 누구나 편집할 수 있다는 특성 때문에 영어 위키피디아만도 250만 개 이상의 항목이 등록되어 있다. 이용자 수도 세계 6위 사이트(알렉사 기준)로 급성장했다. 하지만 양적인 팽창에도 불구하고 신뢰성의 의심 때문에 「뉴욕타임스」 등 주류 언론에서는 위키피디아를 통한 취재와 인용을 금지하고 있으며 대표적 지식인 집단인 대학에서는 참고 자료로 위키피디아보다는 전통 매체인 신문과 백과 사전을 인용하는 경우를 선호한다. 신뢰성에 끊임없는 의심을 받자 위키피디아는 자료를 공개하며 집단지성의 이미지를 벗으려고 노력하고 있다. 위키피디아는 1만 3,000명 이상의 회원이 참여해 콘텐츠를 생산하지만 핵심적인 내용은 0.7퍼센트의 전문가들이 콘텐츠의 절반 이상을 생산한다고 공개를 한 것이다. 전문가들이 핵심적인 내용을 모두 채워 놓으면 일반인들이 부수적인 내용을 채우는 식으로 발전하고 있다는 설명이다.

    전문가들과 일반인들의 협업으로 집단지성을 만들어 소중한 생명을 구한 경우도 있었다. 집단지성이란 단어가 생기기 훨씬 이전인 1995년 중국에서 추링이란 여대생이 원인 모를 병에 걸려 혼수상태에 빠졌다. 중국 의사들이 원인을 파악하지 못해 치료를 멈추자 친구들은 추링의 검사 결과를 정리해 인터넷에 도움을 요청했다. 한 달도 안돼 18개국 2,000명의 사람들이 해결을 위한 회신을 보내주었다. 이 중 70퍼센트는 관련 분야 전문가인 의사들의 조언이었고, 나머지 30퍼센트는 추링의 회복을 바라는 일반 대중의 회신이었다. 이 과정에서 이 분야 최고 전문가였던 UCLA의 조지 박사가 참여했다. 인터넷을 통한 수많은 토론 끝에 추링은 '탈리움' 중독을 의심하게 되었다. 하지만 탈리움 중독은 흔한 병이 아니어서 중국에서 치료제를 찾기가 쉽지 않았다. 이를 찾기 위한 일반 대중의 노력 끝에 적절한 치료제를 찾았고 이를 통해 추링은 회복할 수 있었다. 이 감동적인 과정은 UCLA 홈페이지에 실렸고 전문가와 일반 대중의 협업에 대한 수많은 토론을 만들었다.

집단지성은 일반 대중만의 참여를 뜻하는 것이 아니다. 이들 대중 속에 전문가들이 포함되어 있어야 한다. 전문가들과 일반 대중의 협업을 통해서만 참다운 집단지성을 완성할 수 있다. 하지만 국내는 네이버 지식인에서 볼 수 있듯이 일반 대중의 참여는 활발한 편이나 전문가들의 참여는 부족하다. 선진국들처럼 전문가들의 참여를 사회에 대한 지식 기부로 인정하는 분위기가 정착되어야 한다. 전문가 집단은 자신들이 가진 지식이 자신만의 것이 아님을 알아야 하며, 일반 대중이 온라인에서도 전문가들이 지닌 권위를 인정하는 분위기가 정착되어야 참다운 집단지성을 만들어 나갈 수 있다

물론 외국의 세계적인 사이트라도 문제점이 없는 것은 아니다. 디그(Digg.com)는 위키피디아(Wikipedia.org)와 함께 집단지성을 대표하는 사이트다. 일반인들이 자신이 인터넷에서 읽었던 뉴스 혹은 블로그 기사 등을 추천할 수 있는 사이트로 추천을 많이 받은 기사는 디그 메인 페이지에 노출된다. 수많은 사람들의 추천을 통한 메인 페이지 운영 방식으로 웹2.0 대표 서비스로 인정받았다. 하지만 디그는 일반인들의 추천이 아닌 특정 이익을 위해 활동하는 20여 개의 집단들에 의해 움직이고 있다는 의혹이 끊이지 않는다. 이들 집단이 추천한 글이 메인 페이지의 25퍼센트를 차지한다는 통계 결과도 있다. 이들은 자신들이 원하는 내용이 올라오면

제목만 읽어 보고 추천하며, 반대로 원하지 않는 글이 올라오면 비추천 버튼을 통해 메인 페이지에서 없애 버린다는 논쟁이 끊이지 않고 있다.

테크노라티Technorati에 의해 100대 블로거로도 뽑힌 적이 있는 유명 블로거인 닐 페이틀은 자신의 블로그에 디그는 이제 집단지성이 아니라 게임 사이트라고 비판하는 글을 올리기도 했다. 이용자들이 합리적인 판단을 통해 추천Digg과 비추천Bury을 해야 하는데 그렇지 않다는 지적이었다. 실제로 그가 20건의 글을 디그에 올려 보았는데 하루 동안 받은 비추천이 1만여 건이 넘어 제대로 된 집단지성이 아니라며 비평하기도 했다. 이들의 영향력이 크다 보니 비추천 군대 여단bury brigade이라는 신조어가 생겼을 정도다. 심지어 비추천 군대 여단을 상업적으로 이용하는 사이트도 생겼다. 대표적으로 유저서브미터(usersubmitter.com)는 돈을 내면 디그에 추천을 해 준다. 유저서브미터는 수수료를 제외한 금액을 추천한 사람에게 돌려준다.

이외에도 디그는 광고주가 원하지 않는 글을 삭제한다는 의혹이 불거지는 등 신뢰성 논란이 끊이지 않았다. 위키피디아 역시 신뢰성 문제로 언론과 학계로부터 끊임없는 공격을 받는다. 브리태니커 전 편집장은 위키피디아에서 정보 찾기란 화장실 벽에서 정보를 찾는 것과 같다며 진실과 거짓을 스스로 구별해 가면서 읽어야 한다고 비하했을 정도다.

또한 위키피디아는 트롤troll이 문제되고 있다. 트롤은 원래 배

같은 도구를 이용해 넓게 그물을 던져 물고기를 잡는 낚시 기법 중 하나다. 하지만 인터넷에서는 일부러 논쟁을 유발하기 위한 글을 쓰는 행위를 뜻한다. 웹이 개발되기도 전인 1980년대 유즈넷에서 사용하던 용어인데 위키피디아를 통해 사회적인 논란거리를 만들려는 사람들이 많아지면서 덩달아 다시 유행했다. 디그와 위키피디아 모두 자신들의 신뢰성에 큰 의심을 받고 있음을 알고 있다. 이를 해결하기 위해 디그는 비추천 군대 여단을 차단하겠다고 공언했고 실제로 다양한 기법을 동원해 86명의 사용자를 차단했다. 하지만 가입 시 필요한 정보는 이메일 주소뿐이라 이들을 완벽히 차단하기란 불가능하다. 위키피디아는 논쟁성 글은 잠금 장치를 걸어 둔 후 50차례 이상 편집한 사람만 수정할 수 있는 권한을 제공하는 등의 정책을 새롭게 만들어 집단지성을 일부 제한했다.

바람직한 방향과 데이터를 끊임없이 생산하지만 일부 문제가 생기면 즉각 해결하는 해외 사이트들과, 선정성으로 낚시를 하면서 버티는 국내 포털들은 근원적인 차이가 있는 게 아닐까 싶다.

데이터를 통한 리얼리티 인터페이스

우리나라 해병대가 해적으로부터 인질들을 구출한 '아덴만 여명' 작전은 누구나 알고 있다. 대한민국 국민이라면 누구나 알지만 현장을 본 사람은 당시 작전에 참여한 몇 사람 외에는 없다. 그럼에도 불구하고 우리 모두가 알고 있는 이유는 그런 일이 있었다고 언론이 보도했기 때문이다. 설사 '아덴만 여명'이 실제 일어나지 않았음에도 언론이 컴퓨터 그래픽을 이용해 조작하고 그것을 방송한다면 우리는 사실을 알 방법이 없다. 대부분의 사람들이 '아덴만 여명' 작전을 성공적인 구출 작전으로 생각하는 이유도 언론에서 성공적이었다고 보도했기 때문이다.

현대 사회에서 우리는 TV 같은 매체를 통해 세상을 인식하고 판단하기에 언론은 세상을 바라보는 인식의 통로로 마치 안경 같은 역할을 한다. 때로는 인식의 통로가 잘못되어 있으면 진실이 그렇지 않음에도 우리는 그것을 진실이라고 생각한다. 안경에 빨간색이 칠해져 있으면 실제로는 그렇지 않음에도 불구하고 세상이 모두 빨간색으로 보이고, 안경에 비행기를 그려 놓으면 이 세상은 온통 비행기 천지로 보이는 원리와 비슷하다.

언론은 세상을 바라보는 리얼리티 인터페이스Reality Interface다. 언론은 사회적 합의를 통해 통로의 크기와 방향을 만들어 왔다. 우리는 언론에게 사실의 전모를 정확하고 객관적으로 보도하기를 요구한다. 납득할 만한 중요한 사회적 이슈를 최대한 객관적으로 다뤄야 하지만, 한편 소수의 의견이라도 다양성을 위해 귀 기울여야 한다. 사회, 경제, 정치적으로 힘 있는 사람들의 목소리만 다루는 것이 아니라 사회적 약자의 목소리도 소중히 다루기를 우리는 원한다. 최종적으로 기사를 다루는 주체는 언론사지만 언론은 사회적인 합의에 의해 움직인다.

요즘 우리의 리얼리티 인터페이스는 검색이다. 우리는 포털 검색을 통해 대부분의 정보를 얻는다. 검색결과 첫 페이지에 나오는 글들로 우리는 해당 단어의 실체를 인식하게 된다. 검색 리얼리티 인터페이스는 그 범위가 우리가 상상할 수 있는 모든 것이라는 점이 특징이다. 하지만 우리가 특히 주목해야 하는 부분은 포털 검색이 개인의 리얼리티 인터페이스를 담당한다는 사실이다. 온라인에서 당신 이름을 검색하면 나오는 내용이 당신의 모습이다. 특히 그 사람에 대한 개인적인 친분이 없는 경우 절대적인 영향력을 발휘하게 된다. 단적인 예는 인사 담당자가 당신을 검색해 보는 경우다. 검색을 통해 나오는, 과거에 당신이 썼던 글이나 다른 사람이 당신에 대해서 쓴 글 등을 통해 당신의 실제 모습과는 상관없이 인사 담당자는 당신을 평가하게 된다.

포털은 간혹 정보를 왜곡하기도 한다. 예를 들어 '전두환'에 대한 평가는 '전직 대통령'으로 국가 지도자적인 모습과 광주 민주화 운동 때 수백 명을 죽인 '학살자', 두 가지 모습으로 대표될 수 있다. 인위적인 작업을 하지 않는 구글에서 '전두환 대통령'이라는 단어로 검색했을 때 긍정적인 글이 많이 나오지만 이에 못지 않게 '학살자'라고 검색했을 때도 그와 관련한 수많은 부정적인 글이 검색된다. 하지만 네이버의 경우 '전두환 대통령'이라고 검색했을 경우 웃는 모습과 함께 수많은 긍정적 글들이 나오지만 '학살자'라고 검색했을 경우 그와 관련된 글은 찾아보기 힘들다. 긍정적으로 평가하는 사람 못지 않게 부정적으로 생각하는 사람들의 수와 글도 많지만 그들의 목소리는 잊히고 네이버를 통해

'전두환 = 국가 지도자'라는 공식이 성립되는 것이다.

네이버의 인위적인 조치가 들어가는 방식이 현실을 왜곡하기에 완전히 나쁜 것이고 구글처럼 인위적인 조치가 없는 것이 좋은가? 외국에서도 많은 논쟁이 있는 것으로 보아 꼭 그렇다고는 볼 수 없을 것 같다. 인위적인 조치가 되어야 한다고 생각하는 사람들은 구글이 사회적인 책임을 망각한다고 비판한다. 과거 범죄 혐의로 구속된 여성이 자신의 이름을 구글에서 검색하면 온통 자신이 과거에 저지른 범죄 행각 관련 글만 나와 명예를 훼손당했다고 구글을 고소한 사건이 있었다. 구글은 인터넷에 관련 정보가 많기 때문에 구글 역시도 관련 정보를 많이 검색해 주는 것뿐이지 구글의 책임은 아니라고 반박했다. 누구의 이야기가 맞는 말일까? 인터넷에 있는 정보를 그대로 보여 주는 것이 좋은 검색인지, 바람직하지 않은 정보는 보여주지 않는 것이 좋은 검색인지 판단하기는 쉽지 않다. 만약 인위적인 조치가 들어가는 방식이 좋다고 할 때 거짓된 정보만 검색되지 않게 해야 하는지, 위 사례처럼 사실이지만 개인의 프라이버시 혹은 명예를 침해할 수 있는 부분까지 조치해야 하는지 등 복잡한 문제가 존재한다.

문제는 포털이 언론 이상의 리얼리티 인터페이스임에도 불구하고 사회적 합의 없이 운영된다는 점이다. 사기업인 nhn의 내부 정책에 의해 담당자가 알아서 판단하는 경우가 문제일 수도 있다. 포털도 기존 언론처럼 사회적 합의에 따라 시민단체와 정부의 감시를 받으며 원칙에 따라 운영돼야 한다. 물론 현재도 포털 검색에 대해 낮은 수준의 사회적인 합의가 있다. 하지만 대부분은 음란물에 대한 합의 정도로, 그들의 영향력에 비해 그 합의 수준이 매우 낮다. 어떤 원칙에 의해 어떻게 운영해야 하는지에 대해 지금보다 사회적 합의와 감시의 수준을 높여야 한다.

사회적 강자가 정보를 쉽게 조작할 수 있는 것도 문제점이다. TV 등의 매체는 사회적 강자라고 해도 사회적인 감시 때문에 그들이 원하는 인터페이스로 바꾸는 것이 제한적이었다. 하지만 검색결과 조작은 너무 쉽다. 검색의 특성을 알고 있을 경우 아르바이트 인원 십여 명만 고용하면 그들이 원하는 모습으로 바꿔서 꾸며 보여줄 수도 있다. 요즘에는 온라인 바이럴 마케팅 대행사들이 전문적으로 이런 일들을 대행해 주기도 한다. 사회적 강자는 너무나 쉽게 유리한 방향으로 네티즌들의 인식을 전환할 수 있지만 사회적 약자의 경우 정반대의 결과를 가져 오는 경우가 매우 많다. 일반인들이 인터넷에서 회자되는 경우는 대부분 사회적으로 비난받을 행동을 했을 경우다. XX녀 시리즈에서 대부분 비난받는 대상이 일반인인 경우로 알 수 있듯이 일반인들의 이름이 좋은 일로 회자되는 경우는 거의 없다. 검색은 이런 비난의 글을 확산시키는 데 결정적인 역할을 한다.

검색결과는 단순히 기술력의 차이가 아니다. 검색 서비스 회사의 내부 정책의 차이이고 대상을 바라보는 인식의 차이이다. 검색 기술의 발전과 이를 전략적으로 응용하는 사례가 많아지면서 한 개인과 한 단체의 운명, 나아가 국가의 운명이 변할 수 있는 시대가 다가오고 있다. 정부에서는 여론을 분석하거나 사회적 이슈에 대해 검색결과를 활용하는 경우가 갈수록 많아지고 있으며, 기업에서는 자사 제품의 마케팅 정보에 활용하거나 제품 개발에 응용하는 경우도 많아졌다. 검색결과를 분석해 기업과 사회적인 동향을 살피는 전문 회사들도 늘어나는 추세다.

흔히들 데이터 분석을 하면 완전히 객관적인 결과를 얻을 수 있다고 생각한다. 직관과 감정을 이용해 판단하는 경우보다 객관적인 판단을 할 가능성이 높은 것은 사실이다. 하지만 분석 과정에서 어떤 점에 주안점을 두고 분석할지, 어떤 알고리즘으로 분석하는지 등에는 여전히 사람의 판단과 가치관이 반영된다. 또한 이 분석 결과를 어떻게 활용할지는 여전히 인간의 판단에 달려 있다.

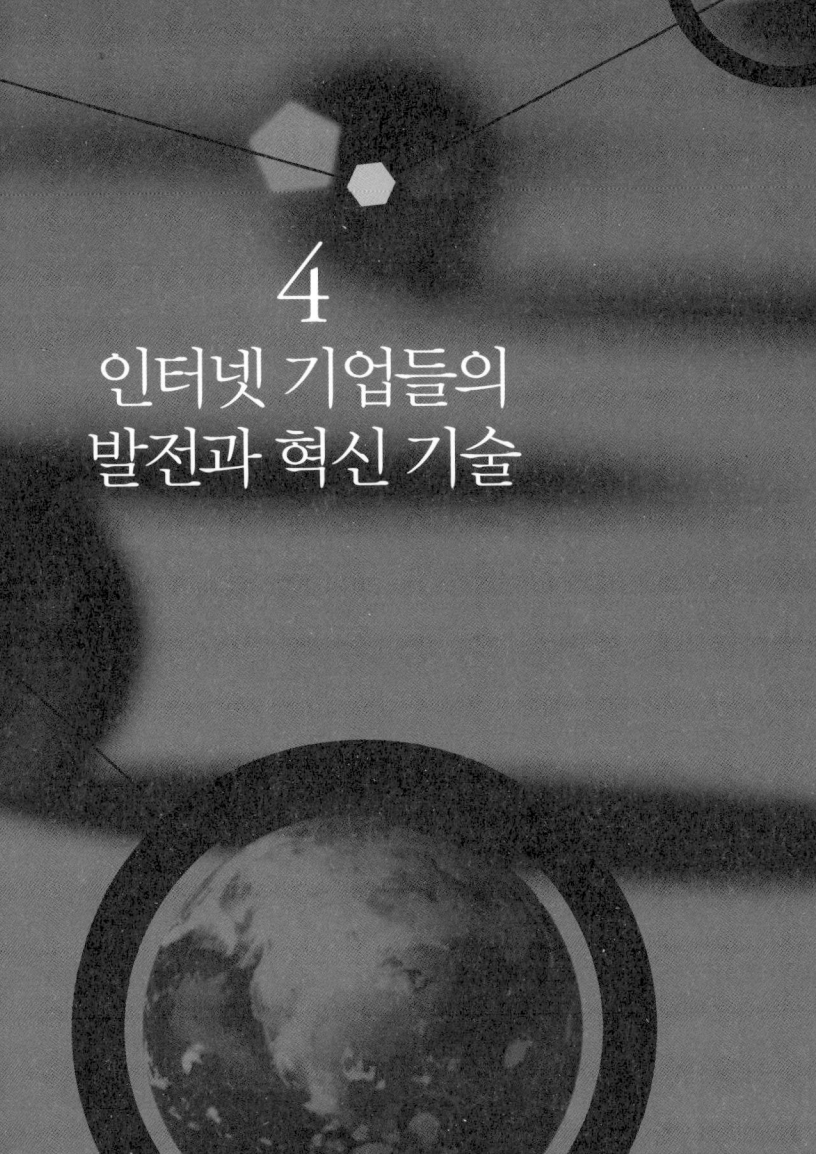

4
인터넷 기업들의 발전과 혁신 기술

인터넷 기업들의 흥망성쇠

인터넷 사업은 가장 먼저 시작한 사람이 가장 성공한다는 것이 인터넷 업계의 오래된 믿음 중 하나다. 정말 그러할까? 인터넷 비즈니스가 막 태동한 1990년도에 가장 먼저 시작해 성공했던 기업들

순위	사이트	매출(달러)	개요	현황
1	야후	24,674,355	대표적인 1세대 포털	MS, 아이칸 등의 인수공격으로 어려움
2	익사이트	22,472,000	1세대 검색 사이트	@Home Network, Ask jeeves 등이 인수함
3	인포시크	14,271,683	1세대 검색 사이트	서비스 중지(도메인은 디즈니가 인수함)
4	라이코스	11,023,500	1세대 검색 사이트	다음 커뮤니케이션이 인수함
5	넷스케이프	9,531,177	브라우저와 포털 운영	AOL이 인수한 후 브라우저 개발 종료
6	MSN	8,530,400	MS가 운영하는 포털	MSN 대신 Live.com을 강화
7	Cnet	8,451,500	세계 최대 IT 전문 사이트	CBS가 인수함
8	지프 데이비스	7,430,051	세계 최대 IT 잡지, 신문 발행	Cnet이 인수함
9	알타비스타	6,811,700	70년대의 구글	CMGI, 오버추어 등이 인수한 후 재인수 당함
10	Cmpnet	4,915,539	IT 잡지, 신문 발행	사업이 크게 위축됨

▲ 광고료 수입 순위   출처: InterMedia Advertising Solutions(1998년 1사분기 기준)

이 10년이 지난 지금 어떻게 되었는지 살펴보았다. 10년 전 인터넷 비즈니스 TOP 10에 들었던 기업들은 모두가 인수 합병되어 명맥만 유지되거나, 인수 위기에 빠졌거나, 인수된 후 사라져 버리거나 세 가지 중 하나였다.

2008년 4월 국내외 언론 모두에게 주목받지 못한 인수 합병이 한 건 있었다. 바로 CBS가 씨넷Cnet을 18억 달러에 인수한 사건이었다. CBS에 인수된 씨넷은 남들보다 일찍 인터넷 사업을 시작함으로써 다운로드닷컴(Download.com) 등 IT 관련 주요 도메인을 모두 선점했고 이를 바탕으로 90년대를 대표하는 최고의 IT 전문 사이트였다. 또한 온라인 영향력을 바탕으로 IT 관련 신문과 잡지를 발행했던 80년 정통의 최대 IT 미디어 그룹인 지프 데이비스 사를 2000년에 인수함으로써 온라인·오프라인 모두에서 최고의 영향력을 행사하기도 했다. 비즈니스면에서 살펴보자면 씨넷과 지프 데이비스의 결합은 광고 수입 기준으로 전 세계 7위와 8위 기업의 결합이었고 단숨에 인터넷 비즈니스 3위 그룹으로 올라가는 사건이었기에 더욱더 많은 사람들의 관심을 얻었다. 막강한 자금력을 바탕으로 IT 정보를 대부분 공급하면서 그들의 영향력은 미국 실리콘밸리가 존재하는 한 영원할 것 같았다.

하지만 씨넷은 지프 데이비스 인수 후 빠르게 변하는 인터넷 세상에 제대로 적응하지 못하는 모습을 보였다. 그들보다 더 좋은 콘텐츠를 생산하는 블로거들이 등장하고 콘텐츠의 희소성은 갈수록 떨어지는 상태에서 새로운 모습을 보여주지 못했다. 씨넷의 영향력은 갈수록 축소되었고 이는 주 수입원이던 광고 매출 축소와 주가 하락이라는 악재를 가져올 수밖에 없었다. 경영진은 몰락하는 씨넷을 구하기 위해 2004년 7월 세계 최대의 바탕화면 사이트인 웹샷(Webshot.com)을 7,000만 달러에 인수하는 모험을 강행했다. 하지만 불과 3년만인 2007년 10월 절반 가격인 4,000만 달러로 재판매를 하면서 씨넷은 더는 예전의 모습이 아니었다.

세계 최고의 인터넷 강자였다가 어느 순간 사람들의 기억에서 사라진 후 인수 합병당하는 경우는 씨넷 외에도 쉽게 찾아 볼 수 있다. 세계 최고의 사이트였던 야후는 이제는 비즈니스 리더십을 인정받지 못하고 있으며 언론의 주목을 받는 업체도 아니다. 그들이 언론에 등장하는 경우는 마이크로소프트와 기업 사냥꾼인 아이칸 등으로부터 경영권 공격을 받거나 경영 성과가 기대 이하로 크게 부진한 경우, 야후코리아 철수처럼 조직과 사업 규모를 줄이는 경우 등 밝은 미래보다는 어두운 현실로 인해 기사화되는 뉴스가 대부분이다.

야후와 씨넷만 과거의 영광을 찾기 힘든 것이 아니다. 익사이트Excites는 앳홈네트워크@ Home Network에 팔린 이후로 부도가 났으며 현재 애스크(Ask.com)를 보유한 IAC에 인수된 상태다. 라이코스Lycos는 스페인 업체인 테라 네트웍스Terra Networks에 팔린 후 2004년 다시 국내 업체인 다음 커뮤니케이션에 인수되었다. 이후 별다른 성과 없이 지내다가 와이브랜트 디지털Ybrant Digital에 재판매되었다. 넷스케이프Netscape는 AOL 등으로 인수되어 명백만 유지되고 있으며 세계 3위였던 인포시크^{Infoseek}는 사라져 버린 브랜드가 되어 도메인만 Go.com(디즈니 운영 포털)으로 자동 연결된다. 90년대의 구글로 불리며 '인터넷 검색=알타비스타^{Altavista}'란 공식을 만들었던 알타비스타도 구글의 위세에 밀려 사람들의 기억 속에서 사라져 가다가 오버추어^{Overture}에 인수되었다. 오버추어는 추후 야후에 인수되었다. 현재 알타비스타는 더이상 발전 없이 명맥만 유지되고 있으며 알타비스타 검색 기술 일부가 야후가 인수한 또 다른 검색엔진인 잉크토미를 도와 야후 검색 기술에 응용되는 정도다.

    인터넷 기업이 다른 회사보다 빨리 시작하는 것은 초기에 주목을 받고 회원을 유치하는 데 분명히 유리할 수 있지만 이것만으로 회사가 지속적으로 성장하기는 어렵다. 어느 산업보다도 변화가 빠른 IT 기술의 특성상 빠르게 변모하지 않으면 그 어떤 기업도 살아남을 수 없다. 현재 우리가 아는 글로벌 IT 기업들은 빠르게 변화하는 세상에서 재빠르게 적응한 기업들이다. 주요 IT 기업들은 사용자들의 데이터를 최대한 많이 모으고 이를 통해 비즈니스 기회를 창출하기 위해 클라우드 컴퓨팅을 비롯해 신기술에 대한 투자와 변신을 준비하고 있다.

마이크로소프트의 변화

클라우드 컴퓨팅이 인터넷의 미래로 떠오른 오늘날, 과거라면 PC에 설치해 사용했던 대표적인 프로그램인 포토샵, 프리미어, 오피스와 유사한 프로그램을 온라인에 접속해 사용할 수 있다. 20년 전 마이크로소프트의 최고 라이벌이었던 썬마이크로시스템즈가 꿈꿨던 NC(네트워크 컴퓨터)환경이 다가오고 있다. NC환경이란 컴퓨터에 프로그램 설치를 전혀 하지 않고 모든 프로그램을 인터넷에 접속해 이용하는 환경을 뜻한다. 이 경우 매출액의 대부분이 윈도우, MS 오피스 등 설치형 프로그램에서 나오는 마이크로소프트는 회사의 존립 자체를 걱정해야 할 정도로 큰 위기에 빠질 수 있다. 이런 이유로 마이크로소프트는 요즘 클라우드 컴퓨팅[Cloud Computing]*에 기반을 둔 서비스를 발표하며 모든 무게중심을 MSN에서 라이브(Live.com)로 이동시키고 있다.

불과 몇 년 전만 해도 마이크로소프트는 절대 쓰러지지 않는 기업일 것으로 여겨졌으며 심지어 마이크로소프트와는 경쟁조차 하지 않는 것이 업계의 상식이었다. 마이크로소프트와 경쟁했던 넷스케이프, 리얼[Real] 등의 업체들이 모두 사라지거나 명맥만 유지하고 있기 때문이다. 하지만 최근 몇 년간 마이크로소프트가 변화를 통해 혁신을 만들어 내지 못하자 급속하게 그들의 영향력이 축소되었다.

앞으로 인터넷은 실시간 양방향 방송으로 발전하게 되리라 예상하는데, 이 시장에서 마이크로소프트는 어도비[Adobe]에 밀리고

---

* 클라우드 컴퓨팅의 개념은 이미 1965년 컴퓨터 과학자인 존 매카시가 "컴퓨터 환경은 공공시설을 사용하는 것과 유사해질 것이다."라고 이야기하며 개념화시켰다. 하지만 클라우드 컴퓨팅이란 단어로 정리된 계기는 2006년 9월 구글의 에릭 슈미트 회장이 공개회의석상에서 사용하면서 널리 알려지게 됐다.

있다. 초기 기술인 인터넷 동영상 서비스, 흔히 UCC 동영상 서비스라고 이야기하는 동영상 기술에서도 어도비에 밀렸다. 어도비가 플래시를 통해 사실상의 표준 기술이 되어 대부분의 UCC 동영상 서비스 업체들이 도입을 한 이후에 마이크로소프트는 실버라이트^{Silverlight}라는 유사 기술을 발표해 뒷북을 쳤다. 하지만 인터넷 방송 시장은 2000년 이후 윈도우 미디어 서버$^{Windows\ media\ server}$가 장악해 마이크로소프트의 독무대라고 해도 과언이 아니었다.

1995년경 프로그레시브 네트워크(추후 회사명을 리얼^{Real}로 변경)는 인터넷에서 멀티미디어 데이터를 전송하는 기술을 개발해 리얼 오디오$^{Real\ audio}$라는 서비스를 선보였다. HTML을 통해 간신히 글을 읽을 수 있던 시절에 스트리밍 기술을 선보여 당시 인터넷 업계에 충격파를 던졌던 것이다. 약 1년 뒤 오디오 기술을 비디오까지 확장해 리얼 비디오$^{Real\ video}$라는 기술을 선보이며 인터넷 방송 시장을 열었다. 또한 비슷한 시기에 당시에 MPEG에 대한 많은 기술을 보유하고 있었고 싱 플레이어$^{Xing\ player}$등을 통해 잘 알려진 싱 테크놀로지 사가 MPEG기술을 이용한 스트림웍스로 리얼 비디오의 강력한 도전자가 되어 치열한 경쟁을 하고 있었다.

하지만 이때 마이크로소프트는 일반 소비자 시장을 벗어나 본격적으로 윈도우NT 4를 통해 서버 시장의 진출을 선언했는데 문제는 윈도우NT의 이미지와 성능이 당시 서버 시장의 절대 강자였던 유닉스와 비교했을 때 그다지 좋지 못했다. 이에 대한 돌파구로 윈도우NT에 윈도우 미디어 서버를 무료로 끼워 주는 전략을 채택해 거의 독점적 지위에 올랐다. 하지만 독점적 지위에 오른 이후로 윈도우 미디어 서버는 큰 발전이 없었다. 하지만 세상에는 절대 강자가 승리의 달콤함에 빠져 체력 단련을 게을리 하는 사이 남모르게 밤을 지새워가며 혁신을 준비하고 있는 사람들이 언제나 있게 마련이다.

마이크로소프트가 윈도우 미디어 서버의 개발을 게을리 하는 사이 어도비는 플래시에 플래시 비디오 등을 추가해 가며 천천히 내공을 쌓고 있었다. 마이크로소프트가 방심한 사이 플래시를 통해 방송하는 화질의 수준이 어느 순간 윈도우 미디어 플레이어 못지 않게 좋아지게 되었고, 퍼가기 등에 유리한 플래시 장점을 잘 파악한 유튜브에서 플래시로 서비스를 하며 대성공하자 인터넷 방송 시장의 대세는 어도비로 넘어가게 된 것이다. 이런 현실을 타개하기 위해 마이크로소프트는 뒤늦게 실버라이트라는 기술을 들고 나왔는데 문제는 플래시에 비해 혁신적인 모습이 보이지 않았다는 점이다. 차별화된 기술 없이 뒤늦게 출시된 실버라이트는 결과적으로 시장의 외면을 받았다. 결국 마이크로소프트는 실버라이트를 포기하다시피 했고, 웹 표준인 HTML5를 도입할 것이라는 이야기가 언론을 통해 기사화되고 있다.

마이크로소프트는 변화에 빠르게 적응하지 못하는 조직으로 뒤처진 이후 인터넷 방송 시장뿐만 아니라, 자사가 추진하는 모든 서비스에서 이미 경쟁사에 추월당했거나 혹은 추월을 목전에 둔 상황이다. IT 업계의 대표주자였던 마이크로소프트도 몇 년간 급속히 바뀌는 IT 트렌드에 발맞춰 변화하지 못하자 과거 화려했던 시절과 비교할 수 없을 정도로 빠르게 추락하고 있다. 마이크로소프트의 주가가 과거 화려했던 시절에 비해 반토막이 난 것이 그 증거일 수 있다. 혁신의 대명사이며 디지털 제품 시장의 리더였던 소니도 워크맨 이후로 혁신적인 서비스를 내놓지 못해 과거 영광이 사라졌듯이, 인터넷 서비스의 대표 주자였던 야후가 새로운 모습을 보여주지 못했던 것처럼 마이크로소프트도 혁신적인 모습을 보여 주지 못해 점차 가라앉고 있다. 1등이라는 자리에 안주하고 변화를 게을리 한 기업에게 영원한 1등 기업은 없다는 평범한 시장의 진리는 어떤 기업도 피해 갈 수 없다.

하지만 과거의 아픈 경험을 통해 마이크로소프트도 변신을 꾀하고 있다. 마이크로소프트에서 빅데이터 분석은 마이크로소프트의 미래를 좌우할 핵심 전략 사업이었다. 2011년 10월 20일, 도널드 헌트 부사장은 기자 간담회를 통해 "하루가 다르게 변화하고 있는 BI 시장을 선점하기 위해선 빅데이터, 모바일, 클라우드, 소셜 미디어에 대해 관심을 가져야 한다."[*]며 강조하기도 했다. 그렇기 때문에 마이크로소프트 역시도 빅데이터 경쟁에서는 누구보다도 발 빠르게 대응하려고 노력했다. 빅데이터 솔루션인 하둡Hadoop과 경쟁하기 위해 드라이어드Dryad라는 코드명으로 불리던 '링크투HPC'를 자체 개발하기도 했다. 하둡은 빅데이터 저장과 분석 솔

---

[*] 관련 기사: http://www.bloter.net/archives/80413

루션으로 시장에서 가장 주목받는 기술이다. 오픈 소스 프로젝트로 누구나 소스를 수정할 수 있으며 무료로 사용할 수 있다는 장점이 있다.

마이크로소프트는 언제나 그러했듯이 모든 솔루션을 스스로 개발해 전체 시장을 장악해온 전략을 구상하고 있었다. 하지만 돌연 마이크로소프트는 링크투 HPC를 버리고 하둡을 표준 기술로 인정해 이에 적응하려는 모습을 보이고 있다. 자존심을 버리고 시장에 빠르게 적응하려는 모습을 보여주는 것이다. 자체 개발 중이던 링크투 HPC 개발을 포기하는 대신 오픈 소스 빅데이터 플랫폼인 하둡을 표준 기술로 인정하며 분산 서버 환경과 슈퍼컴퓨팅 기술에 하둡 기술을 본격 도입하기로 결정했다. 또한 하둡 기반의 전문 벤처 기업인 호튼웍스와 협력할 예정이라고 발표했다.

과거 마이크소프트는 시장 파괴자였으며, IT 업계의 불문율 중 하나가 절대 마이크로소프트와 경쟁하지 말라는 말이 있을 정도였다. 마이크로소프트는 언제나 후발 주자로 시장에 들어와 시장을 잠식해 버리는 능력을 보여 주었다. 윈도우는 초반에 애플에 밀렸지만 곧 세상을 지배했고, 마이크로소프트 워드는 워드퍼펙트에 밀렸으나 이제 사실상의 표준으로 자리 잡았다. 도스 시절 수식 계산의 최강자였던 로터스1-2-3 역시도 엑셀에 밀려 흔적을 찾을 수 없게 되었다. 무엇보다 마이크로소프트와 절대 경쟁하지 말라는 법칙을 만든 사건은 인터넷 브라우저의 90퍼센트를 장악하고 있었고 마이크로소프트를 제외한 썬마이크로시스템즈와

IBM 등 세계 최고의 기업들을 모두 우군으로 두고 있던 넷스케이프가 역사 속으로 사라지면서 생겨났다. 이런 마이크로소프트가 링크투 HPC를 버리고 오픈 소스 프로젝트인 하둡을 표준으로 인정하며 지원하기로 한 정책 결정은 과거에는 결코 생각지도 못했던 변화다.

신무기로 재도약을 꿈꾸는 야후

글로벌 IT 기업들이 벤처캐피탈을 중심으로 이해 관계가 서로 엮여 있어 서로 협력하는 경우도 많지만 이익을 목적으로 하는 기업의 특성상 언제나 그럴 수 있는 것은 아니다. 특히 대규모 인수 합병은 동일 업종의 모든 기업들에게 영향을 미칠 수 있기에 각자의 패를 감추며 서로를 이용하려는 경우도 많다. 대표적인 사건은 마이크로소프트가 야후를 2008년에 인수하려고 했던 일이다. 마이크로소프트가 야후를 인수할 경우 인터넷 업계의 지형을 변경시켜 놓을 수 있기에 업계 전체가 이를 주시하고 있었다. 야후 인수를 둘러싼 IT 기업들의 반응은 제각기 달랐지만 인수 합병의 특성상 공식적인 반응이 그들의 진짜 속마음이라고 이야기하기는 힘들었다.

마이크로소프트가 야후를 인수하려고 했던 이유는 단기적으로는 검색 점유율 향상이었지만 중장기적으로는 마이크로소프트의 체질을 바꾸려는 목적 때문이었다. 오늘날 소프트웨어 이용 방식이 PC에 프로그램을 설치해 사용하던 방식에서 웹에 바로 접속해 프로그램을 사용하는 클라우드 서비스 방식으로 바뀌고 있기 때문이다. 마이크로소프트는 이런 시대의 흐름을 예측하고 이미 90년대 중반부터 PC 기반의 자산을 통해 인터넷 시장으로 진출하려는 노력을 해왔다. 1996년에는 'Best of the PC plus best of the Web'이라는 화려한 구호 아래 액티브엑스ActiveX를 발표하며 넷스케이프의 자바원Java One과 경쟁했고, 데스크톱과 웹을 연동하는 액티브 데스크톱이라는 기술을 선보이며 넷스케이프의 컨스텔레이션Constellation과 경쟁했다. PC와 웹의 통합을 추진하며 인터넷 시장에서 영향력을 늘리려던 계획이었다.

익스플로러를 앞세워 넷스케이프를 손쉽게 꺾은 마이크로소프트의 미래는 당시만 해도 순탄하리라 예상됐다. 하지만 15년이 지난 지금 인터넷 상황을 살펴보면 그 예상이 빗나갔음을 알 수 있다. 웹서비스 시장은 구글이, 인터넷 상거래 시장은 아마존과 이베이가, 제작 시장은 어도비가 장악하고 있기 때문이다. PC 시장의 절대 강자로 군림하던 옛 시절을 떠올리면 인터넷 시장에서 마이크로소프트의 영향력은 매우 초라하다.

마이크로소프트의 위치를 더욱 불안하게 하는 요소는 웹에서도 설치형 못잖은 클라우드 서비스형 프로그램이 대중화되고 있다는 점이다. 이는 설치형 프로그램 시장의 위축을 의미한다. 윈도우와 함께 효자 노릇을 독특히 해왔던 오피스 시장은 구글 닥스Google Docs나 조호Zoho 등 서비스형 오피스 프로그램의 압박을 받고 있다. 아이오에스인포eyeos.info, 짐브라Zimbra같이 웹 OS를 추구하는 업체들도 호시탐탐 마이크로소프트의 자리를 노리는 상황이다.

마이크로소프트는 그들이 가진 다양한 프로그램과 자산들을 빠르게 웹으로 변화시켜야 하는데 웹서비스에서 그들의 영향력은 그다지 크지 않다. 따라서 마이크로소프트는 이를 단시간에 극복하기 위해서 방문자가 가장 많은 야후 인수를 시도했다. 야후가 이 제안을 거부하자 마이크로소프트는 적대적 인수 합병도 검토할 수 있다고 으름장을 놓기도 했지만, 적대적 인수 합병을 시도할 경우 야후 직원들이 동요할 수도 있었다. 인터넷 업계는 이직과 전직이 매우 자유로울 뿐만 아니라 다른 사람이 업무를 인계받아 다시 시작하는 데는 오랜 시간이 걸리기 때문에 야후 직원들의 가슴에 상처를 줄 수 있는 적대적 인수 합병은 바람직하지 않았다.

마이크로소프트가 야후를 인수하려고 하자 독점을 운운하며 반대한 업체는 구글이었다. 하지만 황금 시장인 검색 시장에서 70퍼센트의 시장점유율을 차지하며 검색 이외에 다양한 서비스를 계속적으로 내놓고 있는 구글이기에 독점이라는 논리로 적극적으로 반대하기에는 부담이 너무 컸다. 이 주장이 부메랑으로 다가와 스스로를 공격할 수도 있었기 때문이다. 직접적으로 마이크로소프트를 견제할 수 없는 구글은 그들이 주식의 10퍼센트를 가지고 있던 AOL을 통해 야후를 간접적으로 도우려고 했다. 구글로부터 지원 요청을 받은 AOL은 겉으로는 야후를 돕는 것처럼 보였지만, AOL의 속셈은 그렇지 않았다. 야후가 오랫동안 공을 들이며 인수 합병하려고 한 베보닷컴(bebo.com)을 인수해 버린 것이다.

베보닷컴은 국내에서는 인지도가 낮지만 당시에는 마이스페이스, 페이스북에 이어 세계 3위의 SNS 사이트였다(당시는 마이스페이스 인기가 페이스북보다 더 높았다). 커뮤니티가 부족한 야후가 오랫동안 베보닷컴 인수를 원했고 실제로 2007년 5월에는 야후가 베보를 인수한다는 기사가 현지 언론에 소개될 정도로 야후가 오랫동안 공을 들인 사이트였다. 하지만 AOL은 구글을 도울 수 있는 형편이 아니었다. 웹서비스의 대부분이 AOL에 효시를 두고 있을 정도로 초기 온라인 서비스의 성장을 이끌었으나 갈수록 인터넷 시장에서 영향력이 줄어들고 있었다.

특히 2001년 타임워너가 AOL을 인수하면서 세계 최대 오프라인 콘텐츠 제국과 세계 최대 온라인 콘텐츠 제국의 결합으로 21세기를 여는 최대 인수 합병이라는 칭호를 받으며 매우 큰 관심을 받았지만 그 성과가 미약해 스스로가 시장에 매물로 나와 있는 상황이었다. 그나마 AOL이 마지막으로 믿는 서비스는 메신저 시장으로 AIM과 ICQ를 통해 미국 시장에서 1위를 고수하고 있었다. 개인 대 개인 서비스인 메신저와 인맥 기반의 커뮤니티 서비스인 베보닷컴을 이용, 경쟁력을 강화해 스스로의 가치를 증명해야 했다. 하지만 결론적으로 베보닷컴의 인수는 실패로 끝이 난다. 인수 이후 페이스북과 마이스페이스에 완전히 밀려 사용자가 급감하자 AOL은 8억 5,000만 달러로 인수한 베보닷컴을 2010년 1,000만 달러라는 헐값으로 재매각했다.

당시 구글, AOL은 모두 야후의 흑기사가 아니었다. 하지만 야후 또한 마이크로소프트의 인수 시도를 막기 위해 꼭 흑기사가 필요한 상황도 아니었다. 겉으로는 적대적 인수를 강력하게 반대한다던 야후지만 비공식적으로 계속 협상을 하며 몸값을 높였다. 약 2년 뒤 마이크로소프트와 야후는 나란히 손을 잡고 검색사업 제휴를 밝혔다. 이때부터 마이크로소프트와 야후의 밀월 관계는 시작됐다. 야후 사이트에서 검색을 하면 야후 기술을 이용하는 것이 아니라 마이크로소프트에서 개발한 검색 기술을 이용한다는 계산이었다. 충분히 몸값을 올린 대가로 수익의 88퍼센트를 야후에서 가져가는 좋은 조건의 협상을 할 수 있었다. 마이크로소프트의 링크투HPC 포기 후 하둡을 표준 기술로 인정하고 지원하기로 한 결정도 사실은 마이크로소프트와 야후의 밀월 관계에서 나온 결과라고 볼 수 있다.

요즘 사람들의 관심을 받는 경우는 위와 같이 인수 합병에 관련된 경우뿐이지만, 야후는 사실 우리들이 생각하는 것보다 훨씬 전략적이며 주도적인 회사였다. 남들보다 빠르게 포털 사업으로 성공했으며 2000년대 초반에 유행했던 'My Yahoo'로 대표되는 개인화 열풍도 야후가 주도했다. 웹2.0이 유행하던 시절에는 구글보다도 더 많은 기업의 인수 합병을 진행하기도 했다. 국내에서 야후 코리아가 기대한 성과를 내지 못한 이유로 저평가되었고 결국 2010년 시장 철수를 선언했지만, 아직도 인터넷 트렌드를 이끌어 가는 세계적인 회사임은 분명하다.

야후는 빅데이터 기술에서도 가장 앞서 나가는 기업 중 하나로 빅데이터 처리 시스템으로 가장 유명해 사실상의 표준으로 인정받는 하둡의 실질적인 소유주이기도 하다. 마이크로소프트가 링크투 HPC를 포기하고 하둡을 지원하는, 과거에는 볼 수 없는 전략을 사용한 이유도 밀월 관계에 있는 야후가 하둡의 실질적인 소유주이기 때문이기도 했다. 구글은 자신들이 사용하는 파일 시스템인 GFS$^{Google\ File\ System}$와 분산 데이터베이스인 빅테이블$^{Big\ Table}$을 논문으로 공개했다. 이 논문을 참고해 하둡의 창시자 더그 커팅은 하둡을 개발하기 시작한 후 웹에 소스를 공개해 누구나 관련 소스를 발전시킬 수 있게 했다. 이를 지켜보던 야후는 더그 커팅을 영입해 적극적으로 지원하며 하둡을 발전시켰다. 야후가 더그 커팅을 영입해 지원하기 전까지 하둡은 수많은 아마추어들의 노력이 담긴 실험적인 작품이었을 뿐 시장에서 인정받지는 못했다. 하지만 엄청난 빅데이터가 생산되는 세계적인 기업인 야후에서 기술적, 금전적 지원을 넘어 자신들의 시스템에 하둡을 도입하기 시작하자 시장은 하둡을 믿기 시작했다. 현재 하둡은 야후를 포함해 페이스북, 트위터, 이베이 같은 세계적인 인터넷 기업에서 사용하고 있다.

야후에 빅데이터 관련 기술 대한 자신감으로 2011년 오픈한 서비스가 코어^{Core}(visualize.yahoo.com/core/)다. 이 사이트는 전 세계 7억 명의 사용자들이 만들어 내는 클릭과 기사를 읽는 사용자 개인정보를 분석해 이용자들이 어떤 기사에 가장 많은 관심을 갖는지를 성별, 연령, 지역, 시간대별로 알려 준다. 야후는 코어를 통해 보면 예상하지 못한 정보를 얻을 수 있다고 이야기한다. 예를 들어 우리가 생각하는 것과 다르게 아이들이 부모보다 육아 기사를 더 많이 읽고 남자가 여자보다 음식에 관한 기사를 더 많이 클릭한다는 사실을 알 수 있다고 설명한다. 야후는 코어를 통해 광고 효과를 높이고 매출 신장에 도움을 얻어 재도약의 기회를 삼으려 하고 있다.

IBM의 교훈

애플과 삼성에서 스마트폰을 출시하면 여지없이 특허전쟁을 통한 감정 싸움으로 발전할 정도로 지금껏 뜨거운 논쟁의 끝이 보이지 않는다. 이들의 전쟁이 끝이 없는 이유는 각기 다른 부분에서 장점을 갖고 있어 일대일 비교가 어렵기 때문이다. 세계적 제조업체인 삼성에서 만든 스마트폰은 하드웨어 기능이 뛰어난 데 비해, 운영체제^{OS}와 함께 개발자 집단을 보유한 애플은 소프트웨어 기능이 뛰어나다. 얼마 전까지만 해도 IT 제품은 하드웨어 능력만 뛰어나면 최고일 수 있었다. 하지만 아이폰에서 입증됐듯이 소프트웨어 경쟁력이 중요한 시대가 됐다. 삼성도 소프트웨어 경쟁력을 높이기 위해 '바다'(현재는 타이젠이라는 OS에 통합됨)라는 OS를 공개하는 등 소프트웨어 경쟁력을 높이려 노력하고 있으나 해외 언론과 시장의 반응은 여전히 차갑다. 삼성의 소프트웨어 개발 능력을 인정하지 않기 때문이다.

실제로 제조업 기반으로 성장한 삼성의 소프트웨어 개발 능력은 비슷한 규모의 다른 IT 회사들에 비해 크게 부족한 상황이다. 삼성은 소프트웨어 분야에서도 특히 빅데이터 분석에 관심을 기울이며 사업부별로 태스크포스팀을 운영하고 있다. 채승병 삼성경제연구소 수석 연구원이 2012년 8월 「머니투데이」와 인터뷰한 기사를 보면 주 수입원인 휴대폰 사업이 언제 쇠락할지 모르기 때문에 빅데이터에 투자를 많이 하고 있으며 2015년에는 삼성의 새로운 성장 동력이 될 가능성이 있다고 이야기했을 정도로 빅데이터에 대한 투자와 기대가 크다.

삼성이 소프트웨어 분야에서 경쟁력을 확보하고 싶다면 IBM과 야후의 사례를 참고해야 한다. IBM은 컴퓨터 산업을 만든 장본인이며 80년대까지만 해도 세계 1위의 IT 회사였다. 한때 기업의 존립이 위협받기도 했지만 다시 부활해 2011년 현재 시가 총액 기준으로 마이크로소프트를 뛰어 넘어 세계 2위의 IT 기업이다. 그들을 상징하는 파란색은 IT의 상징이었고 IBM이라는 단어보다 '빅 블루Big Blue'라는 별명으로 더 자주 회자되었다. 현재 IT를 이끌고 있는 인텔과 마이크로소프트는 CPU와 소프트웨어를 IBM에 납품하는 하청 업체였다.

IBM은 소프트웨어의 중요성이 커지자 마이크로소프트와 OS/2란 운영체제를 공동 개발했다. 하지만 마이크로소프트는 IBM과 계약이 깨지자 OS/2를 개발하면서 얻은 기술을 응용해 '윈도우' 운영체제를 만들어 OS 시장을 장악했다. IBM은 극도의 배신감으로 대규모 소송을 걸었지만 법원은 마이크로소프트의 손을 들어 주었다. 이 판결로 인해 마이크로소프트는 비약적인 발전을 이룰 수 있는 날개를 달았고 IBM은 역사의 뒤안길로 사라지는 듯했다. 하지만 1990년대에 들어서 IBM은 새로운 모험을 시도했다.

자체 개발한 OS와 소프트웨어로는 도저히 마이크로소프트를 이길 수 없자 개발자 커뮤니티를 지원하기 시작한 것이다. IBM이 처음으로 지원한 곳은 '아파치 소프트웨어 재단Apache Software Foundation'이었다. 아파치 소프트웨어 재단은 비영리 단체로 웹서버를 만들기 위해 소스를 공개해 놓고 누구나 참여해 소스를 개선해가며 발전시키고 있었다. 당시만 해도 순수 아마추어 개발자들의 자발적 온라인 프로젝트를 IBM 같은 세계적 IT 업체에서 지원한 사례는 없었다. IBM이 아파치 소프트웨어 재단을 지원한 이후 '아파치 웹서버'는 세계 1위 웹서버 소프트웨어가 되었다.

이후 IBM은 리눅스의 최대 지원자를 자청했다. 금전적인 지원뿐 아니라 그들이 가진 최고급 서버에 리눅스를 공식 지원함으로써 리눅스를 세계적인 OS로 성공시키는 데 큰 역할을 했다. IBM이 리눅스를 지원하기 전까지만 해도 리눅스는 컴퓨터에 특별한 취미가 있는 학생들이 대학교에서나 사용할 수 있는 OS로 취급받았으나, IBM의 지원 이후 큰 성장세를 이뤘다.

또한 IBM은 그동안 변방에 머물러 있던 자바Java도 인터넷 세상의 핵심 언어로 이끌어냈다. 썬마이크로시스템즈는 자바를 만들었지만 IBM이 지원하기 전까지는 홈페이지에 작은 기능을 추가할 수 있는 언어 정도로 취급받았다. 하지만 플래시가 급성장하면서 그나마 설 자리가 급격하게 약해지고 있었다. 이를 대형 서버에서 사용할 수 있는 언어로 성장시킨 회사가 IBM이다. 자바의 서버 버전인 J2EE의 상당수를 IBM에서 설계했다. 현재 자바 진영에서 IBM은 썬마이크로시스템즈보다도 더 큰 리더십을 인정받고 있으며, 썬마이크로시스템즈는 2009년 오라클에 인수됐다.

IBM은 마이크로소프트에게 PC용 소프트웨어 시장을 빼앗겼지만 그보다 더 큰 시장인 기업용 서버 시장의 리더로 인정받고 있다. 그들의 대형 컴퓨터와 그들이 지원하는 소프트웨어는 정부, 금융, 대기업에서 주요 프로젝트를 진행할 때 빼놓고 생각할 수 없는 핵심 기술이 됐다.

IBM이 개발자 커뮤니티를 지원해 소프트웨어 시장에서 입지를 다지며 수많은 충성 개발자들을 확보하는 과정에서 주목할 점은 그들의 자세다. IBM이 이들 소프트웨어를 지원할 때만 해도 이들 소프트웨어는 IT 세상 변방에 머물러 있었다. 아마추어들이 자투리 시간을 이용해 온라인에서 개발하던 상태였기 때문에 평가 또한 높지 않았다.

IBM이 개발자 커뮤니티를 지원하겠다고 이야기할 때만 해도 IBM의 순수성을 의심하는 사람들이 많았다. IBM이 적은 돈을 들여 커뮤니티에서 만든 소프트웨어를 인수하려 한다는 의혹도 받았다. IBM은 의혹에서 벗어나 개발자 커뮤니티의 마음을 얻기 위해 가장 허드렛일부터 시작했다. 설명서 작성, 버그 테스트 등 소프트웨어를 개발할 때 꼭 필요하지만 대부분 하기 싫어하는 일부터 도움을 줬다. 심지어 IBM은 개발 커뮤니티의 마음을 완전히 얻기 위해 리눅스를 지원할 때 업계에서는 매우 흔한, 자사 이름을 내건 배포판도 내지 않았다. 개발자 커뮤니티에서 불필요한 오해를 받지 않기 위해서였다.

이러한 IBM의 전략은 야후가 하둡을 지원한 방식과 매우 유사하다. 하둡의 태생지도 아파치 소프트웨어 재단이었으며, IBM처럼 묵묵히 오픈 소스를 지원한 경우도 비슷하다. 야후는 하둡을 지원하기 시작한 이후 핵심 소스의 70퍼센트를 설계 후 공개했다. 자신들의 영향력 아래에 두려고 노력하지 않았을 뿐 아니라 솔선수범해 자신들의 시스템에 먼저 적용한 후 문제점을 과감하게 공개해 가며 발전시켜 전 세계 개발자들의 마음을 얻었다.

삼성은 미래의 경쟁력을 소프트웨어 경쟁력이라고 생각해 '바다'를 열심히 홍보했다. 세계적인 업체답게 초기 경진대회 상금으로만 30억 원을 내걸었을 정도로 '바다'의 성공을 간절히 빌었다. 하지만 현재 '바다'는 오픈 소스 모바일 운영 체제인 타이젠에 통합되었다. 30억 원이라는 큰 돈은 상금을 노리는 일부 업체와 개인의 도전만 이끌어 냈을 뿐 '바다'를 개발의 터전으로 삼으려는 수많은 개발자 확보에 실패했기 때문이다.

앞서 삼성의 관계자가 이야기한 것처럼 삼성의 미래 경쟁력을 갖추기 위해서는 '빅데이터' 경쟁력이 필수 조건이다. 소비자가 인식하기도 전에 언제 어디서나 그들에게 필요한 정보와 서비스를 제공해야 한다. '바다' 같은 실수를 되풀이하지 않기 위해서는 개발자 커뮤니티에 합류해 그들의 마음을 얻는 방안을 고민해야 한다. 제품은 기계를 움직이면 만들 수 있지만, 소프트웨어는 사람의 마음을 움직여야 만들 수 있다.

혁신의 대명사 아마존

상거래 1위 사이트인 아마존(amazon.com)의 역사는 인터넷 비즈니스의 역사다. 격변하는 인터넷 시장에서 현재까지 전자상거래 분야에서 지속적인 1위를 지킬 수 있는 이유는 아마존 특유의 혁신과 변화 때문이라고 할 수 있다. 아마존의 혁신은 언제나 시장을 선도했으며 현재 인터넷 업계의 비즈니스 상식을 만들었다.

인터넷 비즈니스의 가장 대표적인 상식인 "가입자를 많이 확보해 시장을 압도해야 한다."는 공식도 아마존의 혁신이 성공하면서 상식으로 굳어졌다. 아마존은 1994년 서비스 시작 후 2001년까지 수익을 포기했는데 이는 기업은 흑자를 내야 한다는 전통적인 경제 상식에서 벗어나는 행동이었다. 주주들은 지속적인 적자 상태에서 외형만 확장하는 CEO인 제프 베조스를 믿지 못해 사퇴를 요구하기도 했다. 하지만 이 전략은 2000년도 초 닷컴 버블이 꺼질 때 오히려 진가를 발휘했다. 경쟁사들이 하나둘씩 사라질 때 아마존은 더 빠르게 성장해서 독보적인 1위 자리를 확보하며 가입자를 늘렸다. 이는 수익구조 개선으로 연결되어 2001년 이후부터 큰 폭의 흑자를 기록할 수 있었다. 이후, 인터넷 기업은 이용자 수가 많아지면 큰 폭의 성장을 이룰 수 있기 때문에 초기에는 수익을 포기할 수 있다는 인터넷 비즈니스만의 경영전략이 퍼지기 시작했다.

인터넷 초창기인 1996년 당시 인터넷 사이트들이 돈을 벌 수 있는 방법은 물건을 팔아 돈을 버는 것 외에는 현실적으로 없었다. 일부 사이트들이 광고를 수주해 배너를 달았으나 극히 예외적인 경우였다. 인터넷 이용자들이 적을 뿐 아니라 광고주들의 인식이 부족해 수주가 매우 어려웠기 때문이었다. 상황이 이러하자 미래에 대한 희망은 가득했으나 당장 사무실 임대료와 네트워크 비용도 내지 못해 문 닫는 업체들이 속출했다. 인터넷 기업들의 어려움을 조금이나마 극복할 수 있는 아이디어는 1996년 한 칵테일 파티장에서 시작되었다.

미모의 이혼녀가 아마존(Amazon.com) 사장인 베조스에게 다가가 자신이 운영하는 이혼 관련 사이트에서 관련 서적을 판매하자는 아이디어를 제안한 것이다. 베조스는 이 아이디어를 받아들였고 이 프로그램에 따라 아마존 물건을 홍보해 준 사이트는 수익의 5~15퍼센트를 받았다. 당시 아마존 수익 배분 프로그램은 수익모델이 없어 죽어가던 인터넷 업체에게는 신약 개발과도 같은, 희소식 중의 희소식으로 폭발적인 반응을 얻었다. 3년 만에 30만 개 사이트가 수익 배분 프로그램에 가입했는데 이는 당시 대부분의 인터넷 회사들이 가입했다고 봐도 무방한 숫자였다.

아마존의 수익배분 프로그램은 인터넷 산업의 큰 동력이 되었다. 수많은 인터넷 사이트들이 자금 걱정 없이 자신들의 본업인 정보 제공과 커뮤니티 구축에 집중할 수 있었다. 아마존 스스로도 수익배분 프로그램으로 큰 이익을 얻었다. 인터넷에서 더 많은 물건을 팔 수 있었을 뿐 아니라 그동안 열세였던 오프라인 업체와의 규모 경쟁에서 우위를 점할 수 있었다. 큰 성공을 거둔 아마존의 수익배분 프로그램은 반즈앤노블, 씨디나우, 오토웹 등이 유사 모델을 만들며 발전시켰다. 인터넷 비즈니스가 태동하던 90년대 후반 아마존의 수익배분 프로그램은 큰 방향을 일으켜, 당시 많은 대형 업체들이 이 프로그램을 앞다퉈 도입했다(다음 표 참조).

웹사이트명	시작년도	배분 비율(퍼센트)	가입 사이트 수
아마존	1996	5~15	300,000
반즈앤노블	1997	5~7	145,000
오토웹	1996	2 혹은 5달러	2,829
씨디나우	1996	7~15	220,000
mp3.com	1999	5	4,000
800.com	1999	4~8	비공개
라이코스	1999	2~3센트	비공개
아웃포스트	1997	3 또는 5	78,000
펫스토어	1999	10	비공개

▲ 주요 인터넷 기업들의 수익 배분 프로그램   출처: Refer-It(1999년)

하지만 수익 배분 프로그램을 가장 크게 발전시킨 업체는 구글이었다. 검색 기술을 기반으로 한 애드센스^{AdSense}는 최적의 광고를 보여주었으며 수익 배분 프로그램의 효과를 극대화시켰다. 현재 영세 인터넷 업체와 블로거의 상당수가 구글 애드센스 수익에 의존해 생존하고 있다.

요즘은 데이터베이스와 기술을 공개하는 오픈 플랫폼 전략이 대세다. 이것 역시도 2002년 아마존이 자신들이 가진 상품 정보를 공개하는 상식 밖의 혁신으로부터 나왔다. 당시만 해도 핵심 정보는 경쟁 우위 확보를 위해 공개하지 않는 것이 상식이었다. 하지만 아마존은 자신들이 가진 모든 정보를 공개했다. 이를 통해 제3의 업체들이 아마존의 정보를 이용해서 전자 상거래를 시작하게 되었고 이것은 아마존 매출 성장에 큰 도움을 줬다. 때마침 구글이 세계 1위 검색 엔진으로 등극하자 이 정책은 더욱 큰 빛을 보았다. 수많은 사이트들이 아마존 상품의 링크를 걸어 주었고 얼마나 많은 사이트에서 링크가 되어 있는지를 가장 중요한 요소로 여기는 구글은 주요 상품 검색 시 아마존의 상품을 검색결과 최상단에 보여 주었다.

사용자들의 데이터를 모아 비즈니스 기회를 만드는 클라우드 컴퓨팅도 아마존이 개척한 영역 중 하나다. 자율적 검색도 결국 클라우드 컴퓨팅 기술이 뒷받침되어야 한다. 클라우드 컴퓨팅을 화두로 만든 것은 구글이지만 이미 아마존은 2006년 아마존웹서비스^{AWS}라는 자회사를 통해 처음으로 클라우드 컴퓨팅 서비스를 제공하기 시작했다. 아마존은 EC2, S3 스토리지, RDS 데이터베이스, 방화벽 등 모두 최고 수준에 이르렀다. 아마존은 클라우드 컴퓨팅의 리더로 인정받고 있으며 2011년 기준으로 190개 이상의 국가에서 수십 만의 기업 고객들을 보유하고 있다. 현재로서는 빅데이터에서 가장 주목받는 회사는 빅데이터를 생산하는 페이스북과 빅데이터를 분석하는 구글이지만, 언제라도 강력한 다크호스로 성장할 수 있는 기업이 바로 아마존이다. 클라우드 컴퓨팅을 통해 빅데이터를 운영해 본 경험이 있으며 오랜 기간 다양한 제품들의 판매 증가를 위해 데이터 분석을 해본 경험이 있기 때문이다.

이 때문에 「뉴욕타임스」의 쿠엔틴 하디 기자는 아마존이 빅데이터 서비스 시장에 진출하면 구글과 페이스북을 위협하는 경쟁자로 성장할 것으로 전망했다. 그는 아마존이 1995년부터 인터넷 서점을 운영하면서 사용했던 분석 기술, 노하우, 클라우드 컴퓨팅 AWS 기술을 결합하면 경쟁력이 높다고 전망했다. 전문가들은 앞으로 아마존이 사람의 기분과 몸 상태까지 분석하는 수준까지 발전될 것으로 전망한다. 여자들의 여성용품 구입 날짜, 피로 회복제 구입일 등 다양한 정보들을 수집해 교차 분석하면 불가능한 일도 아니다.

영국 IT 매체 「더 레지스터The register」 역시도 비슷한 전망을 한 적이 있다. 아마존은 자신들의 빅데이터를 분석해 의사 결정을 지원하는 '아마존 리테일 애널리틱스ARA'를 이미 자체 개발해 내부적으로 사용 중이다. 사용자의 구매 형태와 인구 통계학적인 분석을 통해 '추천' 정보를 고도화하고 있으며 이 분야에서 매출의 30퍼센트가 발생한다.

전문가들은 아마존이 IBM, 오라클, SAP 같은 하드웨어 업체들, 그리고 글로벌 인터넷 회사인 구글과 페이스북과 경쟁하기 위해 전문성은 있으나 규모가 적은 클라우데라, 호튼웍스 같은 하둡 전문 업체들과 손을 잡을 수 있을 것으로 전망했다. 이미 아마존은 AWS를 통해 하둡 클러스터 기반의 데이터 수집 도구인 '일래스틱 맵리듀스 서비스'를 제공하고 있다.

애플의 경쟁력과 발전 방향

아마존과 함께 혁신을 이야기할 때 빼놓을 수 없는 회사는 애플이다. 애플이 설립되던 1976년은 정부와 기업에서만 컴퓨터를 사용했다. 잡스와 함께 애플을 창업한 스티브 워즈니악은 천재적인 엔지니어답게 디스플레이와 키보드가 달린 PC를 만들어 컴퓨터를 대중화시켰다. 스티브 잡스는 외형적이고 남들 앞에 나서기를 좋아하는 CEO 형인 반면 워즈니악은 조용한 기술자였다. 외톨이 몽상가와 천재 엔지니어의 환상적인 조합은 언론을 통해 많이 알려졌다.

하지만 애플 초창기에 입사해 오늘날의 애플을 만드는 데 큰 기여를 하고 아이폰의 기반을 만든 사람은 앨런 케이Alan Kay다. 애플 창업자가 아니기에 잘 알려지지 않았지만 애플, 나아가 컴퓨터 산업 자체를 발전시킨 과학자다. 앨런 케이는 컴퓨터 분야의 노벨상이라고 할 수 있는 튜링상 수상자이기도 하다. 앨런 케이의 업적은 일반인들에게 한마디로 설명하기 어려울 정도로 포괄적이고 광범위하다. 아이폰과 아이패드와 연결된 부분만 나열해도 그가 얼마나 컴퓨터 분야에서 큰 업적을 남겼는지 알 수 있다. 그는 매킨토시 컴퓨터와 아이폰과 아이패드 등 애플 제품의 핵심 경쟁력인 그래픽 사용자 인터페이스^{GUI}, 컴퓨터 프로그래밍, 모바일 컴퓨터의 개념을 만든 과학자다.*

애플 제품을 평가할 때 첫 번째로 이야기하는 것이 직관적인 GUI다. 흔히 애플과 스티브 잡스를 비난하는 사람들은 제록스 연구소의 아이디어를 훔쳐 1983년 리사^{Lisa}를 통해 상업화에 성공한 사실을 두고 평가절하한다. 일부는 맞지만 정확한 사실은 아니다. 제록스 연구소에서 그래픽 인터페이스를 설계한 장본인이 앨런 케이이며 애플로 이직 후 더욱 발전시켰기 때문이다. 앨런 케이로부터 시작된 GUI가 아이폰, 아이패드를 통해 꽃을 피운 것이다.

앨런 케이는 현대적 프로그래밍의 개념인 '객체지향^{object-oriented}'을 처음으로 개발했다. 그가 개발한 '스몰토크^{Small Talk}'는 세계 최초의 객체지향 언어로 객체지향이라는 용어 자체도 앨런 케이가 만들어 낸 말이다. 현재 고급 프로그래머들이 사용하는 자바, C#, C++ 등의 언어들은 모두 객체지향 언어로 스몰토크의 기술을 계승 발전시킨 것이다. 아이폰이 안정적으로 작동하는 이유는 단일 기종과 폐쇄적인 소프트웨어라는 이유가 가장 크지만 컴퓨터 언어에 대한 많은 투자로 원천 기술을 많이 갖고 있기 때문이기도

---

* http://dl.acm.org/citation.cfm?id=234286, http://www.i-programmer.info/history/8-people/438-alan-kay.html?start=1, http://ei.cs.vt.edu/~history/GASCH.KAY.HTML 참조

하다. 앨런 케이는 들고 다니는 컴퓨터를 세계 최초로 설계하기도 했다. 그가 설계한 '다이나북'을 발전시킨 것이 현재 우리가 사용하는 노트북, 태블릿 컴퓨터, 아이패드다.

1983년부터 1993년까지 존 스컬리가 CEO로 재직하던 시절 애플 실적은 좋지 않았다. 존 스컬리와 CEO 경쟁에서 패해 쫓겨났던 잡스가 돌아와 지금의 애플을 만들었다. 존 스컬리는 원래 펩시의 전설적인 CEO이자 마케터로, 펩시를 세계 1위 기업인 코카콜라와 나란히 경쟁할 정도로 성장시켜 경영 능력을 인정받았다. 그가 펩시를 경영하면서 사용한 전략들은 아직도 경영학 교과서에 자주 등장한다. 하지만 그가 애플 CEO로 재직할 당시 실적도 좋지 않았을 뿐 아니라 최고의 인재라고 평가받는 잡스를 쫓아냈다는 이유로, 요즘 들어 평가가 나빠진 인물이다.

하지만 존 스컬리는 미래 세상은 손 안의 컴퓨터가 주름잡게 될 것임을 주장하며 앨런 케이 등 유능한 과학자들이 애플 내에 축적한 기술적 자산을 가지고 처음으로 손 안의 팜탑palm top 컴퓨터를 만드는 예지력을 보였다. 이 제품이 애플 최초의 모바일 컴퓨터인 '뉴턴Newton'*이다. 뉴턴은 현재 아이폰, 아이패드 등 애플 모바일 제품의 원형이 된 제품이다. 1993년 출시된 뉴턴은 지금의 아이폰과 아이패드에서 사용하는 iOS 플랫폼을 사용한 최초의 상업화된 모바일 제품이었다.

---

* http://en.wikipedia.org/wiki/Newton_%28platform%29 참조

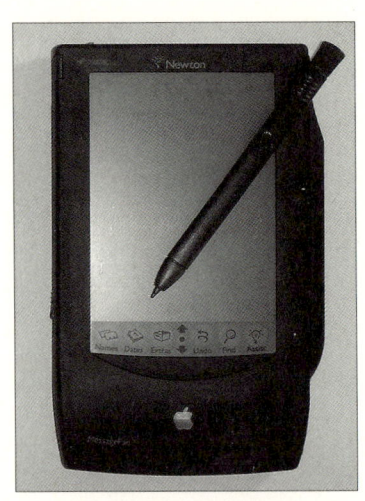

▲ 애플 최초의 개인정보 단말기인 뉴턴(Newton) MP100으로 아이폰과 아이패드 등의 모태가 됐다.

나도 90년대 중반에 개인적으로 수입해서 사용해본 뉴턴은 경쟁 제품에 비해 완성도가 높았다. 당시 이미 터치스크린 기술을 채택했으며 스타일러스 펜으로 화면에 글을 쓰면 글자를 인식할 수 있었다. 나는 당시에 팜탑 컴퓨터를 5개 정도 갖고 있었는데 뉴턴은 그 중에서 최고 제품이었으며 특히 확장 기능에서 뛰어났다. 하지만 소설책보다 약간 작은 크기로 평상시에 들고 다니기에는 부담스러워 확장성은 떨어지지만 이름 그대로 손바닥에 올려서 사용할 수 있는 팜파일럿 palm pilot을 주로 들고 다녔다.

애플은 자체 기술을 통해 모바일 OS를 90년도 초부터 발전시키고 있으며 최근에는 빅데이터에 큰 투자를 하고 있다. 모바일을 통해 언제 어디서나 사용자의 데이터를 모아 최적의 서비스를 제공하려는 의도다. 이미 애플은 폐쇄적인 플랫폼을 구축해 사용자들의 고객정보, 구매 이력, 접속정보 등 양질의 빅데이터를 확보하고 있다. 최근 이슈가 되었던 시리^{SIRI}도 사실 빅데이터 기술의 일종이라고 할 수 있다. 애플은 빅데이터 분석 기술을 앱스토어 '지니어스^{genius}' 기능 등을 통해 일부 활용해 왔다. 아이클라우드^{iCloud} 역시도 빅데이터를 기반으로 하고 있다. 전기『스티브 잡스』에 따르면 잡스는 다음과 같이 이야기했다.

"컴퓨터와 뮤직 플레이어, 휴대전화에서 달성한 기술을 텔레비전에도 적용하고 싶었습니다. 바로 텔레비전을 단순하고 우아하게 만드는 것입니다. 아주 손쉽게 사용할 수 있는 통합적인 텔레비전을 만들고 싶었습니다. 모든 기기들 그리고 아이클라우드와 막힘없이 호환되는 그런 텔레비전 말이지요."

스티브 잡스가 아이클라우드를 통해서 단순히 컴퓨터와 뮤직 플레이어, 휴대전화를 연동하려고 이 기술을 도입한 것은 아닐 테다. 연동을 위한 기술은 지금도 얼마든지 있으며 연동을 위해 막대한 구축비와 운영비가 들어가는 클라우드 기술을 도입할 필요는 없다. 애플 제품들을 통해 들어오는 빅데이터들을 분석해 최적의 서비스를 제공하려는 것이 그 목적일 것이다.

스마트 TV의 발전

언론과 경제연구소에서 인터넷망을 이용해 VOD를 보거나 인터넷 검색을 넘어서는 스마트 TV 2.0 시대가 올 것으로 예언하고, 흑백 TV에서 컬러 TV로 바뀐 이후 또 다시 혁명적인 변화가 예견되는 TV 3.0 시대가 올 것이라고 이야기한다. 하지만 아직 현실은 녹록지 않다. 스마트 TV의 초기 모델이라고 할 수 있는 브로드밴드 티비(BTV), 쿡티비(QOOK TV), 유플러스티비(U+ TV)가 일정 부분 사용자들의 호응을 얻으며 좋은 출발을 했지만 볼만한 콘텐츠 부족, 그나마 볼만한 프로그램은 모두 유료라는 사용자들의 불만으로 그 성장세가 주춤해진 상황이다.

스마트 TV가 어렵기는 미국도 마찬가지다. 미국 역시도 스마트 TV의 활성화를 위해 노력한 역사가 15년 이상으로 긴 편이지만 시장 규모를 제외하고 생각해 보면 사정은 국내보다도 더 어렵지 않나 하는 생각이 든다. 스마트 TV 업체의 대표 주자라고 할 수 있는 애플사의 애플TV가 2007년 출시 이후 1년간 고작 40만 대 정도 팔린 것으로 포레스트 리서치에서 발표했고, 또 다른 대표 업체 중에 하나인 아킴보 시스템Akimbo system의 아킴보 플레이어도 역시 비슷한 수준으로 팔린 것으로 발표된 사실을 보면 아직도 얼리어답터들의 재미있는 장난감 수준을 벗어나지 못한 것으로 보인다. 특히 애플은 그들이 내놓는 디지털 디바이스들이 거대한 트렌드가 되어 모두 메가히트 상품이 되는 상황에서 애플TV의 참패는 그 상처가 더욱 처참할 수밖에 없다.

스마트 TV 시장을 분석하기 위해 주목할 만한 또 다른 업체인 티보TIVO도 어렵기는 마찬가지다. 디지털 비디오 레코드 업체로 광고를 제거한 녹화 기능 등의 제공으로 미국에서 어느 정도의 성공을 일궈 낸 업체다. 티보 역시도 차기 시장 개척을 위해 스마트 TV에 매진하고 있다. 이미 넷플릭스, 유튜브, 아마존 VOD, 판도라와 제휴를 통해 서비스를 하지만 시장의 반응은 싸늘하다. 지난 10년 중 8년간 적자에서 벗어나지 못하는 상황이다.

스마트 TV는 많은 소비자들이 지적하듯이 '너무 비싸다', '복잡하다', '복잡한 데 비해 제대로 되는 기능은 별로 없다' 등의 불만이 있다. 하지만 가격, 성능, 편의성에 대한 불만은 상대적으로 해결하기 쉬운 불만이다. 이들 불만을 해결한다고 해도 쉽지 않은 또 다른 요인으로는 이미 미국 안방에는 TV 외에도 DVD, VCR, PS3, 엑스박스, 태블릿 PC 등 많은 디지털 디바이스들이 점령하고 있고 이것만으로도 충분하다고 느끼는 사용자들이 많아 추가적으로 무엇인가를 구입할 의사가 없다는 사실이 가장 큰 어려움이다. 이미 미국은 거실에서의 디지털 포화 현상을 2005년경부터 경험하고 있다. 실제 포레스트 리서치가 조사하고 「월스트리트 저널」이 기사화한 자료를 보면 TV를 통해 인터넷 비디오를 볼 수 있게 해주는 기계를 얼마에 살 생각이 있는지를 묻는 질문에 80퍼센트의 사람들이 구입할 생각이 없다고 응답했다.

No Thanks
Responses from U.S. households to the question:
"Imagine you could buy a device that would easily allow Internet video to be viewed on your TV set.
What is the most you would pay for such a device?"

Not interested at any price	80%
$10	6.8
$30	4.3
$50	4.4
$100	2.5
$150	1.0
$200	0.5
More than $200	0.2

* Percentages don't total 100 because of rounding
Source: Forrester Research Inc. survey, third quarter of 2006

▲ 포레스터 리서치 조사결과

　보통 새로운 디바이스들이 얼리어답터들에게만 반응을 보인 후 일반인들에게 확산되는 소비 과정을 고려한다고 해도 이 수치는 지나치게 낮은 수치다. 특히 현실적인 가격인 200달러 이상을 지출할 의사가 있다는 사람이 0.2퍼센트밖에 안 된다는 사실은 돈을 내고 살 만한 사람이 0.2퍼센트밖에 안 된다는 뜻과 동일하다는 데에 문제의 심각성이 있다. 사용자들이 더는 돈을 지불할 생각이 없기 때문에 소비자들이 최대한 적은 돈을 내고 인터넷 TV를 이용할 수 있게 하는 다양한 모델들이 시도되고 있다. TV와 PS2를 통해 거실 중앙을 차지하는 소니는 브라비아^{Bravia} HD TV에서 연결해 사용할 수 있는 어댑터를 300달러에 팔기도 했다. 케이블 TV 업체들은 기존에 배포한 셋톱박스에 스마트 TV 기능을 추가하려는 움직임을 보였고, 또 다른 업체들은 디바이스를 무료로 배포하고 광고를 사용자가 보는 방법 등을 시도하기도 했다.

애플 역시도 애플TV 실패 이후 비슷한 전략을 사용했다. 2010년 새롭게 선보인 애플TV는 기능 개선보다는 가격 하락에 주안점을 뒀다. 하드디스크를 제거해 가격을 299달러에서 99달러로 낮췄다. 하지만 하드 디스크가 없다 보니 콘텐츠 서비스 방식을 구매에서 대여로 전환해 매번 다운로드를 해야 하는 불편함이 생겼다.

디바이스에서 큰돈을 벌 수 없는 스마트TV 기업들은 콘텐츠 수익에 관심을 가질 수밖에 없어 자신들이 제휴하거나 서비스하는 콘텐츠 서비스만 이용 가능하게 하는 폐쇄적인 모델로 갈 수밖에 없었다. 마이크로소프트는 미국에서 700만에 이르는 엑스박스360 사용자를 엑스박스 라이브 온라인 서비스만 이용 가능하게 했고 티보는 초기에 아마존만 시청 가능하게 해 놓았다. 하지만 이런 폐쇄적인 정책 때문에 더욱더 콘텐츠 부족, 서비스의 통일성 부족, 온라인 콘텐츠의 가격 하락 차단 등의 문제가 발생했다.

생존 가능성이 없어 보이는 스마트TV 시장이지만 많은 전문가들이 주목하는 이유는 유튜브의 성공, 스마트폰의 대중화, 그리고 이들이 만들어 내는 빅데이터 활용 가능성 때문에 다시 관심을 받고 있다. 유튜브의 성공으로 능동적으로 비디오를 보는 문화가 만들어지는 추세다. 수동적으로 바라보기만 하던 TV에서 벗어나 자신이 원하는 동영상을 클릭하고 설치하며 다양한 형태로 즐기기를 원하는 소비자가 유튜브를 통해 늘어나고 있다. 콘텐츠 부족도 점차 해결되고 있다. 인터넷에 인기 콘텐츠를 제공하기 꺼리던 전통 미디어의 강자들이 훌루닷컴에서 보듯이 적극적인 자세로 변하기 시작했다. 스마트폰 보급 역시도 스마트TV에 긍정적인 요소로 작용하기 시작했다. 전화와 SMS로만 사용하던 휴대폰에 콘텐츠와 소프트웨어를 설치하자 전혀 다른 기기가 된 것처럼 TV 역시도 비슷한 변신을 할 수 있으리라는 기대를 하는 이용자가 많아졌기 때문이다.

실제 이런 이유 때문에 애플 역시도 오랜 시간 도전했지만 가시적인 성과를 내지 못하던 애플 iTV에 또 다시 집중 투자를 하고 있다. 스티브 잡스 전기를 읽어 보면 그가 죽기 전 마지막까지 고심하며 투자했던 제품이 iTV다. 애플이 iTV에 대한 발전 방향에 대해서 공식적으로 이야기한 적이 없기 때문에 iTV의 발전 방향에 대해서는 정확하게 알 수 없다. 하지만 애플이 최근에 낸 특허, 관련 제품들의 발전 방향, 스티브 잡스의 신문 인터뷰와 전기 등을 통해 추측할 수는 있다. 애플은 이미 아이팟터치부터 아이패드까지 앱스토어를 통해 수많은 빅데이터를 확보했다. 이 빅데이터가 다른 기업들이 보유한 빅데이터와 다른 점은 애플 제품을 사용하는 사람들은 대부분 단일 계정을 가지고 여러 단말기에서 공통으로 사용하기 때문에 통합 정보로서 가치가 크다는 점이다.

빅데이터 기술을 활용한 첫 번째 제품이 아이폰4S에서 사용된 '시리'이고 애플 iTV 역시도 시리를 기반으로 혁신을 도모할 것으로 보인다. 이를 통하면 가까운 시간 내에 음성으로 "우리 아이가 볼만한 프로그램을 추천해 주세요."라고 이야기하거나, 드라마를 보다가 취향이 맞는 사람과 이야기를 하고 싶으면 "나랑 대화가 통할 만한 사람을 추천해 주세요."라고 이야기를 해서 결과를 얻을 수 있을 것이다.

애플이 시리를 TV에 어떻게 접목시켜서 시장에 어떤 반향을 불러올지는 예측하기 쉽지 않다. 애플을 흔히 혁신의 대명사라고 이야기하지만 애플이 완전히 새로운 개념을 만들어 혁신을 한 적은 거의 없었다. 대부분 다른 회사들이 이미 시도했던 기술과 개념을 완성도 있게 만들어 시장을 뒤집는 경우가 대부분이었다. 아이폰의 장점인 터치 기술도 이미 삼성, LG 등 대부분의 회사들이 사용하던 기술이었고, 앱스토어도 경쟁 업체인 노키아에서 이미 선보인 개념이었다. iOS5부터 도입된 클라우드 기술은 IT에 관심 있는 사람들은 이미 익숙한 개념이었다. 아이패드가 기술적으로는 아이폰을 4배로 크게 늘린 것과 다름 없는 제품이었지만 많은 소비자들에게 만족감을 줬듯이 애플 iTV가 어떤 만족감과 차별화를 줄지는 아직 예상하기 힘들다. 아이폰의 터치 기술을 이용해 앵그리버드처럼 기존과는 다른 방식의 게임이 등장했듯이, 시리의 음성 인식 기능을 이용해 시장을 바꾸는 예상하지 못한 또 다른 앱들이 나와 우리의 텔레비전 이용 패턴을 완전히 바꿀 수도 있을 것이다.

클라우드 컴퓨팅의 발전

디지털 기기는 PC 사용이 전부였던 30대 직장인 김모 씨는 최근 유행하는 값비싼 스마트폰과 태블릿 PC를 구입했다. 하지만 김모 씨는 예상하지 못한 돈을 추가로 들일 수밖에 없었다. 회사에서 가장 많이 사용하는 프로그램인 워드와 파워포인트 문서를 보기 위해 스마트폰용, 태블릿 PC용 프로그램을 구입해야 했기 때문이다. 프로그램을 설치한 다음에도 문제는 계속됐다. 회사에서 작업한 파일을 집에 가져와서 태블릿 PC로 작업을 한 후 다시 회사 메일을 보내야 했다. 소위 말해 버전 관리라는 귀찮은 작업도 했으며, 가족과 함께 한 즐거운 시간을 찍은 사진 관리도 불편했다. 스마트폰으로 찍은 수많은 파일들을 PC와 태플릿 PC에서 동일하게 시간별, 장소별로 폴더를 만들어 관리하기란 쉬운 일이 아니었다. 게다가 이렇게 힘들게 관리 중인 소중한 자료를 혹시라도 분실할까 봐 정기적으로 CD에 백업하는 일도 귀찮은 일 중 하나였다.

하지만 클라우드 서비스를 이용하자 불편이 크게 줄어들었다. 구글 닥스에서 대부분의 문서 작업을 하기 때문이다. PC, 스마트폰, 태블릿 PC 모두 사이트에 접속해 문서 작업을 하기 때문에 별도 프로그램이 필요 없다. 대부분의 경우 별 불편 없이 사용하지만 고급 기능이 필요한 경우 PC로 다운로드해 이용하기도 한다. 마이크로소프트 워드, 파워포인트, 엑셀과 호환되며 업로드와 다운로드가 자유롭기 때문이다. 멀티미디어 파일 관리는 네이버 'N 드라이브'를 이용해 해결했다. 서버에 파일을 업로드만 해 놓으면 어떤 기기로 접속해서든지 동일한 이미지를 볼 수 있기 때문에 관리가 편하고 파일 분실의 위험도 없기 때문이다.

클라우드 컴퓨팅이란, 사용자가 소프트웨어를 PC에 설치해서 사용하는 것이 아니라 인터넷에 접속해 소프트웨어를 사용하는 방식이다. 마치 TV를 구입한 후에 전기만 연결하면 내가 원하는 채널을 볼 수 있듯이, 컴퓨터에 인터넷만 연결한 후 소프트웨어와 데이터를 사용하는 것이다.

클라우드 컴퓨팅은 언뜻 어려워 보이는 개념이지만 이미 우리가 사용하는 상당수 인터넷 서비스가 클라우드 컴퓨팅 서비스다. PC에 메일 소프트웨어를 설치하지 않고도 웹에 접속해서 메일을 보내고 받는 웹메일 또한 대중적으로 성공한 클라우드 컴퓨팅 서비스다. 클라우드 컴퓨팅은 사용자가 직접 설치하는 방법보다 비용이나 안정성 면에서 강점이 있다. 웹메일을 생각하면 이해가 쉽다. 다음 한메일, 네이버 메일, 지메일 등을 사용하면 PC에 아웃룩 같은 유료 프로그램을 설치해 이용하는 경우보다 저렴하며 데이터 분실 위험도 없다. 요즘은 갤럭시S, 아이폰 같은 스마트폰과 아이패드, 갤럭시탭 같은 태블릿 PC가 대중화되자 동일한 환경에서 데이터를 이용할 수 있다는 장점도 크게 부각되고 있다.

클라우드 컴퓨팅은 원래 개인보다는 기업들에게 매력적인 서비스였다. 전문 회사에 모든 소프트웨어, 데이터, 네트워크의 관리와 유지보수를 일임하고 기업이 사용한 만큼의 비용을 지불하기 때문에 비용 절감 측면에서 기업들이 선호했다. 하지만 요즘은 점차 개인 대상 서비스가 늘어나는 추세다. 개인이 갖고 있는 파일과 데이터를 서버에 올려 놓은 후 다양한 기기에서 동일한 환경으로 이용하려는 사용자가 많기 때문이다. 대표적인 국내 서비스는 네이버 N드라이브, 유플러스 박스, KT 유클라우드이며 해외 서비스로는 드롭박스dropbox가 유명하다. 개인이 파일을 업로드하면 PC, 스마트폰, 태블릿 PC에서 해당 기기 특성에 맞게 변환해 실시간으로 이용할 수 있게 해 준다.

또 다른 장점은 서버에 올려 놓은 파일을 공유할 경우에 다른 사람과 끊임없이 의견을 주고 받으며 협업을 통해 창의적인 작업을 할 수 있다는 점이다. 실제 해외에 많은 프로젝트들이 클라우드 컴퓨팅 기반의 서비스를 이용해 협업을 통한 생산 활동을 하고 있다. 대표적인 분야는 집필 활동이다. 『위키노믹스Wikinomics』, 『웹진화론』 등의 책들은 출판 기획 단계부터 인터넷에 공개해 협업을 통해 완성했다. 출판 기획자와 저자들은 비공개 토론 게시판을 만들어 온라인에서 끊임 없이 의견을 주고 받았으며, 책 집필은 저자가 구글 닥스(마이크로소프트 오피스와 비슷하나 별도 프로그램 설치 없이 웹에서 바로 이용 가능하다. docs.google.com)에 글을 쓰면 관련자들은 해당 내용에 대해 의견을 즉시 달아 놓는 방식으로 집필을 진행했다. 일부 내용은 전체 공개되어 제목과 사례 선정을 하는 데 네티즌들로부터 도움을 받기도 했다.

구글은 이미 지메일, 구글 닥스, 구글 그룹스, 구글 리더 등을 통해 클라우드 컴퓨팅 서비스를 제공한다. 구글은 2011년 말 기존

보다 진보된 클라우드 컴퓨팅을 제공하기 위해 응모한 일반인들에게 넷북을 무료로 배포했다. 가장 큰 특징은 인터넷 익스플로러와 유사한 프로그램인 크롬만 설치해 놓았다는 점이다. 기존 PC와 다르게 프로그램을 PC에 설치하는 것이 아니라 크롬을 이용해 웹에 설치하거나 저장하는 방식을 사용한다. 넷북의 역할이 인터넷 서핑 등 한정되어 있으므로 HDD가 없이 메모리만 장착돼 있어 매우 가볍다. 부팅도 10초 이내로 매우 빠르고 '대기 모드'일 경우 뚜껑만 열면 바로 실행된다. TV에 전원만 연결하면 방송국에서 모든 정보와 콘텐츠를 보내 주는 것처럼 PC에 인터넷만 연결하면 나에게 필요한 정보와 콘텐츠를 보내주는 세상이 오고 있다.

클라우드 컴퓨팅 사업자 역시도 이익이 있다. 용량 추가 등을 통해 이용료를 받거나 하는 지엽적인 수익이 아니다. 클라우드 컴퓨팅 사업자들은 대부분 대형 사업자들이다. 적게는 연 매출액이 1조 원부터 많게는 수십조 원인 경우가 대부분이다. 클라우드 컴퓨팅 역시도 이메일처럼 용량 경쟁을 할 수밖에 없어 용량 추가를 내걸어 유료 서비스를 통해 돈을 벌기는 사실상 불가능할 것으로 보인다.

하지만 클라우드 컴퓨팅 서비스로 얻는 빅데이터는 이들이 가진 자산을 활용해 또 다른 사업을 할 때 매우 유리한 경쟁력을 가질 수 있다. 예를 들어 이들이 대형 매장을 내려고 할 때 사용자들이 클라우드 컴퓨팅 서비스를 이용하면서 남기는 빅데이터를 활용하면 전략적 판단을 통해 사업을 할 수 있다. 사람들의 이동 경로, 인터넷 검색 기록을 통한 선호도 등을 조사해 보면 된다. 예를 들어 사용자들의 위치 정보를 분석해 보니 기존에는 신도림역에서 1호선으로 갈아 타고 집으로 이동하는 경우가 많았는데 이제는 신도림역에서 버스로 갈아 타고 집에 가는 사람들이 많아졌다는 점을 알았고, 사용자들의 검색 기록을 조사해 보니 '저렴한 대형 매장'이라는 단어보다는 '친절한 대형 매장'이라는 단어를 검색하는 사람들이 부쩍 많아졌다는 사실을 알면 신도림역 근처에 대형 매장을 개설할 때 친절함을 강조할 수 있는 매장 콘셉트로 성공할 확률을 높일 수 있다.

이런 경쟁력은 기존 사업의 경쟁력을 단순히 높여 주는 차원을 넘어 신사업 진출 시에도 큰 도움을 받을 수 있다. 예를 들어 클라우드 사업자가 부동산 정보업에 진출한다고 가정할 경우, 전통적인 방법을 통해서는 기존 사업자 대비 경쟁력을 가지기 힘들다. 하지만 클라우드 사업자는 기존 사업자들이 가지지 못한 빅데이터를 활용해 경쟁력을 가질 수 있다. 예를 들어 아파트를 구매하려는 부부에게 지역 주민들의 학력 수준, 연봉, 출산률, 연령뿐만 아니라 범죄율, 병원 수를 종합해 최적의 위치를 알려준다면 아이를 키우는 부부 입장에게는 매우 큰 매력으로 다가올 것이다. 클라우드 컴퓨팅 사업자는 누구보다 쉽게 소비자의 마음을 읽고, 소비자의 마음을 훔칠 수 있다.

개인 입장에서는 더 정확하고 최적화된 정보를 제공받을 수 있다. 클라우드에 데이터가 충분히 쌓이고 이를 분석할 기술이 축적될 경우 우리가 스스로 뇌를 거쳐 생각하는 것보다 더 넓고 정확한 판단을 할 수 있다. 구글이 그들의 비전에서 이야기했듯이, 내가 지금 혹은 내일 무엇을 해야 가장 합리적일지 판단해 이야기해줄 날이 올 것이다.

빅데이터의 허와 실

실생활에 결합된 다양한 모델의 SNS와 24시간 연결된 정보기기들로부터 생산되는 수많은 정보를 분석하기 위해서는 빅데이터 big data 분석기술이 필요하다. 빅데이터는 기존의 관리, 분석 체계로는 감당하기 어려울 정도의 엄청난 데이터를 말한다. 원래는 수천 테라바이트에 달하는 거대한 데이터를 뜻하는 용어였으나 지금은 분석 기술, 분석 방법, 관련 사업 등까지 포괄하는 용어로 사용된다. 인터넷에서 수많은 데이터가 생성되고 있으며 이 정보를 활용하면 지금과 다른 세상을 만들 수 있다. 그렇기 때문에 최근 들어 큰 주목을 받고 있다.

빅데이터는 말 그대로 감당하기 힘든 분량의 데이터이기 때문에 과거에는 버리는 경우가 많았다. 포털 접속 기록과 이용 기록은 매우 매력적인 정보였지만 그 분량이 엄청나서 며칠만 보관한 뒤 버리거나 처음부터 활용에 엄두가 나지 않아 특별한 경우를 제외하고는 기록조차 하지 않는 경우가 많았다. 하지만 빅데이터를 통한 사업 가능성이 부각되기 시작하면서 빅데이터를 다룰 수 있는 기술을 가진 회사가 주목받기 시작했다. 대표적인 회사가 미국 회사들인 오라클, IBM, HP, MS, EMC, 테라데이터, SAS, SAP 같은 회사였다. 이들은 빅데이터라는 시대적 트렌드를 이용해 더욱 빠르게 성장하기 위해 인수 합병으로 규모를 키워나가고 있다. 2010년 9월 IBM이 네티자Netezza를 17억 달러에 인수했으며, 11월에는 EMC가 네트워크 저장장치 업체인 아이실론Isilon을 22억 5,000만 달러에 인수했다.*

빅데이터 열풍은 SNS의 대중화, 오픈 소스의 확산, 하드웨어와 네트워크 장비가격의 하락 등 다양한 원인이 있지만 지금까지는 큰 비용을 주고 구매해야 했기에 구입할 엄두를 내지 못하던 기술을 '하둡'이라는 무료 소프트웨어가 출현함으로써 일반 기업들도 분석할 수 있는 기회를 얻게 된 이유가 크다. 야후, 페이스북, 아마존 같은 세계적인 기업들이 하둡을 기반으로 빅데이터 분석을 한다는 소식이 전해지면서 하둡에 대한 신뢰도 급상승했다. 그러자 기존 빅데이터의 시장의 강자라고 할 수 있는 오라클, EMC 등이 하둡을 지원하겠다고 발표했고, 이는 하둡을 더욱 주목받게 만드는 계기가 됐다. 누구나 이용할 수 있는 마술 같은 기술이 공개되자 기업 관계자들 사이에서는 자사가 가진 데이터를 분석해 대단한 정보를 얻어낼 수 있으리라는 환상으로 너도 나도 '빅데이터'에 큰 관심을 갖게 되었다.

---

* 관련 기사: http://www.zdnet.co.kr/news/news_view.asp?artice_id=20100921015435, http://news.inews24.com/php/news_view.php?g_serial=529532&g_menu=020200

빅데이터가 앞으로 발전 가능성도 많고, SNS, 검색, 클라우드와 결합했을 경우 응용 분야가 많은 것이 사실이지만 지금 당장 현실을 생각할 때, 지금처럼 과도한 관심은 거품이 있다고 볼 수 있다. 빅데이터에서 '빅'이라는 단어를 분리하고 생각하면 이미 20년 전부터 활용되어온 '데이터 마이닝Data Mining'의 발전된 모델에 불과하다. 데이터를 체계화하고 이를 분석해 기업 전략에 활용한다는 이야기는 이미 오래된 기업 전략이다. 빅데이터는 과거에 경험하지 못한 감당할 수 없을 정도의 큰 데이터라고 이론적으로 이야기하지만 과거와 다른 엄청난 양의 빅데이터를 보유한 회사는 거의 없다. 현재 빅데이터를 가진 국내 업체는 과거에도 빅데이터를 보유했던 네이버, 한게임의 nhn, 다음 정도의 포털 회사와 삼성전자, LG전자, SKT, KT, LG 유플러스 등 IT를 기반으로 하는 일부 대기업 정도다. 하지만 이들은 이미 오래 전부터 EMC, 테라데이터, IBM, 네티자, 오라클 등을 통해 적게는 수십억 원에서, 많게는 수백억 원을 투자해 빅데이터 분석을 해왔다.

빅데이터 열풍의 이면에는 빅데이터 분석을 누구나 시도해 볼 수 있다는 기업들의 환상을 적절히 이용하는 세력이 있다. 빅데이터를 거대 트렌드로 만들어 수익을 얻으려는 기업과 개인의 보이지 않는 단합이 빅데이터를 IT 업계의 화두로 만들고 있다. 관련 기업들 사이에서 빅데이터 열풍을 만들어 새로운 시장을 만들어 보려는 욕심이 밑바탕에 깔려 있다. 과거에 비해 저렴한 가격으로 빅데이터 분석을 할 수 있는 기술적 기반은 마련되었지만 정작 분석할 빅데이터도 없고, 분석해 어떻게 사용할지에 대한 고민도 적다.

빅데이터 분석과 투자의 결실

지금은 하둡을 비롯한 다양한 기술들이 기업 시장에서 주목을 받지만, 조만간 빅데이터를 활용한 컨설팅 회사들이 시장을 주도할 것이다. 하지만 빅데이터는 분석 프로그램이 있다고 손쉽게 분석할 수 있는 것은 아니다. 초기에 데이터를 쌓을 때부터 향후 기업 전략에 어떻게 활용하겠다는 전략을 갖고 데이터 수집을 시작해야 한다. 엑셀에 데이터를 입력할 때 나중에 활용도를 고려해 원칙을 세워 데이터를 쌓아야 잘 활용할 수 있는 원리와 비슷하다. 하지만 국내 대부분의 전산 시스템이 무리한 일정을 산정해 놓고 오픈 날짜를 맞추기 위해 급하게 개발하는 경우가 많기 때문에 데이터가 원칙대로 구축되는 경우는 별로 없다. 동일한 데이터를 시스템마다 쌓고 있으며, 전혀 다른 기준으로 쌓는 경우도 태반이다. 고도의 분석 프로그램들이 생겼지만 분석할 데이터도 거의 없으며 그 데이터도 체계화되지 않았기 때문에 지금 당장 빅데이터를 통해 성과를 낼 수 있는 회사는 거의 없다.

빅데이터 분석이 성공하려면, 비즈니스를 이해하는 사람이 초기부터 데이터 설계를 해야 하고 검증과 재설계를 반복해 가며 데이터를 올바르게 쌓아야만 원하는 결과를 얻을 수 있다. 쉽지 않은 과정이기에 최근 한 조사 기관에서는 빅데이터 관련 프로젝트의 85퍼센트 정도가 원하는 성과를 내지 못할 것이라는 전망을 내놓기도 했다.

빅데이터 전략이 성공하기 위해서는 장기적인 관점에서 투자를 해야 한다. 기업 입장에서 빅데이터는 일반적인 전산 프로젝트와 다르게 오래 시간 '가정-설계-분석-재가정-재설계-재분석'을 반복해 가며 발전시켜야 하는 프로젝트다. 다른 전산 프로젝트처럼 구축 이후 바로 활용 가능한 경우가 많지 않은 장기 프로젝트다. 빅데이터는 기술적인 접근보다는 컨설팅적 접근이 더 중요하다. 빅데이터 기술 도입을 넘어 빅데이터 분석을 통해 비즈니스적으로 무엇을 얻어낼 수 있는지 전략을 세우는 것이 중요하다. 활용 전략이 명확하지 않으면 비싼 금액을 들여 분석해 보았는데도 뻔한 결과가 나왔다는 말을 피할 수 없다.

장기적인 관점에서 투자한 빅데이터 전략이 성공할 경우 기업의 경쟁력을 크게 상승시킬 수 있다. 요즘 대부분의 제품과 전략은 경쟁 업체에서 쉽게 따라한다. 과거의 경우 아직 개발이 완료되지 않은 제품을 가지고도 시장 선점을 위해 전시회에서 발표를 하는 경우가 많았다. 하지만 삼성이나 애플같이 전 세계 기업의 벤치 마킹의 대상이 되는 업체들은 이제 전시회에서 신제품을 미리 발표하지 않는다. 경쟁 업체들이 재빨리 제품을 베껴서 출시하기 때문이다. 현대 기업 사회에서 기업들의 기술력의 차이가 크지 않기 때문에 상대방의 장점을 쉽게 베낄 수 있고 그렇기 때문에 경쟁 업체와 차별화를 하기란 매우 어렵다. 하지만 기업 내부에 보유한 데이터와 이를 활용한 정교한 전략은 경쟁 업체에서 쉽게 베낄 수 없는 자산이기 때문에 빅데이터 전략이 성공할 경우 경쟁 업체와 차이를 만드는 좋은 전략임에는 분명하다.

요즘에는 '데이터 과학자$^{Data\ Scientist}$'라는 그럴듯한 이름의 직업도 부상하고 있다.* 빅데이터를 다루고 분석하며 이를 비즈니스에 활용하는 사람을 말한다. 아직 생소한 직업이기 때문에 데이터 과학자가 되기 위해서는 어떤 자질을 갖춰야 하는지가 분명하지는 않다. 하지만 당분간 포털에서 빅데이터를 다뤄 본 경험이 있는 사람이나 대기업에서 데이터 마이닝 경험이 있는 사람이 초기에는 데이터 과학자로 전향할 가능성이 높다. 그러나 시간이 흐르면 하나의 전문 직종이 되어 대학에서 통계, 수학, 경제에 대한 기초 지식을 배운 후 데이터 과학자 팀에서 분석하려는 산업에 대한 이해와 기술적 지식을 습득한 사람이 데이터 과학자로 성장할 것이라고 전망한다.

빅데이터 열풍은 분명히 거품이 많이 포함되어 있지만 장기적인 투자를 했을 때 가치가 있는 전략은 분명하다. 인터넷 쇼핑몰의 예를 들어 보자. 수많은 이용자들이 클릭하는 흔적을 체크해 메뉴와 디자인을 새롭게 구성할 수 있다. 이용자들이 특정 제품의 배너 클릭을 많이는 했는데 구매로 연결되지 않을 경우 어느 단계

---

* http://radar.oreilly.com/2010/06/what-is-data-science.html, http://jobs.aol.com/articles/2011/08/10/data-scientist-the-hottest-job-you-havent-heard-of/, http://www.jds-online.com/v1-1 참조

에서 포기하고 사이트를 떠나는지도 알 수 있다. 포기 단계를 파악해 구성의 복잡성 때문인지, 결제 방법의 어려움 때문인지, 입력해야 하는 정보가 지나치게 많은 탓인지, 비싼 가격 때문인지 알 수 있다. 이외에도 응용 분야는 얼마든지 있다.

부정 거래로 의심되는 거래를 적발할 수도 있다. 누구나 물건을 올리고 구입할 수 있는 '지마켓', '옥션', '11번가' 같은 오픈 마켓은 이용해 보지 않은 사람이 거의 없을 정도로 일상화되었다. 하지만 사용자 간 자유로운 거래 모델이다 보니 사각지대가 존재하기 마련이고 법에서 허락하지 않는 방법으로 거래를 하는 사람들이 존재한다. 대표적인 경우가 물건을 구매한 것처럼 속이는 속칭 '카드깡'을 하는 경우다. 최근에는 오픈 마켓에서 카드깡을 조직적, 상업적으로 악용하는 경우도 있다고 알려졌다. 일반인들이 지인들과 짜고 이용하는 수준을 넘어 전단지와 스팸 메일을 이용해 급전이 필요한 사람을 모아 카드깡을 하는 방법으로 신종 사채라 할 수 있겠다. 카드깡은 여신전문금융업법 제70조 제2항에 의해 3년 이하의 징역 또는 2,000만원 이하의 벌금에 처해지는 불법 행위다. 이 때문에 옥션 등에서는 카드깡으로 의심되는 거래를 차단하려는 노력을 하고 있다.

빅데이터 분석 기술이 발달할 경우 실시간으로 이루어지는 수많은 거래에서 불법 행위가 의심되는 거래를 더 정확하게 잡아낼 수 있다. 불법적인 행동을 잡아내는 빅데이터 분석은 온라인 거래에서뿐만 아니라 증권 거래 등 다양한 분야에서 활용될 수 있다.

증권 거래의 실시간 거래 내역을 분석해 주가 조작이 의심되는 거래를 잡아낼 뿐만 아니라 인터넷상에서 주가 조작을 위해 유포되는 유언비어에 대해서도 실시간으로 대처할 수 있다. 이런 분석은 실시간으로 발생하는 2개 이상의 빅데이터에서 의미 있는 정보만 추출해 분석하는 기술로 CEP$^{Complex\ Event\ Processing}$라고 한다. 현재는 기술적 한계 때문에 CEP 분석의 한계가 많으나 분석 조건이 많으면 많을수록 정교한 분석이 가능하기 때문에 앞으로 많은 발전이 기대되는 분야다.

빅데이터 분석을 통해 마케팅 전략을 고도화시킬 수도 있다. 소비 활동의 영향을 주는 다양한 데이터 분석과 함께 블로그, SNS 분석을 함께 진행한다. 여론을 주도하는 파워 블로거들과 파워 트위터 사용자들의 활동을 주목하기도 한다. 이 과정은 SMA$^{Social\ Media\ Analytics}$와 SNA$^{Social\ Network\ Analytics}$를 통해 이뤄진다. SNS상에서 이슈를 만들고 생성하는 오피니언 리더를 찾아 분석하는 방법이다.

실제로 코카콜라의 경우 전 세계의 트위터, 페이스북 사용자들의 이야기를 분석해 마케팅 전략을 짜고 있다. 파워 블로거들과 파워 트위터 사용자의 활동뿐만 아니라 해당 국가의 일반 사용자들이 어떤 이야기를 하는지를 분석해 호감도와 비호감도의 증감 여부를 판단한다. 또한 특정 연예인에 대한 이야기가 증가하면 광고 모델 계약을 적극 검토하기도 한다. 이야기 내용만 분석하는 것이 아니라 코카콜라에 대한 관심 정도도 중요 지표로 활용한다. 코카콜라에 대해 이야기하는 글이 줄어든다는 사실은 코카콜라에 대한 관심이 줄어든다는 이야기이고 이는 매출 하락으로 이어질 수 있다. 이야기 수가 줄어들 때 새로운 마케팅 프로젝트가 시작될 시점이라고 판단하고 새로운 마케팅 프로젝트를 가동한다.

기업은 아니지만 자신들의 이익을 위해 빅데이터 분석에 큰 관심을 보이는 그룹은 정치인들이다. 자신을 지지해 주는 사람의 숫자가 당선의 유일한 잣대이기 때문이다. 자신이 주장하는 정책에 대해 SNS에서 유권자들이 어떤 반응을 보이는지에 대해 매우 민감하다. 여론의 추세에 대해 매우 민감한 정치인들이기에 빅데이터 분석에 관심이 많을 수밖에 없다. 전통적인 전화 여론 조사 방식의 한계 때문에 최근 빅데이터를 활용한 여론 조사 방법에 큰 관심을 보인다.

여론의 흐름을 알기 위해 큰돈을 들여 유선과 무선 전화로 여론 조사를 하지만 응답률이 낮을 뿐만 아니라 자신의 의견을 솔직하게 대답해 주는 경우가 많지 않기 때문이다. SNS를 통한 빅데이터 분석은 사용자들이 주고받는 솔직한 이야기 속에서 여론의 추이를 쉽게 짐작할 수 있기 때문에 기존 여론 조사와 다른 강점을 가진다. 물론 아직 SNS를 적극적으로 사용하는 사람들이 대부분 젊은 층이며 이들의 진보적인 성향이 국민 전체 평균보다 강하기 때문에 SNS의 의견이 국민 전체의 의견을 대표한다고 보기는 힘들다. 하지만 빅데이터 분석 기술의 발달과 노하우가 쌓일 경우 기존 여론조사보다 빠르고, 경제적이며, 신뢰도 높은 수단으로 자리잡을 것이라는 점은 분명하다. 실제, 서울 시장 선거 때 관련 트위터의 글들을 분석해 보면 1위만 나경원 후보를 지지하는 글이었으며, 나머지 2위부터 30위까지 선거 관련 글은 모두 박원순 후보를 옹호하는 글이었다. 이 때문에 많은 전문가들이 박원순 후보의 당선을 예상했고 이 예상은 적중했다.

박근혜 후보와 문재인 후보가 격돌한 대선에서도 비슷한 경향이 나타났다. 그동안 진보적인 인사나 유권자들이 많이 활동해 진보 진영의 세가 더 큰 것으로 알려진 트위터에서도 박근혜 후보 진영은 선전했다. 초박빙의 선거였기 때문에 이전 해의 서울시장 선거처럼 일방적이지는 않았지만, SNS 여론조사 분석기관인 메트릭스와 와이즈넛이 발표한 자료에 따르면 박근혜 후보의 트위터 점유율이 선거 결과와 유사하게 문재인 후보보다 2%~5% 정도 더 높았다.

전문 커뮤니티와 페이스북, 트위터를 실시간 분석해 기업들에게 여론 동향, 평판 등을 실시간으로 알려 주는 회사들도 늘어날 것이다. 일부 업체들은 이런 정보를 바탕으로 컨설팅 업체로도 성장할 것이다. 정보를 제공받은 기업은 상품, 판매, 마케팅 전략을 빠르게 수정하며 고객들의 요구를 만족시킬 수 있다. 이미 일부 대기업에서는 커뮤니티와 SNS의 빅데이터를 분석해 의사 결정 시 중요한 참고 자료로 활용한다. 빅데이터 분석을 통해 최적의 마케팅 방안 제공, 기업 위기 관리, 합리적인 기업 의사 결정, 소비자 심리 분석 등을 할 수 있다. 아직 발전해야 하는 부분이 많지만 장기적인 투자로 기업들은 마법 지팡이를 얻을 수 있을 것이다.

현재 많은 기업들이 빅데이터 분석에 관심을 기울인다. 관련 기술의 발달로 기업들은 무의미해 보이던 수많은 데이터에서 유의미한 정보를 찾아내려고 한다. 이 유의미한 정보를 가공해 우리에게 생각하지도 못한 정보를 제공할 것이다. 내가 필요한 정보라고 이미 인식하는 정보뿐만 아니라 내가 필요할 것이라고 예상하지 못한 정보까지 알려줄 것이다. "당신은 지금 이것을 알아야 합니다.", "당신 지금 이것을 해야 합니다."라고 이야기해 줄 날이 머지않았다.

경제 위기와 새로운 탄생

일반적으로 기업들이 투자를 하고 변화를 모색하는 시점은 경기가 호황이어서 금고에 자금이 많거나 아니면 정반대로 기업이 너무 어려워 기존 사업 구조로는 더 이상 사업을 이어나가기가 어려운 경우다. 하지만 기업 금고에 자금이 많은 경우 다른 경쟁 업체들도 자금이 많은 경우가 대부분이다. 그렇기 때문에 새로운 곳에 투자를 하거나 변화를 모색해 성공하더라도 회사가 크게 성장하기는 힘들다. 경쟁 업체들도 모두 비슷한 상황이기 때문이다. 반대로 회사가 너무 어려워 변화를 모색하려고 하면 이미 늦은 경우가 많다. 우수 인력들이 이미 회사를 떠나버렸거나 떠나기 위해 다른 업체를 알아 보고 있어 충성도가 떨어진 상황이 대부분이며, 금전적으로는 이미 금고가 비어 충분한 시간을 두고 충분한 투자를 하기 어려운 경우도 많다.

 IT 업계는 1위 사업자가 2위 사업자의 최소 2배 이상의 매출과 수익을 가져가는 승자 독식이 강한 업종이기에 1위 업체로 성공하는 것이 매우 중요하다. 1위 업체로 성공하기 위해서는 현재 1위를 하고 있는 기업이 어떤 시점에 창업을 해서 어떻게 1위가 되었는지를 살펴볼 필요가 있다.

 빌 게이츠가 마이크로소프트를 창업한 1975년과 스티브 잡스가 애플을 창업하던 1976년 당시의 경제 상황은 최악이었다. 경상수지 적자는 매우 심했으며 오일 쇼크로 인플레이션이 엄청났고 이자율은 20퍼센트가 넘었다. 세계 경제는 거의 붕괴되기 직전으로 영국은 IMF에 구제 금융을 신청하기도 했다. 이렇게 가장 힘든 시기에 창업한 회사가 마이크로소프트와 애플이었다. 이들은 대부분의 회사들이 투자를 줄이고 몸을 움츠릴 때 기존 패러다임과 다른 도전으로 세상을 바꾸며 1위 업체로 등극할 수 있었다. 기존 기업들이 컴퓨터는 기업에서나 사용하는 제품으로 취급하던 시절, 애플은 최초의 개인용 컴퓨터를 만들었고, 마이크로소프트는 PC에서 돌아가는 소프트웨어를 만들어 세계적인 기업으로 성장하는 데 성공했다. 오늘날 세계 최고의 인터넷 기업인 구글도 경제적으로 가장 불황인 시기에 창업을 했다.

 1990년대 중반은 국내에서도 '디지털'과 '인터넷'이란 단어가 기획서에 들어가 있으면 무조건 수십억 원을 투자받을 수 있다고 이야기하던 시절이었다. 당시 국내 인터넷 업체들이 많이 모여 있던 강남 테헤란로에서는 강아지도 만 원짜리 지폐를 물고 다니고 있으며 이 돈을 아무도 빼앗지 않는다는 우스갯소리가 있었을 정도였다. 그만큼 투자를 많이 받아 거품이지만 돈이 풍족한 시절이었다. 국내에서도 이 정도였으니 IT 산업의 중심인 미국 실리콘밸리에 더 많은 투자와 거품이 있었던 현상은 어찌 보면 당연한 것이었다. 하지만 거품은 오래갈 수 없었다.

1990년대 후반 인터넷 기업들은 투자자금을 모두 소진했으나 마땅히 돈 벌 방법을 찾지 못하자 하나 둘씩 쓰러지기 시작하더니 결국은 인터넷 산업 자체가 붕괴되기 시작했다. 닷컴 버블이 사라지기 시작한 것이었다. 1998년인 이때 창업을 한 회사가 구글이다. 구글은 알타비스타, 익사이트, 라이코스 등 당시 검색 분야에서 세계 최고의 회사들이 수익 모델 부재로 시장에서 사라지는 환경에서 창업을 했다. 구글은 당시에는 검색의 신뢰도에 악영향을 줄 수 있어 금기시되었던 검색 광고 모델, 즉 검색결과 상단에 광고를 노출하는 모델을 도입해 성공했다. 기존 검색 사이트들이 문서 내에 들어 있는 단어를 통해 검색 정확도를 높이려고 한 반면 구글은 페이지랭크를 통해 타 문서와의 관계를 통해 검색의 정확도를 크게 높이는 혁신을 이룰 수 있었다.

요즘에 가장 주목받는 페이스북과 트위터 역시도 세계 경제위기와 웹2.0 거품론 속에서 탄생한 업체다. 당시 웹2.0 기업들의 유일한 수익모델은 투자받은 자금이 떨어지기 전 구글이나 야후 같은 대형 업체에 인수되는 것뿐 정상적인 기업 활동을 통해 수익을 창출할 수 없는 업체라는 인식이 강했다. 페이스북과 트위터가 본격적인 서비스를 시작한 2007년은 웹2.0 거품이 붕괴되기 시작해 인터넷 업체들이 줄줄이 사라지던 때로 창업이 쉽지 않았다. 다음 해인 2008년은 글로벌 경제 위기로 리먼 브라더스 등 세계적인 기업들이 파산된 시기로 어려움이 가중되었다. 당시 야후는 매출액이 23퍼센트 줄어들자 한꺼번에 직원 1,100명의 정리해고를 단행했다. 디자인 이노베이션 팀은 혁신적인 디자인 기술로 외부에도 많이 알려진 부서였는데도 팀 전체가 한꺼번에 정리해고되기도 했다. 웹2.0 기업이자 음악 사이트로 널리 알려진 아이밈닷컴(Imeem.com)은 직원의 25퍼센트를 감원했으며 더 버틸 수 없자 마이스페이스에 회사를 매각했으나 오래가지 못하고 마이스페이스 내에서 사라졌다.

웹2.0 기업들의 성공 모델이라고 할 수 있는 구글과 야후에 인수된 회사도 어려움을 겪어야 했다. 스텀블어폰닷컴(StumbleUpon.com)은 이용자들이 재미있는 페이지를 추천하며 커뮤니티를 만들어 가는 사이트다. 초기에는 추천을 하기 위해서 파이어폭스에 전용 툴바를 설치해야 했으나 지금은 웹에서도 추천이 가능하다. 서비스 모델의 가능성과 툴바 시장의 중요성으로 인해 2007년 7월 750만 달러에 세계 최대의 오픈마켓인 이베이에 인수되었다.* 하지만 이베이는 불과 2년 뒤인 2009년 4월 헐값으로 재매각을 했다.

---

* 관련 기사: http://techcrunch.com/2007/05/30/ebays-stumbleupon-acquisition-confirmed-at-75-million/

이미 인수되었던 웹2.0 기업들도 시장에 매물로 나오자 웹2.0 업체들을 키워 야후와 구글 등에 팔리기만을 바라는 벤처캐피탈 회사는 조바심을 내기도 했다. 미국을 대표하는 벤처 투자회사로는 세쿼이아 캐피탈이 있다. 구글과 애플에 투자해 세계적인 기업으로 키워 낸 회사다. 자신들이 투자한 회사의 CEO들을 초대해 프리젠테이션을 했다. 56페이지에 달하는 이 자료 마지막 페이지는 "성공하든가 그렇지 않으면 짐 싸서 집으로 돌아가라."는 말로 끝났을 정도로 당시 상황은 최악이었다. 이렇게 최악의 경제 상황에서 창업을 통해 세계적인 업체로 성공한 업체가 페이스북과 트위터다. 구글이 검색을 통해 인터넷을 장악했다면, 페이스북과 트위터는 사람을 이용해 빠르게 성장했다. 구글이 기술을 통해 정보를 빠르게 검색할 수 있게 했다면 페이스북과 트위터는 기존의 패러다임을 바꿔 사람을 이용해 정보를 전달할 수 있게 했다.

지금까지 살펴본 것처럼 현재 IT를 이끌고 마이크로소프트, 애플, 구글, 페이스북, 트위터는 모두 경제 위기를 발판으로 성장한 회사들이다. 위기 속에서 성장한 경우가 외국에만 해당되는 것은 아니다. 우리나라도 마찬가지다. 네이버와 한게임을 운영하는 nhn은 1999년 창업했다. 당시는 IMF 시절이라 진로, 해태그룹, 아시아자동차, 쌍용중공업, 기아자동차, 동아건설, 두산개발, STX, 두산개발, 현대금속 등이 하나둘씩 부도가 났다. 경제 상황이 매우 안 좋으니 증권사 직원들이 언제 짤릴지 몰랐다. 결혼 시장에서 여자들이 선호하는 남자 순서가 농촌총각, 연변총각 그 다음이 증권사 직원이라는 씁쓸한 유머가 있을 정도였다.

왜 경제 위기 속에서 성공한 기업이 나오는가? 경제 위기는 옥석 가리기를 촉발시켜 경쟁자들을 탈락시키고 승자의 독식을 가속화시키기 때문이다. 현재 IT 강자들은, 경제 위기 속에서 3번의 옥석 가리기 과정을 통해 만들어졌다. 웹2.0 기업들에게 몇 년간 무분별한 투자가 집중된 것처럼 PC산업 초기에도 2~3년간 무분별한 투자가 집행되며 거품 논란이 일었고 경제 위기 속에서 진짜 벤처 기업이 누군지에 대한 옥석을 가려내는 과정을 거쳐 마이크로소프트, 애플 같은 세계적인 기업들이 생긴 것이다. 구글 역시도 2000년 전후 옥석 가리기를 통해 경쟁자들을 누르고 성공했으며 페이스북, 트위터 역시도 다른 웹2.0 업체들을 제치고 성공했다.

경기가 좋은 시절에는 투자자들도 자금이 많아 다양한 업체들에 투자를 하기 때문에 창업한 회사들끼리 큰 차이가 나지 않는다. 소비자들도 변화에 소극적이기에 창업한 회사들의 새로운 아이템에 큰 관심을 기울이지 않고 기존에 이용하던 제품과 서비스를 그대로 이용한다. 하지만 경제 위기 때는 투자자들이 냉정해진다. 정말로 성공할 수 있는 업체만 집중적으로 투자를 하기 때문에 경제 위기를 넘길 수 있는 기술과 아이디어를 가진 업체에만 투자를 한다. 실제 마이크로소프트, 애플, 구글 등이 경제 위기 속에서 성공할 수 있었던 주요 요인 중 하나는 냉정해진 투자자들이 경쟁사의 투자금을 모두 회수해 이들에게 투자를 했기 때문이기도 하다. 경제가 어려운 시기에는 소비자들도 사용하던 제품을 버리고 새로운 것을 찾게 된다. 변화해서 성공하기 가장 좋은 시기는 사업적으로 어려움이 없는 시기가 아니라 경쟁자와 나 모두 어려운 시기이며, 이때 경쟁력을 갖춘 업체들이 세계적인 업체로 성공한다.

현재 우리는 자본주의의 위기 속에서 살고 있다. 세계 경제를 이끌어 가던 미국과 유럽이 경제 위기에 빠졌으며 세계 경제의 동력인 중국의 성장세가 하락하고 있다. 달러를 찍어 내어 미국 정부가 발행하는 채권만큼은 원금과 이자가 완벽하게 보장됨에도 불구하고 미국은 국제 신용평가사 스탠더드앤드푸어스S&P에 의해 신용 등급이 강등되는 수모를 겪었다. 그리스의 부채로 시작된 위기는 이탈리아를 넘어 유럽 전체로 퍼지자 유로존의 기술적 문제점에 대해 지적하는 목소리가 커졌다. 이에 유럽의 오랜 꿈으로 완성된 유로존이 붕괴 위기에 빠져 있다. 세계는 경제 위기에 빠졌지만 기술은 우리 삶을 송두리째 변화시킬 수 있는 또 다른 세상을 예고하고 있다. 세상을 변화시키는 기업의 출현이 멀지 않았다. 이 기업이 어떤 기업이 될지 알 수 없지만 세상을 변화시켜 주도권을 잡는 기업은 SNS, 검색, 클라우드, 빅데이터를 효과적으로 통합한 회사가 될 것이다.

사회적 시스템이 필요하다

시대가 새로운 게임의 룰을 원하고 기술이 새로운 변화를 이끌어 낼 수 있는 준비가 되어 가고 있다. 하지만 게임의 룰이 변하고 기술이 이를 뒷받침해 준다고 해서 모든 나라에서 세상을 바꿀 만한 기업이 탄생하는 것은 아니다. 기업이 성공하기 위해서는 법적, 제도적인 지원, 새로운 제품을 소비할 만한 시장 여건 등 사회적인 시스템이 중요하다. 이들이 기업 활동을 하는 데 매우 중요하다는 사실은 이미 많이 사람들이 알고 있기에 조금씩 개선되고 있고 언론과 정부에서도 주목하는 분야다. 하지만 아직 투자 환경과 인큐베이팅 시스템의 중요성은 그 인식이 낮으며 수준 역시도 걸음마 단계다.

구글, 야후, 애플, 유튜브, 오라클, 시스코 등 전 세계 인터넷 업계를 움직이는 미국 인터넷 업체들이 그들의 능력만으로 성공한 것은 아니다. 그들의 성공 뒤에는 미국을 움직이는 거대한 힘인 세쿼이아 캐피탈과 KPCB 같은 벤처캐피탈 회사들이 있었다. 세쿼이아 캐피탈이 발굴해 성공시킨 대표적인 회사는 애플, 시스코, NVIDIA, 야후, 유튜브가 있으며* KPCB가 투자해 성공시킨 회사는 아마존, 썬마이크로시스템즈, AOL이다. 세쿼이아 캐피탈과 KPCB는 구글과 EA(세계 1위 게임회사)에 공동 투자해 대박을 터트리기도 했다. 벤처캐피탈 회사들은 성장 가능성이 큰 회사를 발굴해 대규모 투자를 하며, 이들이 성장할 수 있도록 경영 컨설팅과 인적 네트워크를 만들어 지원해 준다.

대형 벤처캐피탈 회사들은 그들이 투자한 회사에 단순히 돈만

---

* http://www.sequoiacap.com/, http://www.crunchbase.com/financial-organization/sequoia-capital 참조

투자하지는 않는다. 이들은 그들이 투자한 회사의 성공을 위해 미 정부, 언론, 대기업 등 사회 각층의 권력 기관을 이용한다. 필요에 따라서는 그들에게 도움을 줄 수 있는 정계 인사를 임원으로 영입해 로비를 하기도 한다.

대표적으로는 KPCB에서 임원으로 일하는 앨 고어가 있다. 그는 1992년~2000년 미국 부통령이자 노벨상 수상자다. 미국인들의 존경을 한몸에 받고 있으며 오바마 대통령의 라이벌로 미 대선 후보로 유력시되기도 했다. KPCB는 그들이 투자한 회사가 크게 성공하면 임원으로 영입하기도 했다. 벤처 성공 경험과 업계의 영향력을 동시 이용해 또 다른 벤처 기업을 성공시키기 위해서다. 대표적인 인물은 썬마이크로시스템즈의 창업자인 빌 조이가 대표적이다. 썬마이크로시스템즈는 기업용 서버와 인터넷 프로그램 언어인 자바를 통해 미국 IT 업계를 이끌었다.(썬마이크로 시스템즈는 최근 세계 2위 소프트웨어 회사인 오라클에 인수되었다. 오라클은 세쿼이아 캐피탈이 투자해 성공시킨 회사다.) KPCB는 이들을 통해 그들이 투자한 회사가 성공할 수 있도록 정계와 재계의 지원을 얻어낸다.

앨 고어, 빌 조이가 KPCB에서 일하는 대표적인 정계, 재계 인사라면, 세쿼이아 캐피탈에서 일하는 마이클 모리츠는 대표적인 언론계 인사다.* 구글을 발굴해 성공시킨 그는 전 「타임」 기자 출신이며, 그가 집필한 대표적인 서적으로는 애플 컴퓨터에 대한 책

---

* http://www.time.com/time/specials/2007/time100/article/0,28804,1595326_1615737_1616199,00.html, http://www.forbes.com/lists/2007/99/biz_07midas_Michael-Moritz_1YIC.html 참조

인 『스티브 잡스와 애플 INC』가 있다. 참고로 애플은 세쿼이아 캐피탈이 투자해 성공한 대표적 회사 중 하나다.

▲ 구글을 발굴해 성공시킨 마이클 모리츠

세쿼이아 캐피탈과 KPCB는 자신들이 투자한 기업이 성공할 수 있도록 다양한 방법으로 협력한다. 구글은 이들이 협업해 성공시킨 공동 작품이었다. 성공 이후에는 구글 CEO인 슈미트를 그들의 또 다른 투자 회사인 애플 이사로 선임해 협력을 강화했다. 자본 투자를 통해 구글과 AOL 관계를 돈독하게 하기도 했다. 하지만 무엇보다도 이들은 인수합병에 관여해 그들이 투자한 회사의 성공을 이끈다. 이들이 이미 성공시킨 회사를 통해 또 다른 회사를 인수하는 것이다. 대표적인 사례로는 그들이 성공시킨 구글을 통해 그들이 새롭게 투자하던 유튜브를 천문학적인 금액으로 인수한 것이다.

이 장에서 살펴봤듯이 아무리 큰 기업이라도 변화하지 않는 기업은 생존의 영속성을 보장받을 수 없다. 현 시점에서 경쟁력을 유지하고 있는 기업은 지속적으로 변화에 성공해온 기업이다. 산업혁명 이후 기업의 변화는 세상의 변화와 직결되기 시작했다. 기업이 변화하는 과정은 업체마다 모두 다르지만 시대의 큰 패러다임을 자신들의 키워드로 만드는 기업이 결국 세상을 호령하는 기업으로 성장했다. 변화에 적응하며 때로는 변화를 이끌어 가는 기업들이 클라우드와 빅데이터에 투자를 하고 있다. 클라우드와 빅데이터는 검색, SNS와 조금 더 밀접하게 결합될 것이다. 기술 발전의 패러다임과 함께 자본주의의 위기가 검색, SNS, 클라우드와 빅데이터의 융합을 가속화시킬 환경을 마련해 주기 때문이다.

디지털 격차와 빅데이터

현대 사회에서 정보화는 국가 간 격차를 만들어 내는 가장 중요한 요소다. 인터넷과 스마트폰으로 대표되는 디지털 사회에 빠르게 적응한 국가는 그렇지 않은 국가에 비해 생산성과 사회적 인프라에서 우위를 보인다. 다행히 우리나라는 정보화에 잘 적응한 국가로 유무선 인터넷, 스마트폰, 디지털TV, 클라우드 컴퓨팅, 전자정부 등 대부분 분야에서 세계 최고 수준을 달리고 있다. 앞으로 디지털화가 가장 빠르게 진행되리라 예상되는 자동차 분야 등에서도 세계적인 경쟁력을 보유하고 있다. 하지만 불안한 점이 없는 것은 아니다.

자율적 검색autonomous search에서 볼 수 있듯이 공동 창조 사회에서는 검색 기술과 SNS 플랫폼이 더 중요해지겠지만, 우리는 이 부분에서 지극히 취약하다. 네이버의 검색 운영 능력은 세계 최고 수준이지만 기술적 능력이 아닌 한국적 특성을 잘 파악한 발 빠른 운영 능력 덕분이다. 한국 사람이 많이 찾는 정보를 자신들의 데이터베이스에 넣어놓거나 핵심적인 내용을 검색결과 상단에 간단히 정리해 놓는 방식으로 발전시켰다. 네이버 검색은 네이버 내부에 있는 정보는 잘 검색하지만 네이버 이외의 글은 잘 검색하지 못한다. 이 때문에 인터넷 전체에서 정보 검색을 원하는 사용자는 구글을 이용하는 경향이 갈수록 뚜렷해지고 있다. SNS 역시도 싸이월드가 많은 이용자를 보유했지만 페이스북과 트위터 등 외국 서비스가 점차 국내 시장 점유율을 높이고 있다. 문제는 검색과 SNS가 점차 플랫폼화되면서 지역 사업자가 살아 남기 힘든 환경이 가속화될 것이라는 점이다.

1991년 국내에도 정부 주도로 만든 K-DOS와 서울대학교 컴퓨터 공학과에서 만든 SNUDOS 등의 컴퓨터 운영체제가 있었다. 하지만 마이크로소프트의 공세에 밀려 빛도 보기 전에 사라졌다. 컴퓨터 운영체제는 대표적인 플랫폼 분야로 지역 사업자가 살아 남기 힘들기 때문이었다. SNS, 검색 같은 인터넷 플랫폼도 윈도우처럼 점점 글로벌 플랫폼이 장악해 가고 있다. 글로벌 플랫폼을 가진 국가와 그렇지 않은 국가 간 정보의 부익부 빈익빈 현상이 심화될 수밖에 없는 상황이다.

검색, SNS, 클라우드, 빅데이터의 결합으로 사회는 더욱 고도화되며 공동 창조 사회로 발전될 것이다. 이런 흐름에 적응하는 국가와 그렇지 못한 국가 간의 정보 격차는 더욱 크게 벌어질 수밖에 없다. 국가 간의 격차는 부와 지식의 편중을 더욱 가속화하기 때문에 지난 10년 동안 세계적으로 정보화 격차를 줄이기 위한 수천 개의 프로젝트가 진행되었다. 하지만 격차를 줄이기 위한 세계적 단체인 DDI^{Digital Divide Institute}에 의하면 지난 10년간 디지털 격차는 오히려 커졌다고 한다.

왜 디지털 격차가 점점 더 커지는 것일까? 잘사는 나라의 국민과 못사는 나라의 국민 사이에 디지털 격차가 더욱 벌어지는 이유는 IT 발전 속도의 차이 때문이다. 다른 기술과 달리 IT 기술은 하루가 다르게 변하며 발전한다. 그에 비해 IT 기술의 가치는 시간이 지나면 급격하게 소멸된다. 가치 있는 IT 기술을 습득하기 위해서는 고가의 비용을 들여 최신 기술을 습득한 후 끊임없이 신기술을 따라다니며 적응해야 한다. 하지만 가난한 나라의 국민은 투자할 금전적 여력이 없을 뿐만 아니라 설령 있다 해도 어디 가서 교육을 받기도 좀처럼 쉽지 않다.

IT 기술은 생산성에 큰 영향을 미치기 때문에 산업현장에서도 차이를 만든다. IT는 스스로의 가치도 크지만 타 산업과 결합되어 해당 산업을 견인할 때 더 큰 가치를 만든다. 그렇기 때문에 IT와 전혀 상관 없을 것 같은 굴뚝 업체들도 생산성 향상을 위해 IT 기술을 적극적으로 도입한다. 투자 여력이 있어 IT 기술을 도입한 국가의 기업은 큰 생산성 향상을 기대할 수 있지만, 그렇지 못한 국가의 기업은 생산성 향상을 기대할 수 없어 경쟁에서 밀릴 수밖에 없다. 국민과 산업 현장 모두에서 국가 간 디지털 격차로 인한 지식의 쏠림 현상이 커지고 있다. 문제는 디지털 격차가 빈곤국 국민들의 부를 빼앗아 부유국 국민들에게 이전시키는 효과를 발생시킨다는 점이다.

디지털 격차를 줄이기 위해서는 기술의 혁신이 일어나야 한다. 가난한 나라의 사람들이 쉽게 정보에 접근할 수 있도록 디지털 제품과 정보 이용료가 낮아져야 한다. 이런 대표적인 노력은 OLPC$^{One\ Laptop\ Per\ Child}$* 재단이 추진 중인 100달러 노트북 프로젝트로서, 남미, 아프리카와 일부 중동 국가 어린이들에게 XO라는 노트북을 제공하고 있다. 2008년부터 시작했으며 2010년 10월 기준으로 약 200만 대를 보급했다. 100달러 노트북 프로젝트는 모범 사례이긴 하지만 전 세계적으로 디지털 격차를 해소하기에는 턱없이 부족한 숫자다.

국가 간 디지털 격차를 해소하기 위해서는 글로벌 IT 기업들의 노력도 필요하다. 이들이 저가형 디지털 제품을 공급해야 하지만 최근 흐름은 거꾸로 가고 있다. 과거는 신제품을 먼저 선진국에게 고가로 판매한 후 나중에 가난한 나라 국민들에게 저렴하게 판매를 했지만 애플이 시장을 선도하게 된 이후 흐름이 바뀌었다. 기업들은 수익성 감소와 브랜드 가치 하락을 우려해 저가형 제품을 만들지 않는다.

---

* OLPC 홈페이지 http://one.laptop.org/

세계적인 시장조사기관인 IDC의 발표에 따르면 애플 아이폰의 시장 점유율은 2012년 2사분기 기준으로 6.4퍼센트밖에 되지 않는다. 삼성전자가 24.1퍼센트, 노키아의 점유율이 20.6퍼센트로 비교가 되지 않는 수준이다. 하지만 애플은 8대 주요 휴대폰 생산 기업들이 거둔 이익에서 66퍼센트를 가져갔다. 삼성, LG 등 경쟁자들은 매년 수십 개의 새로운 휴대폰을 만들고 전 세계 다양한 사용자들의 요구사항을 충족시키고 있다. 여기에는 이익이 크게 발생하지 않는 저가 모델도 포함된다. 하지만 애플은 이익이 크게 남는 고가의 아이폰 모델을 한두 종만 생산한다. 선진국 시장에서 충분히 팔았다고 판단되면 저가형 제품이 아닌 또 다른 고가형 제품을 판매하기 시작한다. DDI 등 관련 단체들은 고가의 제품 생산만을 위한 기술혁신에만 매달릴 것이 아니라 저렴한 가격으로 제품을 생산할 수 있는 기술 혁신을 통해 가난한 나라 국민들에게 제품을 공급해야 한다고 주장한다.

디지털 격차는 일개 국가가 스스로 해결할 수 있는 문제가 아니라고 전문가들은 이야기한다. 디지털 격차를 줄이기 위해 국제사회가 협력해야 한다는 것이다. 글로벌 기업, 선진국 정부, 국제적인 시민단체, 유명 대학 등이 디지털 격차를 줄이기 위해 서로 공조해야 한다는 주장이다. 하지만 문제는 이들이 원론적으로는 동의하지만 적극적인 행동으로 옮기지 않다는 점이다. 그들이 디지털 격차를 줄이려고 노력했을 때 얻을 수 있는 예상 이득이 현저히 줄어들기 때문이다.

현재까지의 국가 간 경쟁력이 디지털 진행 정도, 즉 아날로그 세상을 얼마나 디지털화시켰는지로 판가름되었다면 앞으로는 이 디지털화한 정보들을 얼마나 잘 분석해 활용하느냐가 중요한 경쟁력의 척도가 될 것이다. 이 때문에 주요 선진국들은 빅데이터에 큰 관심을 보인다.

특히 미국이 빅데이터 분야에서 앞선 데에는 9·11 테러가 결정적인 계기가 되었다. 당시 국토안보부 장관인 마이클 체토프를 중심으로 빅데이터 분석이 진행됐다. 이에 대한 결실로 빅데이터를 분석해 국가 안보와 범인 검거에 도움을 주는 FBI의 종합 DNA 색인 시스템CODIS, DNA 과학수사, 클라우드 DNA 분석 시스템을 구축했다고 언론을 통해 보도됐다. 미국은 IBM에서 개발한 기술을 사용해 텍스트, 이미지, 동영상 등 수없이 쏟아져 들어오는 정보를 실시간으로 분석해 가며 테러 방지와 감시를 하는 것으로 알려졌다.

미국은 오랜 기간 범죄 예방과 검거를 위해 발전시킨 빅데이터 관련 기술을 전 분야로 확산시키려고 한다. 2010년 12월 대통령 과학기술자문위원회에서 나온 「디지털 미래 설계Designing a digital future」 보고서에는 "모든 미국 연방 정부 기관은 빅데이터 전략이 필요하다."고 명시되어 있다. 미국 정부에서는 이미 빅데이터 분석이 전략의 기본 요소가 된 것으로 보인다. 미국 정부가 은밀한 정보인 빅데이터를 구체적으로 어떻게 활용하는지를 알기는 쉽지 않지만 이를 간접적으로나마 확인할 수 있는 분야가 선거다.

오바마 대통령이 지난 번 선거 때 트위터와 스마트폰(블랙베리)을 이용해 기적을 만들어 냈다면 이번 재선에서는 이들이 생산하는 데이터를 분석해 또 다시 기적을 만들어 냈다. 오바마 캠프는 빅데이터를 활용해 재선에 성공되기 위해 2011년 7월부터 통계학자, 예측 모델학자, 데이터 발굴 전문가, 수학자, 소프트웨어 개발자를 고용해 인터넷에서 쏟아지는 빅데이터를 분석해 민심의 흐름이 어떻게 변화하는지를 실시간으로 확인했다.

정부가 빅데이터를 바람직한 방향으로 사용한다면 국가 경쟁력 향상에도 큰 도움이 될 것이다. 국내외의 개인과 기업의 자금 흐름을 분석하면 부정한 돈이나 탈세를 쉽게 잡아낼 수 있으며, 외화 흐름의 면밀한 추적으로 환투기 세력을 적발하거나 국제 투기 세력으로부터 사전 방어와 대비를 할 수 있다는 장점이 있다. 이외에도 지진, 날씨 정보를 사전에 분석해 재난에 대비할 수 있으며 차량, 선박, 교통량 분석을 통해 효율적인 교통 정책과 관련 기술을 개발하는 등 응용 분야는 우리가 상상할 수 있는 모든 분야라고 해도 과언이 아니다.

전화 요금 못 내 서울대 불합격

흔히 인간 생활의 세 가지 기본 요소를 한 마디로 '의식주'라고 이야기한다. 사람이 살아가기 위해서 꼭 필요한 요소이기에 기본 권리로 보장받는 것이 원칙이다. 하지만 현대 사회에서 '의식주'만으로 사람이 살아갈 수 있는 것은 아니기 때문에 꼭 필요한 것들이 있다. 대표적인 것이 전기, 수도, 난방 등으로 이것들을 이용할 수 없다면 현대 사회를 살아가기란 거의 불가능에 가깝다. 이 때문에 전기, 수도, 난방은 국민의 기본 권리이자 공공재로서 가난한 사람들도 모두 이용할 수 있게 해야 된다는 국민적 공감대가 형성되어 있고 국회에서는 이 문제를 해결하기 위한 논의를 오래 전부터 진행 중이다. 하지만 예산 부족 때문인지 아직도 매년 20만 가구 정도에 전기 공급이 중단되고 있다. 이에 비해 인터넷, 전화 등 정보 통신에 대한 접근 권리는 아직 전기, 수도, 난방만큼 인정받지 못하는 분위기다.

미국에서는 정보 통신에 대한 접근 권한을 국민의 기본 권리로 인식하고 이미 1934년에 통신법(The communications act of 1934)을 만들어 운영했다. 이 법안은 당시 현대적 커뮤니케이션 수단이었던 전화를 누구나 이용할 수 있어야 한다는 철학에 바탕을 두고 제정됐다. 통신은 보편적 서비스로 "지불할 수 있는 적절한 가격으로 기본적인 전화서비스를 광범위한 지역에서 쉽게 이용할 수 있어야 한다."고 명시했다. 보편적 서비스의 실현이라는 목적 때문에 AT&T의 합법적인 독점을 인정해 주고 AT&T는 누구나 이용할 수 있는 전화 서비스를 제공하기 위해 노력했다.

미 통신법을 벤치마킹해 과거 한국통신(현 KT)의 독점을 인정해 주는 대신 한국통신은 보편적 서비스를 제공하기 위한 노력을 했다. 현재는 통신 시장이 경쟁 시장이지만 아직도 보편적 서비스를 제공해야 하는 의무가 사라진 것은 아니다. 돈이 되지 않는 산간벽지에도 비싼 장비를 투자해 통신이 되게 해야 하며, 운영할수록 적자가 늘어난다고 해도 공중전화 사업을 중단할 수는 없다. 국내에서도 법적으로는 정보 통신에 대한 접근 권한을 국민에 대한 기본 권리로 인정해 소극적으로나마 관여하고 있다. 하지만 정보 통신도 전기, 수도, 난방과 마찬가지로 정부에서 더욱 적극적으로 관여해야 할 필요가 있다.

> 정보 통신에 대한 접근 권리가 현대 사회에서 얼마나 중요한지를 대중적으로 인식시킨 첫 번째 사건은 1996년 '유은이 양 서울대 불합격 사건'*이었다. 서울대에 추가 합격하고도 전화 연락을 받지 못해 떨어진 유은이 양의 소식은 정보와 통신에 대한 접근성이라는 새로운 화두를 국내에 처음 불러 일으켰다. 서울대에서 추가 합격을 알리는 전화를 걸었으나 전화 요금을 내지 못해 전화가 끊겨 연락을 받지 못한 것이다. 유양의 아버지가 사업에 실패한 후 어머니가 행상으로 생계를 유지했으나 턱없이 부족한 수입으로 전화 요금을 내지 못했다. 유양은 등록 마감 기한을 넘긴 후 자동응답 전화로 합격을 확인했으나 이미 늦어 합격이 취소되고 말았다.
>
> 이미 우리 사회는 1996년과 비교할 수 없을 정도로 정보 통신이 중요한 세상이 되었다. 휴대폰이 없다면 정상적인 인간 관계를 맺을 수 없으며, 대부분의 회사에서는 입사 지원서를 인터넷으로만 받고 있기에 인터넷을 이용하지 못한다면 취직 기회조차 차단당한다. 전기, 수도, 난방이 인간 생활의 기본 조건이라면, 전화와 인터넷은 사회 생활의 기본 조건이다.

인터넷 패권의 변화

부자 나라와 가난한 나라 사이에서만 격차가 발생하는 것은 아니다. 부자 나라들 사이에서도 격차가 발생한다. 지식 사회를 선도하는 국가와 그렇지 못한 국가 사이에서는 선진국 간에도 차이가 발생할 수밖에 없다. 그 중심에는 당연히 인터넷이 있다.

---

* http://imnews.imbc.com/20dbnews/history/1996/1967756_6172.html 참조

인터넷 패권을 지키려는 미국과 도전하는 중국과의 관계를 슬기롭게 이용할 경우 국제 인터넷 무대에서 한국 인터넷의 위상을 높일 수 있다. 오늘날 세계는 미국을 중심으로 돌아간다. 미국이 글로벌 패권을 유지하기 위해서 절대 포기하지 못하는 것은 무기와 달러다. 압도적인 군사력을 통해 경찰국가를 자처하며 세계를 대상으로 군수물자를 판매하고 정책을 설계한다. 미국은 달러를 세계의 통화로 만들어 물건을 구입하고 싶을 경우 달러를 찍어 외국에 준다. 엄청나게 찍어 내는 달러가 미국으로 돌아와 자국 경제에 부담을 주지 않기 위해 타 국가에서 달러가 계속 유통될 수 있도록 국가 간 거래에 달러 사용을 강요하고 있다.

또한 미국이 세계 패권을 유지하기 위해 90년대 이후 가장 신경 쓰는 분야는 인터넷이다. 미국은 크게 도메인, IP, 네트워크의 독점 권한을 통해 전 세계 인터넷을 막후 조종하고 있다. 미국의 통제하에 나라별로 인터넷에 접속할 수 있는 IP를 배분하고 있다. com, net, org 등 최상위 도메인을 등록하기 위해서는 미국에 돈을 내야 한다. 미국 이외의 국가가 미국과 해저 케이블을 연결해 인터넷을 연결하려고 해도 대부분의 비용을 부담해야 한다. 인터넷이 연결되면 양국끼리 데이터가 자유롭게 오고 갈 수 있음에도 불구하고 철저하게 불평등하게 계약된다. 이런 불평등은 ICANN(국제인터넷 주소관리기구)으로부터 기인한다.

ICANN*은 IP, 도메인, 네트워크 등 인터넷의 핵심적인 정책을 결정하는 국제 비영리 기구다. 국제 협의체이지만 1998년 6월 미국 정부에서 발간한 「인터넷 주소 운영에 관한 백서」에 의해 탄생했기에 정기적으로 미 정부에 보고를 한다. 실제적으로 미국 정부의 산하 단체나 다름 없다. 미국 정부 입장에서는 인터넷 전반에 대한 정책을 자기들이 원하는 방향으로 이끌어 갈 수 있는 단체이기에 주도권을 절대 포기하지 않는 단체이기도 하다.

▲ ICANN 본부

역사적으로 미국 정부가 인터넷에 대한 주도권에 얼마나 집착했는지 알 수 있는 사건으로는 '존 포스텔'† 사건이 있었다. 존 포스텔은 초기 인터넷을 만드는 데 큰 기여를 한 과학자로, 도메인 기술을 개발했다. 그는 미국 정부가 지원하는 IANA(인터넷 할당번호

---

* http://www.icann.org/, http://en.wikipedia.org/wiki/ICANN, http://www.iana.org/ 참조
† http://www.isi.edu/div7/people/postel.home/activities.html, http://www.postel.org/postel.html 참조

관리기관)에 근무하며 초기 주요 도메인과 IP 정책을 대부분 설계 후 관리했다. 이후 인터넷의 중요성이 커지자 미국 정부는 자신들의 비용으로 인터넷이 연구 개발되었다는 명분을 내세워 도메인과 IP 정책에 대한 권한을 그에게서 빼앗아 온다.

이에 존 포스텔은 TCP/IP를 개발해 인터넷의 아버지로 추앙받는 빈트 서프 등 초기 인터넷 과학자들과 모여 1992년에 '인터넷 소사이어티'라는 단체를 설립해 범세계적인 인터넷 민간 단체를 만들려고 했다. 초기 인터넷이 미국 정부의 예산을 통해 설립된 것은 맞지만, 이미 인터넷은 국제적인 네트워크로 미국 정부가 관리할 수 있는 대상이 아니라는 주장이었다. 인터넷 소사이어티는 도메인과 직접적인 관계가 있는 전 세계 주요 상표권자들과 협력하기로 했으며 미국 대형 통신사인 MCI와 대형 IT 기업인 디지털Digital 사 등과도 협력해 미국 정부로부터 독립적인 인터넷 정책 기구를 만들려고 했다. 하지만 미국 정부는 인터넷 소사이어티의 활동과 그들의 협약을 인정하지 않았다. 이에 항의해 존 포스텔은 자신의 컴퓨터를 전 세계 인터넷의 루트 서버로 바꾸는 도발을 감행했다. 미국 정부는 모든 수단을 동원해 존 포스텔을 압박했고 존 포스텔은 루트 서버를 다시 미국 정부로 돌려 놓았다. 하지만 존 포스텔은 이때 미 정부로 받은 협박에 극심한 스트레스로 시달리다 9개월 후 심장 마비로 사망했다.

존 포스텔 사건 이후 미국 정부는 인터넷의 주요 정책은 자신들이 결정할 것을 공식 선언하며 법으로 명문화했다. 이후 인터넷의 주요 정책은 미 정부의 주도하에 결정됐으며 이에 도전하는 세력은 없었다. 하지만 최근 중국이 무섭게 성장하면서 분위기를 바꿔 놓고 있다. 세계 1위 검색 사이트는 구글이지만 2위 자리를 놓고 야후와 중국 검색 사이트인 바이두(baidu.com)가 경쟁을 할 정도로 중국은 성장했다. 이미 인터넷 이용자 수는 중국이 미국을 앞질러 버렸다. 이런 성장을 발판으로 중국은 끊임없이 인터넷의 패권을 자신들과 나누길 요구했으나 미국은 여러 가지 이유를 들며 거절했다.

2006년 3월 중국은 com, net 등을 자신들의 언어로 호환 연결시키는 도발을 감행하며 미 정부에 정면 도전을 했다. 미국 정부는 도메인 관리 주도권을 중국과 나눠 경쟁자를 만들기보다는 일부 정책을 신흥 인터넷 강국들과 협의하는 전략으로 변경했다. 이에 대한 첫 번째 전략이 2009년 10월 서울에서 열린 ICANN 회의에서 있었다.* 주요 안건인 '다국어 최상위 도메인^{IDN, Internationalized Domain Name}'을 ICANN이 승인한 것이다. 국제 도메인에 적극적인 나라인 중국과 한국 중 중국을 견제하기 위한 포석으로 한국을 택해 발표한 것이다.

미국 정부는 인터넷에 관한 주요 정책을 독점하기가 점점 더 어려워지고 있다는 점을 잘 알고 있다. 자신들에게 우호적인 국가에게 권한을 일부 배분한 후 전 세계 공조라는 모양새를 만들려고

---

* 관련 기사: http://news.inews24.com/php/news_view.php?g_serial=453086&g_menu=020300, http://www.zdnet.co.kr/news/news_view.asp?artice_id=20091020154919 참조

노력 중이다. 하지만 미국이 인터넷 패권을 포기했다고 보기는 어렵다. 정치적으로 복잡한 정책들을 독점적으로 행사하기는 어려워졌지만 인터넷 패권을 유지하기 위해 가장 중요한 검색과 SNS 등에서 미국 기업인 구글과 페이스북이 세계를 장악하고 있기 때문에 상대적으로 정책 부분에서 유연해진 것이다. 페이스북을 활용해 전 세계 주요 정부, 기업, 개인들의 데이터를 수집하고 구글을 활용해 분석하고 있어, 겉으로는 미국이 인터넷 패권을 포기하는 듯 보이지만 안으로는 인터넷과 인터넷 이용자들의 대한 지배력을 넓혀 나가고 있다.

글로벌 인터넷 기업과 한국 국민의 빅데이터

미국은 거대한 시장으로 전 세계 수출품의 10분의 1을 수입하며, 경제 규모는 2위를 기록한 일본의 3배로 독보적인 1위다. 인구는 중국, 인도 다음으로 많다. 한마디로 미국은 돈도 많고 사람도 많은 나라다. 이런 기반 위에서 탄생한 서비스가 구글, 페이스북, 트위터 등으로 대표되는 플랫폼 비즈니스다.

    플랫폼은 사실상의 시장 표준으로 경쟁자를 허용하지 않는다. 내가 아무리 마이크로소프트를 싫어해도 컴퓨터를 사용하려면 윈도우 운영체제를 사용할 수밖에 없는 것처럼 인터넷을 이용하려면 이들 서비스를 이용해야만 한다. 특히 인터넷 서비스는 무료로 제공된다. 시장에서 흔히 후발 주자들이 선발 주자와 경쟁하는 대표적인 방법은 저렴한 가격으로 서비스와 제품을 공급하는 것인데, 구글, 페이스북, 트위터 같은 선발 주자들의 서비스가 무료이기 때문에 후발 주자들이 이들과 경쟁할 아이템이 많지 않기에 당분간 1위 자리를 계속 고수할 확률이 크다.

다양한 인터넷 업체들이 플랫폼을 무료로 제공할 수 있고, 경쟁력을 유지할 수 있는 이유는 미국의 풍부한 시장과 많은 인구 때문이다. 광고할 기업도 많고 돈을 보유한 소비자도 많으니 조금만 혁신적인 제품을 출시하면 투자가 몰리고 시장 점유율이 얼마 안 되어도 생존할 수 있다. 웹2.0 열풍 당시 대표적인 웹2.0 기업으로 주목받았던 딜리셔스(del.icio.us) 등의 시장 점유율이 3퍼센트 정도였다. 이에 비해 국내는 시장 규모가 작아 사실상 광고 수입으로 독자 생존할 수 있는 기업은 국민의 90퍼센트가 이용하는 네이버와 다음 정도에 불과하다. 우리나라에서는 혁신적인 기업이 나와도 시장 점유율이 80~90퍼센트 정도가 되기 전까지는 적자에 시달릴 수밖에 없어 무리하게 수익 모델을 개발하거나 매각을 고려할 수 밖에 없기 때문에 세계적인 기업으로 성장하기 전 이미 국내 시장에서 자취를 감추는 경우가 대부분이다.

미국은 경쟁력 있는 구글, 페이스북, 트위터 같은 플랫폼을 가지고 전 세계 공략을 원한다. 이들의 경쟁력 강화를 위해 미국 정부는 인터넷의 자유를 최대한 허용하는 정책을 유지하고 있다. 또한 이들 회사들이 미국 이외의 나라에서도 영향력을 행사할 수 있도록 다른 나라에도 자국처럼 인터넷의 자유를 최대한 허용해 줄 것을 강요한다. 이를 위한 사상으로 인터넷 자유주의 사상을 개발해 널리 퍼트리고 있지만 '존 포스텔' 사건에서 단적으로 알 수 있듯이 미 정부는 인터넷 자유주의 사상 같은 데에는 관심이 없다. 미국 정부는 인터넷 주도권을 계속 유지하길 원하고, 자국의 회사들이 전 세계 인터넷 시장에서 영향력을 확대해 가길 원할 뿐이다. 미국 기업이 다른 나라에 자유롭게 진출해 활동할 수 있도록 '신자유주의' 사상을 만들어 다른 나라에 개방을 강요하는 것처럼 인터넷의 자유를 주장하며 다른 나라에서도 구글, 페이스북, 트위터 같은 기업들의 영향력이 커지길 기대하고 있다. 국내에서도 이들의 주장을 그대로 받아들이며, 미국의 예를 들어 우리도 미국 인터넷 정책을 따라야 한다고 주장하는 경우가 많지만 이는 미국과 우리나라가 처한 현실을 도외시한 순진한 발상에 불과하다.

국내 사용자들도 TGIF[Twitter, Google, iPhone, Facebook] 같은 미국이 자랑하는 서비스와 제품을 애용하기 시작했다. 정보와 커뮤니티 같은 인터넷 서비스뿐만 아니라 그 동안 지역적인 한계 때문에 이용의 어려움을 느끼던 해외 쇼핑 사이트의 이용도 점점 늘어나고 있다. 국내 사용자 중에 이베이(ebay.com)에서 물건을 사고 파는 사람들도 증가 추세다. 이베이는 지마켓과 유사한 서비스로 최근엔 국내 최대의 인터넷 쇼핑몰인 옥션과 지마켓을 인수해 국내에서도 큰 영향력을 행사하기 시작했다. 미국 사이트인 이베이에서 물건을 사고 팔기 위해 '이베이 코리안 커뮤니티'라는 사이트를 개설해 정보를 주고 받으며 오프라인 강의도 진행한다. 그들에게 이베이의 정책과 서비스는 생활의 터전이지만 국내법에서 강제로 부여하는 관세는 불필요한 방해 요소일 뿐이다. 20년 전에는 국가들이, 10년 전부터는 기업들이 글로벌화되기 시작했다. 이제 개인이 국가를 벗어나 글로벌화되기 시작했다고 볼 수 있다.

이런 현실 속에서 대한민국 정부가 글로벌 인터넷 기업을 단속하기란 현실적으로 불가능에 가깝다. 오히려 실명제 등으로 단속이 용이한 국내 기업들만 단속을 하고 해외 글로벌 업체는 예외로 인정해 주는 경우가 발생하고 있다. 게임 셧다운제는 밤 12시가 되면 청소년들의 게임 사용을 제한하는 법으로, 여성가족부 주도로 만들어졌다. 하지만 스타크래프트를 서비스하는 블리자드는 한국법을 따르기 위해 시스템 변경을 하느니 차라리 밤 12시가 되면 모든 한국인들의 접속을 차단하겠다고 발표했다. 이에 여성가족부는 패키지 게임의 경우 예외로 인정해 주겠다고 발표해 대부분 온라인 게임을 서비스하는 국내 업체들만을 대상으로 하는 법안이라는 비판을 받았다. 글로벌 업체를 단속하지 못하자 예외 사항으로 자꾸 인정하게 되고 오히려 국내 업체들만 피해를 보는 일이 늘어나고 있다.

오늘날에는 정보를 찾기 위해 외국 사이트를 찾아 헤매는 경우가 많지 않다. 인터넷 초창기 국내 네티즌들은 모두 외국 사이트를 이용했다. 당시에는 한글로 된 자료가 거의 없었기에 대부분 정보가 풍부한 미국 사이트를 이용했다. 하지만 인터넷 대중화로 국내 사이트가 많아지면서 한글로 된 콘텐츠가 풍부해지고 대다

수 사람들이 국내 사이트를 이용하자 미국 의존도가 줄어드는 것처럼 보였다. 하지만 인터넷이 단순히 글을 찾아 읽는 수준을 벗어나 소프트웨어화되고 플랫폼화되면서 모든 데이터와 정보가 다시 미국으로 빨려 들어가고 있다. 이제 우리는 미국의 플랫폼을 활용하면서 우리의 개인정보, 우리의 위치, 우리의 은밀한 사생활을 계속 미국 업체에 전달해 주고 있다. 미국은 이 정보들을 활용해 우리나라 국민들에 대한 영향력을 확장할 것이다. 하지만 우리나라는 이를 막을 뾰족한 방법이 없으며, 갈수록 이런 현상은 심화될 것이다.

2011년 무상급식 문제로 오세훈 서울 시장이 물러나자 트위터는 재보궐 선거로 뜨거웠다. 서울시 선관위는 '선거관련 트위터 이용 가능범위 제시'라는 제목으로 보도 자료를 돌렸다. 주요 내용은 트위터를 통한 후보자에 대한 정보교류와 선거에 대한 관심 제고 기능은 살리고, 선거운동을 위한 내용이거나 비방, 허위사실 유포 등은 단속하겠다는 것이 주요 골자였다. 실제로 서울시 선관위는 트위터에 @nec3939라는 계정을 만들어 가이드를 지키지 않는 트위터 회원들에게 경고 멘션과 쪽지를 마구 보냈다. 며칠 지나지 않아 서울시 선관위 계정은 트위터 본사로부터 차단당하며 망신을 당했다. 선관위로부터 경고성 멘션을 받은 트위터 이용자들이 스팸 계정으로 신고를 했기 때문이었다.

인터넷에서 선거 운동을 어디까지 단속하느냐에 대해서는 아직도 사람들마다 견해 차이가 있다. 정치적인 접근법을 제외하고 기술적인 면만 살펴보면, 법 집행을 하려고 해도 한국 정부가 할 수 있는 한계가 제한되어 있음을 여실히 보여준 상징적인 사건이다.

외국 SNS는 이미 우리 생활 깊숙이 들어와 일상화됐지만, 우리나라는 심지어 정부라고 해도 직접 할 수 있는 일이 거의 없다는 현실적인 한계를 보여 주는 사건이었다. 국내 업체와 다르게 법 집행은 고사하고 협조 요청도 쉽지 않은 것이 현실이다. 이런 현실을 비춰 볼 때, 우리나라 정부가 해외 SNS에서 우리나라 국민들에 대한 빅데이터가 어떻게 관리되고 활용되는지 파악할 길조차 없어 보인다. 우리나라 국민들의 모든 정보가 외국 업체들에 입수되고 있고, 구글과 빅데이터 분석 업체들에 의해 다양하게 분석되지만 우리나라는 무엇을 하는지 어떻게 하는지도 알지 못한다. 우리의 삶이 인터넷으로 빨려 들어갈수록 빅데이터는 많아질 테고 미국은 우리에 대해서 더 많이 알아내어 이를 더 다양한 방법으로 활용할 것이다.

글로벌 인터넷 기업 손보기

최시중 전 방송통신위원회 위원장은 구글 유튜브가 실명제를 거부하자 이에 대한 보복으로 어떤 식으로든지 구글에 대한 제재를 가하려고 한다는 언론 기사가 나왔다. 정부기관과 해외 인터넷 기업과의 갈등이 표면화된 것이다. 하지만 글로벌 인터넷 기업을 제재하려는 시도는 기술적으로도 불가능할 뿐만 아니라 국가적인 이익에도 도움이 되지 않는다. 한국 정부가 구글을 제재하기 힘든 이유는 다음과 같다.

첫째, 기술은 국경을 자유롭게 뛰어넘는다. 구글 본사는 미국 기업으로 직접적인 행정력이 미치지 않는다. 구글 입장에서는 한국 정부가 부당한 간섭을 한다고 판단할 경우 구글 코리아 철수 후 미국에서 바로 한글 서비스를 제공해도 무방하다.

둘째, 한국 정부가 구글 코리아를 단속할 명분이 부족하다는 점이다. 현대 국가에서 행정력을 행사할 경우 명분이 있어야 한다. 특히 구글은 전 세계 네티즌들에게 폭넓은 사랑을 받는 글로벌 기업이다. 이런 기업을 단속하기 위해서는 국내뿐만 아니라 전 세계가 납득할 수 있는 근거가 필요하다. 하지만 국내 네티즌들 사이에서도 찬반이 엇갈리는 실명제, 선거법 등을 위반했다는 이유로 구글을 단속하기에는 실질적인 명분이 부족하다. 한국에서 유일하게 시행되는 인터넷 감시 제도인 실명제, 그리고 선거 기간 중 강력한 온라인 단속 등을 거부했다고 제재를 한다면 국제적인 반발에 부딪힐 수 있다.

셋째, 구글의 자본력과 배후는 엄청나다. 구글을 움직이는 힘은 일반인들이 상상하는 수준을 벗어난다. 구글은 세쿼이아 캐피탈과 KPCB가 투자에 나서 성공시킨 회사다. 이들 회사는 미국 최고위층이 직간접적으로 관여되어 있다. KPCB에서 활동하는 대표적인 인물이 전 미국 부통령 앨 고어다. 구글을 비롯한 글로벌 기업들은 국내 기업을 다루듯 함부로 다룰 수 있는 상대가 아니다. 앞으로 계속 늘어날 수밖에 없는 글로벌 인터넷 기업과의 갈등을 어떻게 해결할지 진지하게 고민해 보는 것이 단속할 근거를 찾는 방법보다 우선이다. 그렇지 못한다면 지금처럼 국내 검찰이 소환해도 단호히 무시하고 거부하는 사태가 늘어나게 될 것이다.

2011년 10월 검찰이 스트리트뷰Street View 제작 과정에서 개인정보 불법 수집 의혹으로 소환을 요구했으나 구글은 사실상 거부했다. 국내 업체들의 경우 검찰의 소환이 있을 경우 정부의 눈치를 보며 대부분 응하지만 글로벌 업체는 그렇지 않다. 국제적인 명분이 부족한 단속은 국제 자본 세력에게 한국이 투자를 하기에 적당하지 못한 국가라는 인상을 줄 수 있으며 전 세계 언론들의 조롱과 네티즌들의 호응으로 국가적 이미지 실추까지 불러올 수 있다. 글로벌 인터넷 기업의 특성을 이해하고 전향적으로 협력하려는 태도가 가장 합리적일 것이다.

특히 해외 SNS를 쓰는 사용자가 많아지는 현실은 더욱더 정부의 단속을 어렵게 만들고, 결국 어설픈 단속은 오히려 홍보 효과만 높여줄 뿐이다. 대표적인 SNS인 트위터, 페이스북 등은 일반인 사용자뿐만 아니라 유명인들이 많이 사용해 사회적 영향력이 커지고 있다. 유명인이 아닌 사이트 운영자가 최근 급부상하며 유명인들의 인기를 위협하는 경우가 있었는데 주인공은 유명 S 성인 사이트 운영자다. S 성인 사이트 운영자는 정부로부터 차단당한 사실이 알려지면서 구독자가 급상승했다. 트위터 같은 해외 커뮤니티는 기술적으로 완전히 차단하기가 불가능하다. 이런 상황에서 정부로부터 차단당했다는 사실은 대단한 홍보였고 이는 구독자 폭발로 이어졌다. 트위터의 S 사이트 계정이 차단당했음에도 많은 사람이 이용할 수 있는 이유는 커뮤니티 사이트는 수많은 사람들이 같이 이용하는 서비스이므로 해당 계정만 정교하게 차단하는 방법이 불가능하기 때문이다. 실제로 S 성인 사이트 운영자 계정은 차단돼 있지만 로그인 후 'Find People'에서 검색 후 구독 신청을 하면 된다.

또한 요즘 해외 사이트들은 내부 기술을 오픈 API라는 형태로 공개하는 것이 유행이다. 이 정보를 가지고 제3업체들이 수많은 응용 사이트와 프로그램을 만들고 있다. 이 때문에 차단된 계정이라고 해도 다른 트위터 응용 사이트를 통한 접근 등 방법은 얼마든지 있다. 어설픈 차단은 홍보 효과만 높여 주기 때문에, 2010년 10월 선거에서 중앙선거관리위원회가 트위터를 단속하겠다고 언론을 통해 밝히자 트위터에서 영향력을 얻고 싶으면 선거 기간 동안 열심히 활동해 선관위로부터 차단당하면 된다는 웃지 못할 이야기까지 돌았다.

인터넷 단속과 차단은 한국 정부가 과거부터 현재까지 선도적으로 실행해 왔다. 인터넷이 대중화되기 이전인 1996년 11월 당시 세계 최대 개인 홈페이지 사이트인 지오시티Geocities 전체를 차단한 적이 있다. 호주에 사는 한 네티즌이 영어로 북한 관련 글을 올렸다는 이유였다. 지금과 비교하면 네이버 블로그에 누군가가 북한 관련 글을 올렸다고 네이버 전체를 차단한 것과 비슷한 상황이다. 이 도발적인 사건은 당시 세계적인 논란거리가 되었다. 정부가 인터넷을 차단하는 제재가 정당하느냐는 논란부터 정치적으로 반대되는 글을 정부가 나서서 차단하는 조치가 정당하냐는 문제까지 다양한 논란을 낳았다.

정부는 오프라인에서 흔히 사용하는 단속과 처벌이라는 정통적인 방법을 인터넷 세상에서도 버리지 못하고 있다. 원하는 방식으로 단속이 잘 되지 않자 더욱더 많은 인터넷 통제법을 만들어 냈다. 하지만 인터넷 세상은 단속이 불가능한 방향으로 흘러가고 있다. 차단의 방법과 범위를 확대하려고 노력할 것이 아니라 인터넷의 특성을 인정하고 단속의 범위를 최소화한 후 효과적인 홍보와 교육 방법을 고민해야 할 때다.

사이버 모독죄, 실명제, 좀비 PC차단법 등 무리한 인터넷 통제법 확산을 시도하자 단속이 불가능한 해외 사이트로 이주하는 사이버 망명을 만들어 내고 있다. 한국 진출 후 몇 년간 인기를 얻지 못하던 구글은 실명제 도입을 거부하자 정부의 국내 단속이 집중되는 분야인 동영상, 메일, 블로그를 중심으로 크게 성장했다. 이들 서비스는 이미 포화되어 사용자가 늘어나지 않는 서비스임을 볼 때 국내 사이트를 이용하던 이용자들이 구글로 빠져 나간 사실을 어렵지 않게 추측할 수 있다.

인터넷 실명제

인터넷을 단속한 대표적인 방법은 그동안 우리나라에만 존재하는 제도였던 '인터넷 실명제'였다. 노무현 정부 때인 2004년 3월 12일 개정 공포된 '공직선거 및 선거부정방지법'에 규정된 개념으로 제18대 국회의원 선거 전 익명을 이용한 불법선거운동을 방지하기 위해 도입했다. 이명박 정부 들어 실명제는 확대됐다. '인터넷 주소 자원관리법'을 통해 2002년 이후 공공기관이나 포털 사이트 등의 게시판에 글을 올릴 때는 반드시 본인 확인을 거치게 했다. 하지만 헌법이 보장하는 표현의 자유를 위축한다는 이유로 2012년 8월 23일 헌법재판소 재판관의 만장일치로 위헌 결정이 내려져 현재는 사라졌다.

인터넷 실명제를 확산시켜 법제화시킨 것은 정부지만 인터넷에서 강제로 실명 확인을 요구한 것은 정부가 최초는 아니다. 국내 최초의 실명제 사건은 국내 최초의 인터넷 BBS 키즈(KIDS)라는 시스템에서 일어났다. 키즈는 1991년에 만들어졌다. 1991년은 팀 버너스리가 '하이퍼텍스트 91'이라는 학술대회에서 웹을 최초로 공개한 역사적인 해였다. 하지만 당시 웹은 글씨와 이미지를 보여주는 것이 전부였다. 사람들이 참여해 글을 쓰고 다른 사람의 글을 읽을 수 있는 기술은 아직 먼 세상 이야기였다. 웹이라는 기술이 있다는 사실을 아는 사람도 국내에 몇 명 없었다.

93년 7월 카이스트에 Cair라는 국내 최초의 웹서버가 처음 설치되고, 그 해 12월에 원자력 연구소, 그 다음 해 1월에 충북대가 웹서버를 설치하면서 웹이라는 기술이 조금씩 알려지기 시작했다. 이 때문에 키즈는 유닉스 서버에 호스트 프로그램을 설치해 운영했고 사용자들은 웹이 아닌 텔넷(Telnet)을 이용해 직접 명령어를 입력하는 방식을 사용했다. 당시 키즈는 한국통신(현 KT)에 서버를 두고 있었으나 한국통신이 공식적으로 운영하는 것은 아니었다. 처음에는 조산구 연구원이 연구 목적으로 만들었으나 이후 네티즌들에 의해 자발적으로 운영되고 있었다.

1996년이 되자 국내에 인터넷이 조금씩 보급되면서 키즈 가입자가 6,000명이 되었다. 시스템 한계를 느낀 사용자들은 한국통신에 시스템 업그레이드를 요청했다. 이에 한국통신은 키즈 시스템을 코텔(Kotel)에서 더 좋은 환경인 코넷(Kornet)으로 이관하기로 결정했다. 한국 통신은 무료 서비스인 키즈를 위해 한 달에 수천만 원이 추가로 들어가는 비용을 감당하기로 한 결정이었다. 당시 서버와 네트워크 비용은 지금과 비교할 수 없을 정도로 고가였다. 하지만 이에 대한 조건은 가입자들의 실명 확인이었다. 한국통신은 가입자들에게 메일을 보내 주민등록번호, 이름, 전화번호 등을 요청하고 이에 응하지 않는 사용자의 아이디는 삭제하겠다고 공고를 했다. 첫 실명화 요구라는 점에서 인터넷 전문가들 사이에서 주목을 받았고 치열한 논쟁거리를 만들었다.

6
인터넷과 개인

지적 세상으로의 변화

아이패드와 각종 태블릿, 전자책 리더 등의 출시 이후 전자책의 대중화를 통한 세상의 변화를 주목해야 한다. 책은 인간이 만든 가장 고도화된 산출물이며 인류의 지혜를 집대성한 제품이기 때문이다.

서적 디지털화의 중요성을 가장 먼저 이해하고 앞장 선 업체는 구글이다. 구글은 전 세계 주요 도서관과 제휴해 책을 스캔하는 '북스 라이브러리 프로젝트'*를 진행하고 있다. 2004년 미시건, 하버드, 스탠퍼드, 옥스포드 등 주요 대학과 뉴욕 공공 도서관의 책을 스캔하기 시작했고, 2007년에는 일본 게이오 대학이 보유한 장서들을 스캔하기 시작해 전 세계 도서관의 책을 디지털화하

---

* http://www.google.com/googlebooks/library/index.html, http://en.wikipedia.org/wiki/Google_Books 참조

고 있다. 책 스캔을 위해 구글은 스스로 장비를 개발했으며 현재까지 1,500만 권 이상의 책을 스캔했다. 책을 스캔하는 비용은 새 책의 경우 분해 후 버리기 때문에 저렴하나, 고서의 경우 대여 후 반납하는 과정까지 합쳐 권당 최고 12만 원에 이르는 것으로 알려졌다. 구글은 전 세계 도서 스캔 프로젝트 비용에 1조 원을 책정해 놓았을 것으로 해외 언론에서 추정한다.

태블릿 PC의 대중화는 그동안 구글이 막대한 비용과 8년이란 시간을 투자해 진행하던 책의 디지털화를 가속화시킬 것이다. 구글이 전자책에 막대한 투자를 하는 이유는 역설적으로 지난 20년간 인터넷이 눈부신 양적 팽창을 했기 때문이다. 특히 웹2.0 서비스의 발전으로 누구나 쉽게 콘텐츠를 생산할 수 있는 환경이 마련되어 인터넷 문서의 양적 팽창은 가속도가 붙었다. 하지만 양적 팽창에 비해 인터넷 문서의 질적 향상은 기대만큼 크지 않았다. 수많은 문서가 생산되지만 검색결과로 활용될 수 있는 문서가 많지 않다는 사실은 구글 입장에서는 큰 숙제가 아닐 수 없다. 이 때문에 인류의 지혜가 담긴 책에 관심을 가질 수밖에 없었다.

구글의 전자책 시장 진출은 인터넷을 양적 발전에서 질적 중심의 발전으로 전환하는 계기가 되리라 본다. 이는 이미 세계 1위 스마트폰 OS가 된 구글의 안드로이드 OS를 탑재한 다양한 단말기에서 이용할 수 있을 것으로 전망된다. 언제 어디서나 간단한 검색으로 전 세계의 모든 책을 읽고 응용할 수 있는 세상이 오고 있다. 인류가 만든 모든 지혜를 검색할 수 있는 새로운 지적 세상이 펼쳐지는 셈이다. 230만 년 전 인류가 출현했으나 큰 문명의 발전이 없다가 1453년 구텐베르크가 금속활자를 발명하면서 인류의 문명이 도약하기 시작했다. 책의 대중화로 생각과 지식이 체계화되기 시작한 것이다. 세계에서 가장 인정받는 공영 방송인 영국의 BBC가 전 세계 석학들을 대상으로 인류에 가장 큰 영향을 준 사람이 누구인지를 조사한 적이 있는데, 예수를 제치고 1위에 오른 인물은 구텐베르크였다. 그만큼 책은 인류 발전에 큰 공헌을 했다.

인터넷 역시 인류를 크게 발전시켰다. 1976년 TCP/IP가 발명된 이후 40년도 지나지 않았지만 이미 수조 페이지의 문서가 공개됐다. 이 문서들을 인터넷의 핵심 기술인 검색 사이트를 통해 누구나 쉽게 찾아볼 수 있다. 하지만 지금까지 인터넷 문서는 양적 성장에 비해 깊이 있는 정보, 가치 있는 정보가 상대적으로 드물었다. 책의 디지털화는 언제 어디서나 내가 원하는 깊이 있는 지식을 쉽게 찾아볼 수 있는 새로운 지적 미래를 열어 인류 발전의 속도를 더욱 빠르게 만들 것이다.

책에는 인터넷에 떠도는 정보와 차별화되는 콘텐츠의 완성도와 이를 통해 나오는 신뢰도가 있다. 이 때문에 책과 검색의 결합은 콘텐츠의 완성도와 신뢰도를 높여주리라 예상한다. 하지만 검색과 책의 결합을 위해서는 아직 해결해야 하는 문제가 남아있다. 출처가 될 전자책이 많아야 하지만 아직은 출판사들이 작은 시장 규모로 인해 최근 발행하는 책을 전자책으로 만드는 데에 소극적이다. 아이패드로 대표되는 태블릿 PC의 열풍으로 많은 언론들은, 아이폰이 음악 시장을 바꿔놓았듯이 아이패드 역시도 출판 시장을 바꿀 것으로 전망하고 있으며 국내 출판 시장도 예외가 아닐 거라고 전망한다. 나 역시도 가까운 미래에는 전자책을 지금보다 훨씬 많이 읽을 거라고 생각한다. 하지만 짧은 시간 내에 전자책이 종이책을 누르고 대세가 될 것이라고는 생각하지 않는다.

전자책은 이미 1971년에 도서관의 책들을 디지털화하는 프로젝트인 '구텐베르크 프로젝트*'가 있었을 만큼 IT 역사에서 매우 오래된 도전이지만 아직도 이루지 못한 어려운 도전이다. 또한 1999년에는 IT 제왕인 빌 게이츠가 자서전 『빌게이츠 @ 생각의 속도』라는 책에서 조만간 종이는 사라지고 디지털이 종이를 대신할 것이라고 주장했다. 또한 언론을 통해 전자책 소프트웨어를 출시하겠다고 발표도 했다. 당시 국내외에서 당장이라도 종이책이 줄어들고 전자책이 대세가 될 것처럼 제작업체들이 우후죽순 생겨나며 분위기를 이끌기도 했다. 하지만 아직도 종이 사용은 줄어들지 않고 있으며 빌 게이츠가 종이의 디지털화를 위해 야심차게 진행했던 전자책 소프트웨어 등 관련 기술은 시장에서 반응이 없거나 지지부진해 사실상 폐기된 상태다.

전자책은 종이책의 장점을 앞서지 못하고 있기 때문에 발전이 느리다. 종이는 디스플레이 장치에 비해 휴대하기 좋으며 볼펜을

---

* http://www.gutenberg.org/wiki/Main_Page 참조

이용해 자유롭게 메모할 수 있어 편리하다. 눈부심이 적은 킨들로 대표되는 전자잉크 기술을 채택한 제품이 인기를 끌고 있지만 아직도 종이책에 비해 가독성이 부족하다. 여기에 종이는 특유의 아날로그 감성을 더해 콘텐츠를 돋보이게 할 수 있다는 장점도 있다. 대다수 사람들이 눈에 보이는 제품에 가치를 더 느끼기에 돈을 주고 구입하는 제품인 눈에 보이는 종이책을 선호한다는 점도 전자책 발전을 가로막는 요인 중 하나다.

전자책이 아직 가시적인 성공을 내지 못하고 있지만 아이패드 출시 이후 디지털 잡지는 빠르게 대중화의 길을 걷고 있다. 책과 다르게 소유의 욕구가 크지 않고 인터렉티브한 기능과 결합될 경우 종이 잡지보다 매력적일 수 있기 때문이다. 디지털 잡지의 시대가 열리고 있다는 상징적인 사건은 「뉴요커」가 아이패드 앱으로 출시된 사건이었다. 「뉴요커」는 사회, 경제, 정치, 문화, 이슈, 월드 등 다양한 정보를 제공하는 미국 잡지로 86년의 역사를 자랑한다. 오랜 역사답게 1950년에 헤밍웨이가 '여러분, 지금 마음에 드십니까?How Do You Like It Now, Gentlemen?'* 라는 글을 쓰기도 했으며, 아카데미, 칸, 베를린 영화제 등에서 수상을 해 미국을 대표하는 영화 감독으로 인정받는 우디 앨런이 1966년에 글을 기고하기도 했다. 기술의 발전에 휘둘리지 않고 전통을 유지한다는 점을 상징하기 위해 광고를 제외하고는 컬러 사진을 거의 사용하지

---

* http://www.newyorker.com/magazine/aboutus/

않고 대신 그림이나 흑백 사진을 이용한다. 이렇듯 세월의 변화를 거부하고 전통적인 기법으로만 잡지를 출판하던 「뉴요커」가 아이패드 앱을 출시했다는 사실은 잡지의 디지털화를 상징하는 일대 사건이었다.

전자 잡지 세상이 열린 것은 환영할 일이지만 장밋빛 미래만 있는 것은 아니다. 전자 잡지의 대표주자는 「와이어드Wired」*다. 「와이어드」는 미국에서 발행하는 대표적인 IT 전문 잡지로 IT와 관계된 경제, 문화, 이슈 등을 주로 다룬다. 특히 디지털에 관심이 많은 남성들로부터 폭넓은 인기를 얻고 있다. 2010년 4월 미국에서 아이패드 정식 판매가 시작되자 두 달 뒤인 6월 와이어드는 IT 전문 잡지답게 발 빠르게 전자 잡지를 발매했다. 첫 달 판매는 기대 이상이었다. 종이잡지 판매가 월 8만 2,000부인 데 비해 전자 잡지는 10만 부나 판매되었기 때문이다. 전 세계 많은 언론들은 전자 잡지의 밝은 미래를 보여준다며 관심을 보였다. 하지만 다음 달에 판매 부수가 3만 부로 급락했고 10월에는 2만 2,000부로 더 떨어졌다. 발매 넉 달 만에 5분의 1로 급락한 것이다. 아이패드 출시 이후 얼리어답터들이 테스트를 위해 구매했기 때문에 지속성이 약했다는 분석이 많다.

하지만 「와이어드」 전자 잡지를 포함해 전자 잡지의 판매가 갈수록 부진해지는 이유는 소비자들의 지불 의사 가격willing to pay과

---

* http://www.wired.com/ 참조

잡지사가 원하는 가격의 격차가 크기 때문이라고 전문가들은 지적한다. 대다수 사람들은 눈에 보이는 제품에 가치를 더 크게 느끼기에 때문에 전자 잡지가 종이 잡지에 비해 크게 싸야 한다고 생각한다. 하지만 잡지사 입장에서는 콘텐츠에 대한 기본 가격을 받아야 할 뿐 아니라 디지털 제작에 대한 추가 투자 비용, 애플에 지급해야 하는 수수료 30퍼센트 등을 같이 고려해야 하기 때문에 가격을 크게 할인할 수 없다는 이유가 있다.

잡지사 입장에서는 제작비 상승도 장밋빛 미래를 가로막고 있다. 과거에는 대부분 PDF 파일이나 파일을 변환해 제작하는 수준이었으나 사용자들의 눈높이가 높아지고 경쟁이 치열해짐에 따라 인터랙티브한 효과 등을 구현하기 위해 전문 프로그램을 이용해 품질을 높이고 있다. 요즘 아이패드 전자 잡지는 대부분 어도비 인디자인Indesign CS5에 플러그인 형태의 툴인 DPS Digital Publishing Suite 를 연동해 다양한 기법과 효과들을 넣어 제작한다. 당연히 제작비가 상승될 수밖에 없다.

이 때문에 요즘 유행하는 방식은 전자 잡지를 개발할 능력이 되는 업체가 여러 잡지사로부터 저작권을 확보해 한 개의 앱으로 제작하는 방식이다. 국내 서비스 중 대표적으로는 파오인과 올레 매거진이 있다. 파오인은 전자 잡지와 신문 모두를 서비스하며 신문과 전자 잡지를 합쳐 약 130개를 구독할 수 있다. 보유 매체수로는 국내 최대 규모다. 신문은 대부분 1개월로 구독할 때는 5.99달러이며, 하루 구독은 0.99달러다. 잡지는 「마이크로소프트웨어」월 구독료 5.99달러, 「레이디경향」 4.99달러 등 잡지마다 약간씩 다르다. 대부분 유료로 구독해야 하나 JBOSS 등 일부 잡지와 「이데일리」 같은 일부 신문은 무료다. 파오인은 유료 서비스인데 비해 올레 매거진은 건강, 패션 등 각종 유명 잡지를 무료로 서비스해 줘 큰 인기를 얻고 있다. KT 가입자에만 한정짓지 않고 아이패드를 사용하는 누구나 이용할 수 있다. PC 웹에서 네이버와 다음이 신문사들로부터 콘텐츠를 구입해 무료로 제공한 후 사용자를 모아 온라인 시장의 주도권을 잡았듯이 KT는 모바일에서 신문보다 전문적이고 깊이 있는 전자 잡지를 무료로 제공해 주도권을 잡으려 한다.

현재는 유료 전자 잡지가 대세가 될지 무료 전자 잡지가 대세가 될지 갈림길에 서 있다. 큰 돈이 되지 않아 유료에서 무료로 전환한 전자 잡지가 있고, 콘텐츠에 대한 정당한 대가를 받아야 한다며 무료에서 유료로 전환한 전자 잡지도 있다. PC웹에서 무료 온라인 뉴스들이 대거 등장했듯이 모바일에서 무료 전자 잡지가 대거 등장하는 것은 시간 문제다. 그렇기 때문에 앞으로 전자 잡지 가격이 크게 상승되기는 현실적으로 어렵다.

그렇다고 신문처럼 무료화가 소비자 입장에서 꼭 좋은 것만은 아니다. 우리가 이미 경험했듯이 신문이 인터넷에서 무료로 서비스되자 신문사들이 양질의 기사를 생산해 독자의 사랑을 받기보다는 질낮은 기사와 자극적인 헤드라인으로 독자를 유인해 배너 장사를 한다. 양질의 콘텐츠가 사라진다는 점은 사회적으로나 독자 모두에게나 좋은 일이 아니다. 잡지사들이 양질의 콘텐츠를 지속적으로 생산할 수 있으며 독자들에게는 더 저렴한 가격과 편리성으로 다가설 수 있는 솔로몬의 지혜가 필요하다.

검색의 발전과 사무직의 위기

검색의 발전은 사무직 노동자들의 업무 형태를 변화시킬 것이며 동시에 직업의 위기를 불러올 것이다. 많은 업무가 자동화되어 더 이상 많은 인력이 필요하지 않고 개인의 경험 의존도가 크게 줄어들 수 있기 때문이다. 현재는 파워포인트와 엑셀로 문서 작업을 할 때 기술의 도움을 받는 경우는 오타에 따른 '추천 단어' 수준이지만 앞으로 검색 기술이 내가 작성해야 하는 내용을 알아서 추천해 주거나 대신 작성해 줄 수도 있다.

사무직 노동자들은 업무 효율성을 위해 인터넷에서 템플릿을 찾거나 주위 사람들에게 참고할 만한 문서를 찾는 경우가 많다. 하지만 앞으로 나의 회사, 나의 직급, 내 동료들이 작성한 문서 등과 인터넷에서 최적화된 정보와 샘플을 결합해 내가 만들어야 하는 문서의 기본 내용을 추천해 줄 것이다. 실시간으로 "당신이 만들고 싶은 개념과 아이디어가 이런 거 아닌가요?"라고 추천해 줄 수 있을 것이다. 심지어 해외 전문가들은 앞으로 상사의 명령을 따라 일을 할 필요가 없는 세상이 올 수도 있다고 이야기한다. 상사가 지시하기보다는 구글이 지시하는 편이 더 합리적이고 생산성 확대에 도움을 줄 수 있는 세상이 멀지 않았다고 이야기한다.

기계가 육체노동자의 일자리를 빼앗았듯이 조만간 사무직 노동자의 일자리를 빼앗을 수 있다. 물론 기계의 발전 때문에 기계를 생산하는 대규모 공장이 생겨나고 공장에서 일하는 노동자들이 많이 생겼다. 또한 기계를 연구하는 사람, 기계를 설계하는 사람, 기계를 수리하는 사람, 기계를 파는 사람 등 다양한 새로운 직군이 생기긴 했지만 기계 때문에 사라진 일자리의 수는 새로 생긴 일자리의 수보다 훨씬 많았다. 마찬가지로 검색과 정보 산업의 발달로 많은 일자리가 새로 생기지만 사라지는 일자리의 수가 훨씬 많을 수 있다.

흔히들 흑인 노예를 해방시킨 사람은 '링컨'이라고 이야기하지만 목화 따는 기계가 더 많은 기여를 했다는 전문가들도 많다.(링컨이 처음에는 흑인 노예 해방에 반대했지만 전쟁에서 흑인 노예들의 힘을 빌어 전쟁에서 이기기 위해 흑인 노예 제도 폐지를 주장했다는 의견도 있다.) 남쪽은 주로 흑인 노예가 많이 필요한 농경 산업이 많았고 북쪽은 새로 노동자들이 많이 필요한 공장 산업이 많았다. 이 때문에 남쪽에서는 흑인 노예제도에 찬성을 했고 북쪽에서는 흑인 노예제도에 반대해 전쟁까지 이르게 됐다. 하지만 결국 목화 따는 기계가 발명되면서 남쪽의 농장주들과 북쪽의 자본가들 모두 큰 이익을 얻게 됐다. 한 사람이 20파운드어치를 딸 수 있는 목화를 기계는 똑같은 시간에 1,000파운드 분량을 수확했던 것이다. 기계 한 대가 무려 50명의 일을 할 수 있었기 때문에 그동안 흑인 노예 해방을 적극 반대하며 전쟁까지 감수한 남부의 농장주들이 기계를 앞다투어 도입하며 흑인 노예를 더 고용하지 않았다.

일터가 사라진 남부의 500만 명이 넘는 흑인들이 북쪽으로 일자리를 찾으러 떠났다. 갑자기 몰려 드는 흑인 노예들은 북쪽의 자본가들에게도 막대한 이윤을 안겨 주었다. 적은 임금을 주고 늦게까지 일을 시켜도 일하겠다는 사람들이 넘쳐 났기 때문이다. 흑인 노예 출신 중 특별한 기술을 가졌거나 일을 잘해 시장에서 몸값이 높아진 일부 노예 출신 노동자들은 백인보다도 더 부유한 생활과 사회적 지위를 얻게 되었다. 하지만 대부분의 노예 출신 노동자들은 그렇지 못했기 때문에 같은 흑인 내에서도 갈등이 빚어지기 시작했다. 사실 그전까지만 해도 흑인들은 대부분 노예로 사회적 위치와 경제적 활동이 거의 비슷해 그들 간의 갈등은 거의 없었다.

마찬가지로 검색 기술의 발달은 많은 수의 사무직 노동자 숫자를 줄일 것이다. 특히 반복적인 작업이 많거나 체계화시킬 수 있는 일, 관리 업무 등의 일은 크게 줄어들 것이다. 전문가들은 지원 부서의 중간 관리자라고 할 수 있는 과장 직급이 많이 사라질 것으로 전망하기도 한다. 이에 비해 창의적인 일, 체계화시킬 수 없는 일, 고도의 전문적인 일을 하는 일부의 사무직 노동자들의 몸값은 지금보다 크게 상승할 것이다. 대부분의 일이 자동화, 정형화되면서 기업 입장에서는 경쟁업체들과 차별된 가치를 제공하기 어려워지는 문제점이 발생할지도 모른다. 이 때문에 고객들에게 차별화된 제품을 제공할 수 있는 능력을 가진 사람들의 가치가 급증할 것이다.

검색과 정보 기술의 발전으로 사라지는 일자리가 많은 사람들이 선호하는 사무직이라는 사실은 사회적으로 큰 문제가 된다. 사무직 노동자들은 사회를 지탱하는 중산층의 상당수를 차지하기 때문이다. 이들의 몰락은 사회적 양극화를 심화시킬 수 있다. 부자와 가난한 사람의 대결이 심화되어 사회적 갈등은 늘어날 것이고, 이를 해결하기 위한 사회적 비용이 크게 증가될 것으로 예상된다. 그동안 사회를 유지하는 메커니즘 중 하나는 열심히 공부하면 좋은 회사에 취직해 사무직 노동자로 일할 수 있고 어느 정도 사회적 경제적으로 안정적 삶을 살 수 있다는 믿음이었다. 하지만 사무직 노동자의 감소는 중산층으로 올라갈 수 있는 기회 자체가 크게 줄어드는 것을 의미한다. 중산층으로 올라갈 가능성이 희박해지면 열심히 일하거나 공부하려고 노력하는 사람들이 줄어들고 좀 더 비약하자면 범죄, 청소년 문제 등 다양한 사회 문제를 양산하게 될 것이다.

정보 기술의 발달로 능력 있는 개인은 더 많은 창의적인 일을 할 수 있게 될 것이다. 창의성이 필요 없는 행정적인 일은 정보 기술에 넘기고 창의적인 일에만 집중하면 된다. 하지만 그동안 창의적이지 않은 일을 하던 대부분의 사무직 직원들은 위기에 직면할 수밖에 없다. 공장 자동화로 단순 업무를 반복하던 노동자들이 공장에서 사라졌듯이, 정보 기술의 발달로 창의적 인재를 제외한 보조 역할의 사무직 직원들은 점차 사무실에서 사라지게 될지도 모를 일이다.

개인이 중심이 되는 세상

인터넷 업계는 과거 20년간 혁신을 통해 비약적인 발전을 이루며 세상을 바꿔 놓았다. 특이한 점은 다른 산업 분야의 발전이 주로 기업의 힘을 통해 이뤄지는 경우가 많은 데 비해 인터넷 산업의 발전은 주로 개인의 뛰어난 아이디어와 개발능력을 통해 만들어진 경우가 많았다는 사실이다. 기업을 통해 이뤄진 경우도 소수의 개인들이 힘을 모아 창업한 경우가 대부분이었다. 20대 중반 젊은 나이에 넷스케이프 브라우저를 개발해 인터넷 대중화를 앞당긴 마크 앤드리슨부터 최근 유행하는 페이스북의 20대 창업자이자 CEO인 마크 주커버그까지 개인의 역량이 매우 컸다.

과거에는 IT 발전이 기술을 소유한 일부 엔지니어 역량을 통해서만 발현되었다면 현재는 인터넷의 대중화와 함께 스마트폰, SNS, 블로그, UCC 등의 영향으로 IT를 넘어 전 분야로 확산되고 있다. 이들 기술은 기술적인 관점으로만 본다면 혁신적인 개념이라고 보기는 힘들지만 인터넷의 대중화와 생활 속의 인터넷을 앞당기고 있어 자연스럽게 세상을 바꾸고 있다. 기술을 통한 사회적 변화는 단지 그 기술이 보급되는 시기가 아니라, 보편화되어 사회 각 부분에 자연스럽게 흡수되는 시기에 찾아온다. 사회 각 분야로 녹아 든 인터넷의 영향으로 오랜 시간 사회를 지배해 오던 규칙이 변하고 있다.

그동안 자본주의 세상을 이끌던 경제 이론의 기본 가설은 모든 사람들이 정보에 완벽히 접근해 완벽하게 합리적인 결정을 한다는 논리였다. 하지만 현실 세상에서는 불가능한 일이었다. 모든 사람이 모든 정보에 접근한다는 자체도 불가능한 일이지만 그것이 가능하다고 해도 현실적으로 시간적, 경제적 비용이 너무 커서 이룰 수 없는 일이었다. 하지만 이제는 인터넷에 접속하면 모든 정보를 검색할 수 있고 정보 탐색 비용이 제로에 가까워지고 있어 이와 같은 경제 이론이 가설이 아닌 현실이 되고 있다. 이런 현상은 소비자뿐만 아니라 생산자에게도 똑같이 적용된다. 정보 탐색 비용의 감소는 역설적으로 제품과 정보의 평준화, 통일화 현상을 가져오고 있다. 생산자들도 정보 탐색 비용이 제로에 가까워지자 다른 생산자의 정보를 빠르게 검색해 제품을 비슷하게 만들어 버리기 때문이다.

이런 현상이 두드러지게 나타나는 분야는 정보 제공업과 상거래 쪽이다. 과거에는 신문사마다 다른 신문 기사가 실렸지만 근래에는 발행 시간 차이만 있을 뿐 거의 대부분의 신문 기사가 비슷해지는 현상을 보인다. 상거래에서는 가격 비교 검색 기술의 발전으로 쇼핑에 필요한 정보 검색 비용이 제로에 가까워지자 모든 제품들의 가격이 똑같아지는 현상이 발생하고 있다. 판매자들이 검색으로 나오는 최소 가격과 동일하게 가격을 매기기 때문이다. 또한 동일 시장 내에서는 상품 제공자들끼리 암묵적인 담합이 형성된다. 소비자 입장에서 제품과 정보의 차이가 없다는 사실은 선택의 어려움을 가중시킨다. 아무리 좋은 제품과 좋은 정보가 많아도 결국 개인이 소비할 수 있는 것은 한계가 있기 때문이다.

앞으로 빅데이터 기술이 발전하고 이 정보를 공개하는 곳이 많아짐에 따라 개인들도 얼마든지 통계와 트렌드 분석이 가능해지고 선택의 역설은 갈수록 심해질 것이다. 오늘날 소비자들은 아무 제품이나 구입하기보다는 새로운 차이점을 찾아 나선다. 최근 들어서 두드러진 현상으로는 신뢰와 권위에 대한 선호도가 높아진다는 점이다. 단적인 예로 불과 몇 년 전만 해도 인터넷 상거래 최고 전략은 경쟁자보다 싸게 파는 것이었다. 하지만 가격과 제품의 차이가 거의 사라짐에 따라 신뢰도가 매우 중요한 차별화 요소로 자리잡았다. 심지어 가격이 좀 더 비싸더라도 많은 사람들과의 거래를 통해 신뢰를 쌓은 판매자들에게 소비자들이 몰리는 경우도 어렵지 않게 보게 된다. 신뢰와 권위가 전통적인 경쟁 요소인 가격 경쟁보다 더 중요해졌기 때문이다.

사회적으로 신뢰와 권위를 쌓은 개인과 단체들은 새로운 권력자로 승격될 것으로 보인다. 특히 SNS와 블로그를 통해 대중과 소통하는 개인들의 영향력이 늘어날 것이다. 연예인이 자신을 따르는 팬을 이용해 사회적으로 많은 영향력을 행사하며 문화 권력을 만들어 내는 것처럼, 인터넷에서 권위와 신뢰를 쌓은 개인이 우리 사회에 새로운 권력이 될 것이다. 특히 이들이 행사하는 권력은 가장 고차원적인 3차 권력이어서 더욱 주목된다. 다른 사람을 따르게 하는 권력에는 폭력과 힘을 통한 1차 권력, 자본을 통한 2차 권력, 존경으로부터 나오는 3차 권력이 있다. 신뢰와 권위를 통해 획득한 3차 권력은 추종자들의 마음 깊은 곳까지 움직일 수 있다는 점에서 피상적인 권력인 1차, 2차 권력과는 차원이 다르다. 이들은 벌써부터 인터넷에서 여론의 향방을 바꾸기도 하고 새로운 이슈를 만들어 내기도 한다.

최근에는 개인적으로 활동하던 이들이 조직화하는 경향을 보인다. 공식적인 단체를 만들지 않더라도 정기적인 모임을 통해 지속적인 만남을 유지하며 공동의 노력으로 사회적 의제를 설정하려는 모습도 보인다. 신뢰와 권위를 확보한 이들이 유기적으로 연결될 때는 대중을 움직이는 파워를 가지게 될 것이다.

개인 영향력의 논란과 종류

신뢰를 얻기 위해서는 전문성, 객관성, 투명성을 오랜 시간 타인에게 보여줘야 한다. 그런 면에서 돈을 받고 블로그의 글을 써 준다든가 SNS에 홍보글을 올려 주는 간접 광고는 신뢰성을 해칠 수 있기 때문에 조심해야 한다. 기업들이 파워 블로거들에게 간접 광고를 부탁하는 이유는 방문자 숫자 때문이 아니라 그들을 믿어 주는 사람들에 대한 영향력 때문이다. 그렇기 때문에 해당 제품에 대한 리뷰를 부탁하게 된다. 블로그 방문자는 순수 기사를 본다고 생각하지만 실제로는 간접 광고를 보는 셈이다.

해외에서도 기업의 지원을 받아 작성하는 스폰서 기사에 대해서는 논란이 치열했다. 이 논란은 'Walmarting Across America'*라

---

* 관련 기사: http://techland.time.com/2011/05/03/double-facepalm-nine-unbelievable-technology-pr-fails/slide/walmarting-across-america-sponsored-by-walmart/, http://www.businessweek.com/stories/2006-10-09/wal-marts-jim-and-laura-the-real-storybusinessweek-business-news-stock-market-and-financial-advice

는 블로그가 촉매제가 되었다. 2006년 한 블로거가 자신을 월마트의 팬이라고 소개하면서 미국 전역에 있는 월마트를 이용하면서 후기를 쓴 것이다. 하지만 그 글은 월마트의 지원을 받아 세계적인 PR 회사인 에델만과 세계 최대의 블로그 검색 사이트인 테크노라티의 계약을 통해 진행된 기사였다. 그의 글이 비교적 객관적으로 큰 문제가 없음에도 불구하고 논란이 된 이유는 그가 월마트의 지원을 받고 글을 쓰고 있다는 사실을 미리 공개하지 않았다는 점 때문이었다.

돈을 받고 글을 쓰는 행동이 사회 문제가 되자 미국에서는 2009년부터 스폰서를 받고 글을 쓰는 사실을 명확하게 밝히지 않을 경우 최고 1만 1,000달러까지 벌금을 내도록 규제했다. 영향력이 늘어나면 자의든 타의든 영향력을 이용해 돈을 벌고 싶은 유혹을 받는다. 또한 모든 매체는 광고가 동반될 수밖에 없기에, 광고 효과와 수익 증대를 위해 다양한 기법과 비즈니스 방법을 도입하는 것은 자본주의 사회에서는 보편적인 일이다. 언론으로 등록되어 정부에서 특혜를 받는 언론사들도 돈을 받고 기사를 써 주는 것이 공공연한 비밀인 상황에서 미국처럼 개인에게만 투명성을 요구하고 지키지 않을 경우 벌금을 부과하는 행위는 바람직하지 못해 보인다. 하지만 아직 사회적인 합의가 없는 상황에서 콘텐츠 생산에 스폰서가 있었을 경우 이를 밝히지 않는 행위는 신뢰에 금이 가는 행동임에는 확실하다. 영향력을 확보하기 위해서는 신뢰가 필수적이다.

유명 블로거에게는 '파워 블로거', 유명 트위터 사용자에게는 '파워 트위터리안'이라는 호칭이 따라 붙는다. 이런 호칭을 얻기 위해 자극적인 낚시성 글과 선정적 내용의 글을 올리기도 한다. 전혀 일면식도 없는 사람에게 서로 팔로우하기를 강요하기도 한다. 하지만 이런 블로그와 SNS를 많은 사람들이 소비할 수는 있겠지만 영향력을 뜻하는 '파워'라는 호칭을 붙이기에는 적당하지 않다. 자극적인 기사로 사람들의 관심을 받는 스포츠 신문을 파워 있는 매체라고 이야기하지 않고 휴대폰 주소록에 많은 사람을 등록해 놓은 영업사원을 영향력자라고 이야기하지 않는 경우와 비슷하다. 그들이 우리에게 주는 영향력이 크지 않기 때문이다.

영향력이란 무엇인가? 바로 '힘'이자 '권력'이다. '힘'과 '권력'은 상대방과의 관계에서 나오는 것으로 다른 사람의 생각, 행동, 상황 등에 영향을 줄 수 있어야 한다. 대기업 사장은 그 회사에 속해 있고 그 회사와 거래하는 수많은 사람에게 영향을 준다. 하지만 평범한 사람은 자신의 가족과 주위 몇 사람에게 영향을 준다. 영향력이 많다는 사실은 그 사람이 영향력을 미칠 수 있는 사람이 많다는 의미다. 양이 중요하다. 하지만 양 못지않게 중요한 것은 질이다. 똑같이 한 사람에게 영향력을 준다고 해도 초등학생과 국회의원에게 미치는 영향력의 질적 차이는 크다. 영향을 받는 사람의 파워가 다르기 때문이다. 동일한 사람이라고 해도 그의 철학에 영향을 미치는 경우와 그 사람의 취미에 영향을 미치는 경우 또한 질적 차이가 크다. 그의 철학은 그가 생각하고 행동하는 모든 부분에 영향을 주지만 취미는 지엽적일 수 있기 때문이다.

영향력은 그가 직접적으로 미치는 영향력뿐만 아니라 간접적인 영향력까지도 포함하는 것이 일반적이다. 단적인 예로 「월스트리트저널」,「뉴욕타임스」 등은 조선일보보다 발행 부수가 적을 정도로 구독자 수가 많지 않다. 하지만 이들은 세계에서 가장 영향력 있는 매체로 인정받는다. 구독자의 상당수가 전 세계의 언론인, 정치인 등 소위 엘리트 계층이기 때문이다. 이들 매체는 전 세계의 파워 엘리트에게 그들의 생각을 주입시키고, 이들에게 영향받은 파워 엘리트들은 현실 세계에 더 큰 영향력을 행사한다. 개인의 영향력은 그의 이야기를 주목하는 사람들이 받은 영향과 이들을 통해 발현된 영향의 합이다.

개인 사생활의 위협

개인이 사회적으로 영향력을 행사할 수 있는 이유는 블로그, 트위터, 페이스북, 미투데이 등 개인 미디어의 발달로 자신의 생각을 타인에게 전달하는 행위가 가능해졌기 때문이다. 지속적으로 다수의 타인에게 생각을 전달하면 사람들에게 관심을 받게 되며 영향력을 획득하게 된다. 하지만 원치 않게 다른 사람들의 관심을 받는 경우 또한 늘어났다. 특히 트위터, 미투데이처럼 실시간성이 강조되는 서비스의 발달로 두스dooce 같은 치명적 위험에 빠지기도 한다. '두스당하다to be dooced'는 의미는 자기가 쓴 블로그의 어떤 내용 때문에 직장에서 해고를 당했다는 뜻이다. 두스는 사전에 있는 어휘가 아닌 인터넷 유행어 등을 소개하는 어번딕셔너리닷컴(urbandictionary.com)에 나오는 단어로 실제로 2010년 2월에 암스트롱이라는 여성이 직장에 대한 불만을 자신의 블로그인 dooce.com에 올렸다가 해고를 당한 실제 사건을 계기로 생겨난 단어다.

2005년 6월 서울 지하철 2호선에서 개똥을 치우지 않은 여성의 사진이 인터넷에 올라왔다. 포털 사이트를 중심으로 사진은 급속히 유포되었고 인터넷은 그녀에 대한 욕으로 넘쳐났다. 소위 말하는 '개똥녀' 사건이었다. 그녀의 개념 없는 행동은 인터넷을 거치며 엄청난 결과를 몰고 왔다. 이 사건은 한국인이 운영하는 것으로 추정되는 영문 블로그인 'Don Park's Daily Habit(blog.docuverse.com)'에 관련 글이 올라온 후, 방문자가 수십만이 되는 것으로 알려진 세계 최고 인기 블로그인 '보잉보잉(boingboing.net)'과 「워싱턴포스트」지를 통해 전 세계에 알려졌다. 지하철에서 개똥을 치우지 않은 작은 악행이었지만 그녀는 세계적인 악녀가 되었다. 인터넷을 통해 개인의 잘못이 공개되었을 경우 얼마나 큰 결과를 가져올 수 있는지 생생하게 보여주는 사건으로 전 세계 소셜 미디어 관련 전문가들의 연구 과제가 되기도 했다.

앞서 설명한 두 가지 사례는 인터넷에 글을 올리는 행위가 얼마나 위험한 일이 될 수 있는지를 보여주는 상징적인 사건이다. 요즘 트위터와 페이스북 등 SNS가 많은 사람들의 관심을 얻고 있다. 하지만 이들 서비스의 성장 속도와 원인에만 관심을 가질 뿐

이들 서비스가 가진 치명적인 위험성에 대해서 이야기하는 이는 드물다. 이들 서비스는 개인의 사생활이라는 콘텐츠에 기반을 둔 서비스다. 싸이월드도 비슷한 서비스지만 싸이월드는 주로 개인의 사진을 콘텐츠로 사용했다. 따라서 구글, 네이버 같은 검색 사이트에서 검색이 어려웠다. 사생활이 노출되었다고 해도 나를 모르는 다른 사람들에게 광범위하게 확산되는 데 기술적인 한계가 있었다. 하지만 트위터와 미투데이는 텍스트 기반으로 검색이 매우 용이하다. 요즘 검색 사이트들은 검색 속도와 정확성 증대를 위해 인터넷 전체를 백업받아 놓기 때문에 원문을 삭제한다고 해도 인터넷에서 없어지지 않는다. 내가 지운 글도 다른 사람이 쉽게 검색 사이트를 통해 검색할 수 있다.

미국 등 해외에서는 청소년기에 인터넷에 올린 성경험, 마약 복용, 절도 등에 대한 글 때문에 평생을 고통받는 사람들이 많으며 사회 문제로 대두됐다. 인사 담당자들이 검색을 통해 입사 지원자의 어린 시절을 검색해 불합격처리하는 경우도 있으며, 새로 만난 이성의 과거 연애사를 검색해 보고 이별을 고하는 경우도 많다. 국내에도 이런 경향은 빠르게 확산되고 있다. 블로터닷넷(bloter.net)의 2011년 8월 10일자 기사에 따르면 이미 국내 인사 담당자들도 지원자의 SNS 계정을 확인해 보고 채용 결정에 참고한다고 한다. 지원자가 운영하는 SNS를 검색해 방문해본 적이 있다는 인사 담당자가 55.1퍼센트나 되었다. 특히 구직자들이 선호하는 공기업(81%), 외국계 기업(79.2%), 대기업(73.9%)은 평균보다 월등히 높았다.

이런 현실에서 SNS의 성장성에만 박수를 보낼 것이 아니라 이들이 가진 치명적인 위험성에 대해서도 관심을 기울여야 한다. 빅데이터 분석 기술의 발달로 앞으로 이런 문제는 갈수록 심화될 것이다. 언제나 이런 사회적 평판에 가장 큰 피해자는 청소년과 여성일 수밖에 없다는 점은 이들 서비스를 더욱 조심해야 하는 이유 중 하나다. SNS의 위험성이 있지만 잘 사용할 경우 새로운 인맥을 형성할 수도 있으며 기존 인맥도 관리할 수 있는 장점이 있다. 요즘에는 '소셜 스킬'이라고 해서 대외적인 인맥 관리도 능력의 하나로 보기도 한다.

SNS를 잘 사용하기 위해서는 무엇보다 '자기 검열'이 중요하다. SNS는 다른 어떤 서비스보다 즉흥적이다. 블로그는 많은 시간 공 들여 글을 올리기 때문에 스스로 검열을 거치지만, 이들 서비스는 140 내외의 짧은 글을 휴대폰 등을 이용해 즉흥적으로 올린다. 지나치게 즉흥적으로 글을 쓰기보다는 적당한 시간을 두고 본인이 올리는 글이 여러 사람에게 알려졌을 때 어떤 결과를 초래할 수 있는지를 미리 꼼꼼하게 생각해야 한다. 특히 네이버와 구글에서 영원히 검색될 수도 있다는 점을 명심해야 한다.

SNS는 요즘 범죄 집단의 표적이 되기도 한다. SNS는 사람 간의 신뢰를 바탕으로 운영되는 사이트다. 해커들과 범죄집단들은 이런 SNS 특징을 이용한다. 대표적인 경우가 친구를 사칭해 클릭을 유도해 바이러스 프로그램을 개인 PC에 설치하기도 하고 더 나아가 입금을 요구하기도 한다. 실제로 페이스북, 트위터, 미투데이의 '친구 등록' 요청인 것처럼 위장 메일을 보내 아이디와 패스워드 입력을 유도한 후 아이디와 패스워드 정보를 빼 가기도 한다. 이후 해당 계정으로 접속해 친구들에게 입금을 요청하는 쪽지를 보내는 사례도 급증하고 있다. 이런 사례 때문에 의심스러운 친구 요청, 입금 요구 등에는 매우 신중해야 한다.

　일반인들은 이메일을 통해 들어 오는 친구 요청은 가급적 응하지 않는 편이 좋으며 해당 사이트 로그인 후 '친구 요청' 리스트를 통해 친구를 등록하는 방법이 좋다. 또한 입금 요구, 사이버 머니 요구 등 금전적인 내용의 경우 반드시 전화로 상대에게 재차 확인하는 과정이 필요하다.

▲ 포스퀘어

▲ 다음 플레이스

▲ KTH 아임IN

　위치정보 이용 시 범죄에 역시 주의해야 한다. 트위터와 페이스북 이후 가장 유행하는 서비스는 포스퀘어(foursquare.com)다. 국내에도 사용자가 급증하고 있어 다음과 KTH에서 각각 '플레이스'와 '아임인'이라는 유사한 서비스를 시작했다. 이는 스마트폰의 GPS를 이용해 자신의 위치를 공유하는 SNS다. 지역을 기반으로 새로운 사람을 만날 수 있고 게임 요소도 있어 사용자가 늘어나고 있으나 범죄에 악용될 수도 있다. 사용자가 올린 위치를 파악해 빈집을 확인할 수 있기 때문이다. 해외에는 실제로 GPS기반 SNS의 위험성을 알리기 위해 'Please Rob Me(pleaserobme.com)'라는 사이트가 인기를 얻고 있다. 직역하면 "우리 집을 털어 주세요."라는 뜻으로 이 사이트에 접속하면 '포스퀘어' 등의 서비스를 분석해 현재 어느 집이 비었는지 리스트를 보여 준다. 위치 기반 서비스 이용 시 자신의 집은 공개하지 않는 편이 좋으며 여행 등으로 인해 집을 떠났을 경우 사용하지 않기를 권한다. 이외에도 스토킹 등으로 악용될 수 있기에 여성분들은 특별한 주의를 기울여야 한다.

 SNS 이용 시 정기적인 자료 삭제와 관리를 하는 것도 좋은 방법이다. 다른 사람이 내가 과거 올렸던 글과 내가 다녔던 위치를 모아서 분석하면 나에 대한 많은 정보를 알 수 있고 악용할 가능성도 있다. 그렇기에 과거 본인이 올린 글과 위치는 정기적으로 삭제하는 방법을 권한다. 하지만 요즘 가장 많이 사용하는 트위터의 경우 아쉽게도 과거의 모든 글을 삭제하는 기능을 제공하지 않는다. 한 개씩 수작업으로만 삭제할 수 있는데 많은 사용자들이 하루에도 몇 번씩 트위터에 글을 올리기 때문에 과거 모든 글을 삭제하려면 많은 시간이 소요된다. 이 경우 트윗와이프(twitwipe.

com)를 이용하면 계정은 삭제하지 않고 트위터의 과거 글만 모두 삭제할 수 있어 편리하다. 하지만 이 경우에도 앞에서 설명한 것처럼 네이버, 구글 등의 검색 사이트에는 삭제되지 않고 남아 있을 수 있어 조금 더 완벽한 삭제를 위해서는 개별적으로 연락해 삭제를 요청해야 한다. 만약 트위터, 페이스북 등의 SNS를 더 이상 이용하지 않아 관리하기 싫을 경우 '웹2.0 자살 기계(suicidemachine.org)'라는 사이트에 접속해 한꺼번에 계정을 삭제하는 방법도 사용할 수 있다.

검색과 디스토피아

디스토피아를 그린 대표적인 소설은 조지 오웰의 『1984』이다. 독재자 '빅 브라더'에 대항해 투쟁하는 남자를 그린 소설이다. 『1984』에서 그린 세계는 오세아니아, 유라시아, 동아시아라는 삼대 전체주의 국가에 의해 지배되고 있다. 이 세 나라는 끊임없이 전쟁을 벌이며 국내의 지배 체제를 강화하려고 한다. 주인공인 윈스턴은 오세아니아의 하급 당원이다. 당과 관련된 매체보도를 허위로 조작하고 재배포하는 일을 담당한다. 『1984』의 배경이 되는 사회는 개인에 대한 감시가 매우 심한 사회다. 개개인의 집과 거리 곳곳에 장면과 소리를 포착할 수 있는 '텔레스크린'과 '마이크로폰'이라는 감시 도구가 설치돼 있다. 윈스턴은 이 같은 당의 통제에 반발을 느끼고 저항을 꾀한다. 철통 같은 감시 속에서 일기를 쓰며 자신의 생각을 기록으로 남기고, 줄리아라는 당원과 은밀한 사랑을 나누며 당의 전복을 꾀한다. 그러나 그는 결국 함정에 빠져 사상경찰에 체포되고 만다. 감옥에서 끊임없이 고문과 세뇌를 받으며 인간의 모든 가치를 상실한 채로 충실한 당의 심복이 되지만 조용히 당에 의해 죽임을 당한다.

처음에 CCTV가 나왔을 때 많은 사람들은 텔레스크린이 현실화되었다고 우려했다. 하지만 소설 『1984』 같은 일들이 현실에서 점점 더 많이 벌어지고 있다. 디지털 기술을 이용해 사회를 통제하고 감시하기 위한 기술들이 발달되고 있는 것이다. 대표적인 분야가 범죄 예방 분야다. 정보 기술을 이용해 사람의 미래를 예측하는 기술이 일부 영역에서 활용되고 있다.

2002년 스티븐 스필버그 감독과 톰 크루즈 주연의 「마이너리티 리포트Minority report」와 최근 방영된 미국 드라마 「퍼슨 오브 인터레스트Person of interest」의 세계도 점차 현실화되고 있다. 「마이너리티 리포트」는 범죄가 일어나기 전 범죄를 예측해 범죄자를 단죄하는 최첨단 치안 시스템 프리크라임과 경찰의 이야기고 「퍼슨 오브 인터레스트」는 전 국민의 전화 통화와 CCTV 등을 분석해 범죄의 가해자가 될 사람이나 피해자가 될 사람을 알려 주는 이야기다.

플로리다 주 청소년 사법당국은 IBM의 범죄 예측 소프트웨어를 도입해 2010년부터 이용하고 있다. IBM은 최근 8년간 발생한 수백만 건의 범죄를 분석했다. 이를 바탕으로 범죄자의 과거를 분석해 미래의 범죄를 예측할 수 있다. 예를 들어 "14세 이전에 강도로 잡혔고 이후 비슷한 행위를 한 적이 또 있다면 그는 살인을 저지를 가능성이 높아 주의 관찰해야 하지만, 30세까지 다시 범죄를 저지르지 않는다면 그가 다시 범죄를 저지를 확률은 크게 떨어진다." 등의 정보를 알려 준다. IBM 예측 분석 담당 부사장 딥팩 애드바니는 앞으로 실시간으로 신뢰도 높은 범죄 예방 정보를 제공할 수 있을 것이라고 말한다. 그의 말에 의하면 앞으로 누가, 언제, 어디서, 어떤 범죄를 저지를 수 있는지를 예측 가능하다는 것이다. 이를 통해 범죄의 발생을 막고 검거를 늘릴 수 있다고 주장했다.

당연히 인권 관련 시민단체들은 윤리적으로 문제가 있다며 비난하고 있다. 범죄 사실을 보관하고 이를 컴퓨터로 분석해 미래의 범죄자를 예측하는 일은 인간 존엄성을 훼손한다고 주장한다. 그 사람이 정말 범죄를 저지를 의도가 있었는지 여부와 상관 없이 블랙리스트로 관리된다는 주장이다. 시민단체들은 결국 정부가 빅브라더가 될 것이라고 걱정한다. 범죄를 핑계로 개인의 신용카드 내역, CCTV와 위치 정보 수집, SNS에서 대화한 내역 분석, 친구 관계 분석 등 정부 기관은 다양한 정보를 수집해 사회를 제어하려는 유혹에 빠지게 될 것이라고 우려한다.

정부가 수사와 공익을 핑계로 포털에게 개인이 주고 받은 이메일 기록과 내용을 달라고 요구하는 것처럼 이동통신사와 금융 기관에게 수사를 목적으로 자료를 요구하는 경우가 더욱 많아질 것이다. 특히 이동통신사와 금융 기관이 가진 정보를 분석하면 그 어떤 정보보다 정확성이 높으며 분석 범위가 넓어진다. 이동통신사가 보유한 통화 내역, 문자 내역, 친구 관계, 위치정보뿐만 아니라 스마트폰 등장 이후에 급증한 데이터정보, 즉 방문 사이트, 포털 검색어, 접속 시간, 모바일을 통한 결제정보, SNS 사용 내역과 금융 기관이 보유한 카드 사용내역, 금융 거래내역을 분석하면 정부가 원하는 대부분의 정보를 정확하게 얻을 수 있다. 특히 이동통신사와 금융 기관이 보유한 정보는 포털이 저장해둔 정보와 다르게 신뢰성이 매우 높아 정확하게 개인을 식별할 수 있으며 데이터 누락이 없는 매우 고급정보다. 또한 금융감독원과 방송통신위원회를 통해 이들의 목숨줄을 쥐고 있기에 정부 입장에서는 포털에 비해서 업무 협조를 받기 수월하다는 장점도 있다.

실제로 우리나라 정부는 빅데이터 분석에 관심이 높다. 국가정보전략위원회는 2011년 11월 대통령에게 '정책 프로세스 혁신'과 '국가 지식정보 플랫폼 구축' 방안을 보고했다. 이 보고서의 핵심은 공공 기관이 갖고 있는 정보와 민간 기간, 그리고 SNS 사업자들이 갖고 있는 정보를 분석해 활용하겠다는 계획이다. 우선 세수稅收 투명성 확보, 재난 감시, 조류 독감 예방, 국제금융위치 사전 대응 등 공공 목적으로 활용할 계획이기는 하나 그 응용 범위가 어디까지 확대될지는 앞으로 두고 볼 문제다.

정부의 빅 브라더화를 우려하는 시각도 있지만 이는 필연적인 일이며 평화로운 세상을 위해 범죄를 예측하고 예방하는 일이 필요하다고 주장하는 사람들도 많다. 이들의 주장을 인정해 이런 기술들을 도입한다고 해도 어디까지 기술의 조언을 참고할지는 복잡한 문제가 많다. 다음을 살펴보자.

- 어떤 사람이 살인을 저지를 확률이 99퍼센트라고 하면 어떻게 대응해야 할까?
  - 범죄를 저지를 때까지 24시간 누군가 계속 따라다니며 감시를 해야 하나?
  - 감시를 해도 살인을 막기 어렵다면 어떻게 해야 하는가? 미리 격리시켜야 하나?
- 기술이 더 발전해 태어나는 순간 범죄자가 될 가능성이 높다는 사실을 알 수 있다면?
  - 부모의 영향을 많이 받기 때문에 격리 후 따로 교육해야 할까?

이런 시스템을 잘 활용할 경우 우리 사회는 분명히 더 평화롭고 안정적인 세상이 될 것이다. 살인, 강도, 강간, 유괴 같은 강력 범죄를 줄이는 데 큰 도움을 줄 수 있다. 하지만 잘못하면 자유 의지가 사라지고 컴퓨터가 세상을 지배하는 디스토피아가 될 수도 있다. 결국 컴퓨터가 그 사람을 체포하라고 하면 체포하는 사회가 되는 것이다. 일부 사람들은 기술은 참고의 대상이고 최종 판단은 사람의 몫이기 때문에 그런 일은 있을 수 없다고 이야기한다. 하지만 정말 그럴까? 최종 판단은 사람이 한다고 해도 우리의 판단력은 생각만큼 냉철하지 않다.

여기 재미있는 실험이 한 가지 있다. 10명 정도의 사람을 모아 놓고 17 더하기 7이 몇인지 묻는 실험을 했다. 한 사람씩 돌아가며 차례로 답을 하는데 모든 사람이 23이라고 답하면서 너무 쉬운 질문이라는 반응을 보인다. 물론 23으로 답한 사람은 모두 사전에 실험을 위해 서로 입을 맞춘 사람들이다. 마지막으로 답을 할 사람은 사전에 입을 맞추지 않은 일반인이다. 마지막에 답변을 하는 이 사람은 몇이라고 답을 했을까? 놀랍게도 앞 사람을 따라 23이라고 답한 사람이 상당수였다. 우리는 참고 자료는 참고 자료일 뿐 최종 판단은 본인이 한다고 믿는 경향이 있지만 주변 환경에 영향을 받아 판단하는 경우가 많다. 자신도 모르는 사이에 개인의 선호도와 선입견 등이 판단에 중요한 영향을 미치게 된다.

심지어 가장 객관적이라고 생각하는 재판에서도 범죄 이외의 주관적인 요소를 바탕으로 형량에 반영하는 경향이 있다. 많은 전문가들이 형량의 공정성을 비교해 보기 위해 죄를 지은 여자들의 미모와 형량을 살펴보았다. 예쁜 여자 피의자일수록 동일한 죄를 지어도 형량이 낮아지는 경향이 발견되었다. 이 때문에 사람의 판단이 생각만큼 객관적이지 않기 때문에 차라리 원칙에 따라 기계적으로 판단하는 방법이 더 좋은 선택이라고 이야기하는 사람들도 있다. 자신의 판단이 정확하지 않다는 사실을 알고 있기에 우리는 다른 사람의 조언에 쉽게 흔들린다. 나는 그렇게 생각하지 않았지만 누군가 그렇게 이야기하면 그대로 따라 믿는 경우가 많다. 해당 분야에 전문성이 전혀 없는 연예인이 특정 제품이 좋다고 이야기하면 해당 제품이 불티나게 팔린다. 이것을 활용하는 사례가 광고다.

좋든 싫든 우리는 앞으로 기술을 이용하는 것이 아니라 기술의 지시를 따를지도 모른다. 구글은 수많은 데이터와 사용자의 상황을 분석해 사용자에게 조언을 할 것이다. 이를 무시할 수 있는 사람은 많지 않다. 눈을 뜬 후 잠들기 전까지 모든 것을 구글에 의존해 시키는 대로 로봇처럼 행동하는 사람들이 많아질 것이다. 인간의 가장 큰 특징인 자유의지가 말살되고 구글이 우리를 조종하는, 사실상의 신이 될 수도 있다.

빅데이터로 고조되는 사생활의 위기

우리는 SNS에 우리의 모든 정보를 제공한다. 만약 모르는 사람이 다가와 이름이나 주소, 전화번호, 친구 관계를 물어본다면 우리는 절대 가르쳐 주지 않는다. 하지만 온라인상에서 사용자들은 너무나 쉽게 자신의 정보를 알려 준다. 아무 생각 없이 생일, 학교 문제, 직장에서의 문제, 심지어 가장 은밀한 성 문제까지 싸이월드나 페이스북에 올린다. 그리고 내가 허락한 사람 외에는 아무도 모를 것이라고 굳게 믿는다.

소셜 네트워크는 사생활 노출의 위험을 크게 증대시킨다. 이들 사이트들은 개인정보 강화 기능으로 보호하고 있기에 문제없다고 한다. 사용자들도 본인은 사생활에 민감한 사람이어서 개인정보는 공개하지 않아 걱정 없다는 사람들도 많다. 하지만 전문가들은 그의 주변 친구들이 공개한 글을 모두 모아 분석하면 그 사람에 대한 정보를 대부분 얻을 수 있다고 한다. 심지어 신용카드 번호와 비밀번호 맞추기도 그리 어려운 일이 아니라고 이야기한다. 웹은 전 세계가 연결돼 있어 한 사이트와 한 개인이 아무리 철저하게 개인정보 관리에 대해 노력한다고 해도 어쩔 수 없이 많은 정보가 유출될 수밖에 없다. 당신의 어머니는 당신이 태어나면서부터 싸이월드에 당신의 사진을 올리고 당신의 특징에 대해 이야기한다. 당신의 학교 친구들이 당신의 취미나 여자 친구 등의 개인정보를 유출하기도 한다.

MIT 컴퓨터 과학과 교수 해롤드 아벨슨은 개인정보는 더 이상 사적이지 않다고 이야기한다. 2009년 MIT에 다니던 카터 제니건과 베람 미스트리는 페이스북 사용자 4,000명의 프로필을 분석해 가장 은밀한 정보를 알 수 있는지 실험해 보았다. 누가 게이이고 누가 그의 파트너인지 추적하는 프로젝트였다. 어느 누구도 스스로 게이라고 페이스북에 공개하지 않았지만 오프라인으로 확인해 보니 정확도가 78퍼센트였다고 밝힘으로써, SNS를 통한 개인정보 유출에 경각심을 불러일으켰다. 페이스북을 이용해 8개 주요 대학 학생들의 프로필 80퍼센트를 구축할 수 있었다는 외신의 보도도 있었다.

현재까지 이 정도 분석은 개인정보를 상업적으로 활용하고 싶어하는 일반 기업이 분석할 수 있는 수준은 아니다. 하지만 개인정보는 온라인에서 갈수록 늘어날 것이고 민간업체들의 분석 기술은 높아질 것이므로 가까운 시간 내에 개인의 은밀한 사생활까지 모두 추적 가능한 민간 업체들이 등장할 것이다. 개인의 성향을 정확하게 파악할 수 있다면 상업적으로도 큰 이익을 줄 수 있기 때문에 많은 기업들이 관련 기술을 개발하려고 노력 중이다.

넷플릭스는 미국 최대 온라인 엔터테인먼트 콘텐츠와 DVD 대여 업체로 북미 지역에서 30퍼센트 시장 점유율과 2,300만 회원 수를 자랑한다. 넷플릭스의 경쟁력은 '시네 매치 엔진$^{Cine-Match\ Engine}$'이다. 1,600만 명이 생산하는 빅데이터를 분석해 '추천' 서비스를 제공한다. 시네 매치 엔진의 성공은 2009년 진행된 콘테스트가 결정적 역할을 했다. 50만 명의 자사 가입자들의 성향을 분석해 '콘텐츠 추천 시스템'을 개선하는 콘테스트였다. 정확도를 10퍼센트 증가시키는 과학자들에게 12억 원을 지급했다. 넷플릭스는 이 콘테스트 결과에 만족해 2차 계획을 준비 중이다. 이에 미국 연방거래위원회와 시민 단체들은 우려를 나타냈다. 콘테스트 진행 과정에서 회원들의 개인정보가 노출될 것을 우려했기 때문이다. 넷플릭스는 개인의 특징을 알 수 있는 이름이나 사회보장번호 등 직접적인 정보를 모두 삭제했기에 문제가 없다고 밝혔다. 하지만 텍사스대학 소속 2명의 연구원은 통계적인 방법과 구매 이력 등에서 발견되는 독특한 특징 등을 분석해 그 사람이 누구인지 상당수 알아냈다.

이처럼 개인의 행동과 특성들을 모아 놓는 데이터베이스를 '소셜 시그너처Social Signature'라고 부른다. 이것은 지문이나 싸인처럼 다른 사람과 구분되는 확실한 표시이며 위조가 불가능하다고 전문가들은 말한다. 스탠포드대학의 연구원 플리커는 SNS에서의 활동 등을 분석해 '소셜 시그너처'를 만들면 30퍼센트에 해당하는 사용자의 신상 정보를 밝혀낼 수 있다고 설명한다.

개인정보와 사생활에 가장 위협적인 존재는 페이스북이다. 단순히 1위 SNS이기 때문이 아니다. 페이스북은 온라인이 공공 장소라고 생각한다. 2010년 1월 마크 주커버그는 샌프란시스코 크런치즈 어워드Crunchies Awards에 참석해 다음과 같이 이야기하기도 했다.

"내가 처음 하버드대학 골방에서 페이스북을 준비할 때만 해도 많은 사람이 '왜 나의 정보를 인터넷에 공개해야 하지? 왜 홈페이지가 필요하지?' 등에 대해 물어보는 사람들이 많았다.* 하지만 5~6년이 지난 후 블로그는 대세가 되었다. 온라인 사용자들의 사생활 보호의 중요도는 점점 줄어들고 있다. 프라이버시는 더 이상 소셜 서비스의 기준이 아니다. 세상이 더 편리해지기 위해서는 더 많은 정보와 공유도 필요하지만 더 많은 사람들이 자신의 정보를 공개해야 한다."

---

* http://isprf.net/html/isprf/bbs/data/board/sns3/1335885883.pdf 참조

이처럼 사생활과 개인정보에 대한 인식 수준이 낮은 발언으로 당시 주커버그는 세계적인 논쟁을 불러 일으켰다. 일부 언론은 20대 후반, 젊은 CEO의 아직 세상을 잘 모르는 철없는 발언으로 치부하기도 했다. 세계적인 논쟁과 비난에 직면하자 페이스북 대변인은 사람들이 주커버그의 발언을 잘못 이해한 것 같다고 서둘러 진화에 나섰다. 그리고 "주커버그는 인터넷의 소셜 표준이 변화하고 있음을 보아왔고, 페이스북은 사생활과 정보 공유에 대한 다양한 옵션을 제시하고 있다."라고 주장했다. 덧붙여 "분명히 사람들은 블로그, 댓글, 페이스북, 트위터 등을 통해서 전보다 훨씬 더 많은 정보를 널리 공유하고 있다."고 밝혔다.

사람들은 마크 주커버그가 사생활에 대해 솔직히 어떤 생각을 하는지 궁금했다. 같은 해 4월 「뉴욕타임스」의 기술 분야 블로거인 닉 빌튼은 페이스북 직원과 비공개 보도를 전제로 인터뷰를 했다. 주커버그가 사생활에 대해 어떻게 생각하는 것 같냐는 질문에 페이스북 직원은 "주커버그는 사생활 같은 것은 믿지 않는 것 같다."고 이야기해 논란이 되기도 했다.

페이스북은 사생활 보호 옵션을 제공하고 있기는 하다. 하지만 사생활 보호 옵션을 찾기 어렵거나 모호하게 만들어 놓아 일반인들은 이용하지 못하는 경우가 대부분이다. 이에 반해 페이스북은 개인정보 입력을 끊임없이 유도한다. 개인정보를 더 많이 입력해야 친구를 찾을 수 있다고 이야기하고, 게임을 재미있게 하려면 친구 정보를 입력해야 한다고 이야기한다. 페이스북에서 게임을 하다가 사이버 머니가 떨어졌을 경우 친구를 초대하라고 이야기하고, 가입만 하고 이용하지 않은 사용자가 있을 경우 그의 친구에게 다른 친구를 추천해 주라고 자상하게 알려준다.

페이스북이 다른 어떤 SNS보다 소셜스러운 이유는 사용자들의 개인정보와 사생활을 가장 잘 활용하기 때문이다. 페이스북은 개인정보와 사생활 보호 기능이 있어 문제없다고 말하지만, 사생활 보호 기능이 전혀 없는 트위터보다 더 사회적인 문제가 많이 되는 이유가 단순히 트위터보다 사용자가 많기 때문만은 아니다. 트위터는 개인정보 입력을 최소한으로 요구하며 개인정보 활용도 매우 제한적이다. 개인의 모든 글이 공개되는 것을 알기에 사생활에 관련된 글을 쓰지 않는 것이 트위터 내에서의 문화인 데 비해 페이스북은 개인정보 입력을 끊임없이 요구하며 공개와 비공개 사이를 오가기 때문에 사회적 문제가 많이 발생하는 것이다.

대표적인 경우가 노출이 심한 상태로 술 취해 쓰려져 있는 여자들의 사진을 모아 공개한 사이트가 주목받은 사건이다. 대부분 얼굴 모자이크 처리도 하지 않아 신상이 그대로 노출됐다. 전문가들은 공개 범위와 무관하게 신중하게 글 쓰기를 권유한다. 글을 올리기 전 4명의 사람이 봤을 때 문제가 될지를 고민 후 올리라고 조언한다. 다시 말해, 당신의 상사, 당신의 선생님, 당신의 부모, 그리고 법률 담당자가 봐도 문제가 없는 글인지 충분히 생각한 후 올리라는 충고다.

2004년 설립된 페이스북은 사생활에 대한 문제점 때문에 서비스가 성장하기도 전부터 프라이버시와 SNS를 연구하는 연구원들의 관심을 많이 받았다. 바로 이듬해인 2005년 MIT 연구원들이 「페이스북: 프라이버시에 대한 위협Facebook: Threats to Privacy」*이라는 연구 자료를 공개하기도 했다. 페이스북 프라이버시 정책을 비판하는 전문가 사이에 "페이스북의 사생활과 개인 보호 정책은 미국 헌법보다 길다."라는 이야기가 있다. 정책이 이렇게 긴 이유는 역설적으로 그들이 침해를 많이 하고 있다는 방증이라고 주장한다.

세계 최대 블로그 검색 사이트인 테크노라티Technorati가 선정한 세계 3대 블로그 중 하나인 매셔블의 공동 편집자인 벤 파는 페이스북 뉴스피드를 강력하게 비난했다. 뉴스피드는 페이스북에 접속하면 보게 되는 기본 화면으로 친구들의 글과 행동뿐만 아니라 친구의 친구가 남긴 글까지 모두 볼 수 있는 기능이다. 벤 파가 페이스북에서 뉴스피드를 비판하는 그룹을 만들자 다음 날 28만 4,000명이 가입했다. 이 그룹은 페이스북 초기 가입자의 3분의 1이 가입할 정도로 성장했다. 마크 주커버그는 이 일에 크게 놀라 글을 올릴 때 전달되는 범위를 설정할 수 있도록 바로 조치했다. 하지만 뉴스피드는 여전히 사생활 침해에 대한 우려와 논란이 끊이지 않는 기능이다.

페이스북은 2007년 광고 시스템인 비콘beacon을 개발했다. 비콘은 개인정보와 친구 관계 등을 활용해 최적화된 광고를 보여 주는

---

* 관련 연구 자료: http://groups.csail.mit.edu/mac/classes/6.805/student-papers/fall05-papers/facebook.pdf 참조

기능뿐만 아니라 제휴 사이트를 통해 물건을 구매하는 정보까지 광범위하게 개인정보를 수집해 광고 정확도를 높이려고 했다. 페이스북은 옐프Yelp, 판도라Pandora, 마이크로소프트에도 비콘을 통해 개인정보를 제공했다. 이들 사이트에서 페이스북 아이디로 로그인할 경우 개인화된 정보와 광고를 볼 수 있었다. 사용자 동의를 받지 않고 광범위하게 개인정보를 확보해 다른 사이트와 공유하던 비콘은 반발과 비난에 직면했고 페이스북은 사용자의 동의를 받는 경우에만 이 기능을 이용할 수 있도록 약관을 변경했다.

이외에도 페이스북과 관련한 개인정보 유출 혐의는 끊이지 않고 제기됐다. 2010년 10월에 데이비드 골드와 마이크 로버슨은 페이스북이 방대한 개인정보를 광고주에 유출했다며 소송을 제기했다. 2011년 5월 미국 캘리포니아 법원은 페이스북을 상대로 제기된 소송을 이어가기로 결정했다. 또한 페이스북은 쿠키 기술을 활용해 가입한 회원은 물론이고 탈퇴한 회원들의 온라인 활동까지 불법으로 추적했다는 의혹을 받았다. 실제 독일 함부르크 정보보호청이 조사한 결과 페이스북이 보관하는 사용자 정보에는 탈퇴한 회원의 정보도 있었다. 이에 페이스북은 보안을 위해서 꼭 필요한 조치만 하지 추적은 하지 않는다고 부인했지만 아직도 많은 사람은 이에 대한 의심을 거두지 않고 있다.

계정 비활성화Deactivate 정책도 많은 비판을 받고 있다. 2008년 2월 「뉴욕타임스」는 비활성화 정책에 대해 강하게 비난했다. 계정 비활성화는 탈퇴가 아니라 계정을 중지하는 것으로 사용자의 모든 정보가 보관되며 다른 사람이 볼 수만 없게 하는 조치다. 대부분의 사이트들이 사용자가 원할 경우 바로 탈퇴할 수 있고 동시에 개인정보가 사라지는 것과 비교된다. 페이스북은 지금도 탈퇴를 정식 메뉴로 제공하지 않는다. 메뉴에서는 비활성화 메시지만 보이고 탈퇴는 도움말 본문 항목에 링크만 걸어 놓아 사용자가 찾기 힘들게 만들어 놓았다. 언론과 사용자들의 비난을 의식해 탈퇴 기능을 만들어 놓기는 했지만 찾기가 힘들어 사실상 탈퇴를 못하게 만들어 놓은 것과 매한가지다.

    페이스북은 사생활 보호에 문제가 많은 사이트이지만, 외국 서비스이기 때문에 국내 사용자는 불만조차 토로할 곳이 없다. 나 역시도 페이스북 때문에 고초를 겪은 적이 있지만 해결할 방법은 없었다. 어느 날 우연히 다른 사람이 내 사진과 이름, 개인정보를 등록해 놓고 페이스북 계정을 운영하고 있다는 사실을 알았다. '신고 버튼'을 통해 수없이 신고했으나 회신 조차 없이 석 달 동안 사라지지 않고 운영되었다. 알고 보니 지인이 장난으로 운영하던 계정이었다. 지인에게 삭제를 요청한 후에나 문제를 해결할 수 있었다. 개인정보가 잘못 설정된 상태로 타인에게 계속 노출된 적도 있었다. 설정을 아무리 바꿔도 변경이 안 되어 문의를 하려고 했지만 기본적인 도움말만 있을 뿐 문의할 수 있는 방법은 없었다.

    조만간 페이스북은 우리나라 정부보다도 우리나라 국민들의 사생활과 개인정보를 많이 갖게 되리라 본다. 그리고 이것을 상업적으로 활용할 게 분명하다. 하지만 해외 서비스이기 때문에 개인

정보와 사생활 침해 문제가 있어도 우리나라 정부가 제재할 수 있는 방법은 현실적으로 없어 사회적인 문제가 될 가능성이 높다. 이는 개인정보와 사생활 침해 문제로만 그치지 않을 것이다. 저작권 침해, 유언비어, 명예 훼손, 사이버 사기 등의 범죄가 일어나도 국내 수사 기관이 수사하는 데 어려움이 따를 것이다.

흔히 개인정보와 위치 정보 등을 활용하는 문제에 대한 논쟁이 끝이 없는 이유는 바라보는 관점이 완전히 상반되지만 양쪽 모두 그만한 이유가 있기 때문이다. 개인정보 활용에 찬성하는 사람들은 "당신이 아무 잘못을 하지 않았다면, 더 편리해지는 데 개인정보 활용을 반대할 이유가 없다."라고 이야기한다. 하지만 이에 반대하는 쪽에서는 "내가 아무런 잘못도 없고 내가 원하지도 않는데, 개인정보와 사생활을 제공할 이유가 없다."라고 주장한다. 사생활은 함부로 활용할 수 있는 부분이 아니라 지속적으로 관리 보호해야 하는 영역이라는 설명이다.

편리성과 기술의 발전을 우선 순위로 둘지 개인의 사생활 보호를 우선 순위로 둘지에 대한 가치관 차이이기 때문에 누가 옳은지 판단하기란 좀처럼 쉽지 않다. 과거처럼 원하는 사람만 개인정보와 사생활을 보호해 주는 방법도 현실적으로 어렵다. SNS의 발달로 아무리 인터넷에서 나의 사생활을 노출하지 않으려고 해도 불가능한 세상이 되었다. 타인에 의해 나의 사생활이 노출될 수도 있기 때문이다.

개인이 공개한 사생활 활용에 대한 사회적 합의도 필요하다.

만약 내가 트위터에 모 대학을 다닌다고 이야기했다면 이 정보를 포털에서 허락 없이 활용할 수 있을까? 이미 네이버와 다음 등의 포털들은 트위터에 올린 개인의 정보를 검색 정보로 활용한다. 편리성과 기술의 발전을 중요하게 생각하는 쪽에서는 트위터 글들은 개인이 모두 공개한 내용으로 누구나 자유롭게 활용할 수 있다고 주장하는 반면, 반대하는 쪽에서는 공개한 내용도 개인의 동의 없이 함부로 활용할 수 없다는 입장이다. 하지만 기술이 발전함에 따라 공개한 정보라도 지금처럼 함부로 사용하는 경우에는 개인의 사생활을 심각하게 침해할 우려가 많다.

일반인들이 자신의 정보를 공개할 때 활용 범위를 심각하게 고민하지 않을 뿐더러 다른 사이트에서 활용될 수 있다고 생각하는 사람은 많지 않다. 나와 관련된 여러 사이트의 정보를 교차 비교하거나 다른 사람과의 연관성을 분석해 나에 대해 많은 정보를 알 수 있을 거라고 생각하는 사람은 더욱 적다. 페이스북 실험처럼 소소한 일상과 개인정보를 공개했더니 자신이 게이라는 사실을 타인이 알 수 있으리라고 예측한 사람은 없을 것이다. 아마 교차 분석을 통해 자신이 게이라는 사실이 밝혀질 수 있다고 생각했다면 아무도 개인정보를 공개하지 않았을 테니 말이다.

인터넷의 익명성

요즘 사이트들은 대부분 회원으로 가입한 사람만 글을 쓸 수 있다. 하지만 인터넷 초창기 익명으로 운영한 인터넷 게시판인 유즈넷(Usenet)과 게시판(BBS)을 경험한 해외 네티즌 중 일부는 익명성을 매우 중요한 가치로 생각한다. 해킹, 정부의 수사, IP 추적 등으로 언제든지 개인의 사생활과 정보가 유출될 수 있다는 현실적인 이유도 있다. 익명으로 운영해 크게 성장한 사이트로는 이미지 게시판 사이트인 4chan.org와 대학생 커뮤니티인 오토어트밋(AutoAdmit.com)이 있으며, 일본의 디시인사이드(dcinside)라고 불리는 투채널(2ch.net)이 대표적이다. 국내 최대 커뮤니티인 디시인사이드도 폭발적으로 성장했던 이유 중 하나가 회원으로 가입하지 않고 글을 쓸 수 있다는 점 때문이었다. 하지만 2007년 7월 정보통신망법 시행령에 따라 실명제로 운영하다가 2012년 8월 위헌 판결이 나자 다시 익명 사이트로 돌아갔다.

 오랫동안 실명제를 법률로 제도화시켜 시행해오다 보니 인터넷에서 익명을 유지할 수 있는 권리에 대한 논의가 국내에서는 적었다. 하지만 해외에서는 우리보다 더 폭넓게 오랫동안 익명에 대한 논의가 진행돼 왔다. 국내에서는 인터넷에서 익명으로 활동할 수 있는 권리를 내가 글을 쓸 때 누구인지 모르게 할 수 있는 권리로 한정짓는 데 비해 해외 일부 사이트에서는 내가 어느 사이트에 접속했는지를 모르게 할 수 있다는 권리로까지 확장하는 논의가 진행 중이다.

에릭 슈미트는 "누구에게도 알리고 싶지 않은 내용이 있다면 처음부터 그 일을 하지 말거나 인터넷에 올리지 말았어야 한다. 앞으로 청소년들은 성인이 되는 순간 자신의 디지털 과거에서 벗어나기 위해 이름을 바꿔야 할지도 모른다."라고 언급하기도 했다. 또한 "우리는 더 이상 숨을 공간이 없다. 투명성이 강화되고 익명성이 사라지는 방향으로 갈 것이다."라고 표현했던 에릭 슈미트는 이 발언으로 언론과 여론으로부터 개인정보 문제를 너무 쉽게 생각한다고 큰 질타를 받았다.

구글은 현재 개인정보 문제로 여러 나라 법원으로부터 각종 조사를 받고 있다. 개인정보와 불법 정보 침해로 가장 많이 공격 받는 서비스는 구글 스트리트뷰다. 스트리트뷰는 실제 거리를 촬영 후 3D 사진으로 보여 줘 마치 거리를 걸어다니는 것처럼 생생한 정보를 보여 주는 지도 서비스다. 국내에서는 네이버와 다음이 거리뷰와 로드뷰라는 이름의 유사 서비스를 하고 있다. 구글은 스트리트뷰 때문에 미국, 캐나다, 오스트리아, 덴마크, 스위스, 프랑스, 홍콩 등 세계 각국에서 조사를 받고 있다. 프랑스에서는 사생활 침해 혐의가 인정돼 10만 유로(약 1억 5,000만 원)의 벌금을 선고받기도 했다. 국내에서도 스트리트뷰 제작 과정에서 개인 통신 정보를 무단으로 수집해 형사 입건되기도 했다. 2009년 10월부터 2010년 5월까지 3개의 특수 카메라를 장착한 차량으로 서울, 부산, 인천 등을 운행하면서 거리 풍경뿐만 아니라 무선랜 접속 장치[AP]의 시리얼 번호와 AP를 통해 오고 간 개인 간 통신 기록을 수

집했다. 구글이 수집한 개인정보는 이메일, 메신저 대화, 사이트 ID와 패스워드라고 경찰은 공개했다.

구글은 "내가 내일 무엇을 하면 될까요?" 혹은 "내가 어떤 직업을 가져야 할까요?"라고 질문에 정확한 답변을 해주기 위해서 가장 중요한 것은 사용자의 개인정보 활용에 대한 동의라는 사실을 잘 알고 있다. 그래서 그들은 'with your permission$^{사용자의 용인하에}$'이라고 이야기한다. 구글은 개인정보와 사생활 침해에 대해 기술 발전으로 어쩔 수 없다는 기존 입장을 수정해 과거와 다르게 신중하게 접근하고 있다. 과거 구글은 기술 위주의 회사여서 대부분의 정책을 기술자들이 알아서 결정했지만 개인정보와 사생활 문제가 있을 수 있는 서비스는 변호사들이 법적으로 문제가 없는지를 사전 검토 후 진행한다고 밝혔다. 그들도 많은 사람들이 개인정보 우려 때문에 초기에는 자율적 검색을 이용하지 않을 것이라고 생각한다. 하지만 구글은 장기적으로 투자를 고려한다고 이야기했다. 마이스페이스, 페이스북도 처음에는 사생활 침해 우려 때문에 많은 사용자들이 반대했지만 서비스의 장점이 알려지면서 급성장하는 과정을 보았기 때문이다. 그들은 익명성이 점점 사라지는 방향으로 온라인은 발전될 것이고 그들 서비스의 가치를 아는 사용자는 늘어나 개인정보 활용을 허락하는 사용자가 많아지리라고 예상한다.

구글의 주장을 보면 초등학교 3학년 교과서에 실린 '원숭이와 꽃신'이라는 우화가 떠오른다. 초등학생들이 읽는 우화지만 개인

정보와 사생활이 더 이상 개인의 것이 아닌 현대 사회를 살아가는 어른들에게 시사하는 바가 크다.

옛날 어느 마을에 원숭이들이 부족함 없이 행복하게 살고 있었다. 어느 날 오소리 영감이 찾아와 꽃신을 선물하자 원숭이들은 꽃신을 신어본 후 예쁘고 편하다며 좋아했다. 외출을 할 때면 언제나 꽃신을 즐겨 신었다. 그들도 모르는 사이 그들의 발은 굳은 살이 사라지고 점점 부드러워졌다. 꽃신이 해지자 원숭이들은 오소리에게 또 선물을 달라고 요구했으나 오소리는 더 이상 무료로 줄 수 없다며 잣 10개를 요구했다. 원숭이들은 잣 10개 정도는 큰 문제가 되지 않는다고 생각해 구매 후 또 다시 꽃신을 신기 시작했다. 더 이상 원숭이들이 맨발로 걸어 다닐 수 없게 되자 오소리는 원하는 잣의 개수를 크게 올렸다. 나중에는 정도가 심해져 굴을 청소해 주기를 바라기도 하고, 개울을 건널 때 업어 주는 조건을 걸기도 했다. 원숭이들은 뒤늦게 오소리의 하인이 된 사실을 깨달았지만 이미 부드러워진 발 때문에 상황을 되돌릴 수 없었다. 걸어 다니는 것은 과거와 똑같지만 신발을 신기 위해 끊임 없이 오소리의 요구사항을 들어 줘야만 했다.

구글의 주장처럼 우리는 확실히 익명성이 사라지는 세상에 살고 있다. 구글은 오소리처럼 편리한 검색 서비스를 무료로 제공하며 우리에게 다가왔다. 하지만 우리가 그들의 서비스에 익숙해지자 전과 다르게 회원가입과 로그인을 요구하기 시작했다. 많은 사람들이 회원가입과 로그인 정도는 큰 문제가 되지 않는다고 생각해 가입과 로그인을 한 후 다시 구글을 이용하기 시작했다. 하지만 최근에는 정도가 더 심해져 개인정보 약관을 변경하며 더 많은 개인정보 제공과 분석에 동의해 달라고 요구하기 시작했다.

인류는 점점 지적으로 변하고 있다. 수천 년간 생산한 책이 디지털화되는 중이고 기술은 이 지식을 완벽하게 활용할 수 있는 기반을 마련해 준다. 산업혁명 이후 개인이 사회적으로 인정받는 방법은 대부분 기업에 속하는 것뿐이었다. 사회는 기업을 중심으로 돌아갔고 기업에 속하지 못한 개인은 사회에서 불이익을 받았다. 하지만 검색, SNS, 클라우드, 빅데이터의 융합으로 개인에게도 새로운 기회가 만들어지고 있다. 기업 혹은 조직이 있어야만 가능했던 일을 개인이 정보 기술을 통해 쉽게 해결할 수 있는 경우가 많아짐에 따라 개인의 영향력이 커지며 독립적인 주체로서 인정받을 수 있는 기회가 늘어났다. 하지만 이런 현상이 모든 개인에게 꼭 좋은 현상만은 아니다. 사회의 변화는 언제나 밝은 빛과 어두운 그림자를 동시에 보여준다. 개인의 영향력이 커지고 혼자서 처리할 수 있는 일들이 많아짐에 따라 이런 변화에 잘 적응하는 개인과 그렇지 않은 개인의 빈부 격차가 커질 수밖에 없다. 이 변화에 잘 적응한다는 사실은 얼마나 창의적으로 더 많은 부가가치를 생산할 수 있느냐는 말과 동의어가 될 것이다. 매뉴얼을 통해 배울 수 있는 일, 직접적으로 부가가치를 창조할 수 없는 일은 가까운 시간 내에 하나둘씩 정보 기술이 대체하게 될 것이다. 개인의 영향력이 커질 수 있다는 사실은 개인의 메시지가 다른 많은 사람들에게 전달될 수 있다는 뜻이다. 사생활 침해도 과거보다 구체적으로 광범위하게 노출될 것이 분명하다.

7
인터넷
디스토피아 유토피아

기술에 따른 사회의 변화

『공산당선언』과 『자본론』의 저자로 유명한 칼 마르크스는 맷돌이 봉건 영주를 만들고 증기 기관은 자본가를 만들었다고 이야기했다. 기술의 발달은 사회의 변화를 불러온다. 약 1만 년 전 인류는 당시 획기적인 기술이라고 할 수 있는 농사 기술을 개발했다. 농사 기술은 단순히 먹거리의 변화가 아닌 수많은 사회 변화를 이끌어냈다.

수렵과 채집을 하던 시절의 땅은 누구나 자유롭게 이용할 수 있는 공기 같은 개념이었다. 하지만 농사를 짓기 시작하면서 땅이 사유화되었고 재산의 개념이 생겼다. 농사를 짓기 위해서는 물이 꼭 필요했다. 초기에는 하늘만 바라보며 비가 오기를 기다리며 기우제를 지냈다. 하지만 우리 선조들은 좀 더 근본적인 해결책을 찾아 나섰고 물을 모아놓을 수 있는 저수지를 개발했다. 저수지를 만들기 위해 수많은 사람들이 공사에 참여해야 했다.

일을 효율적으로 하기 위해서는 필연적으로 명령을 하는 사람과 명령을 받는 사람이 나눠지기 마련이다. 처음에는 단순히 업무의 차이로 인식되었지만 결국은 지배와 피지배가 고착화되는 사회적 계급을 만들었다. 저수지는 직업의 개념도 만들어냈다. 기존에는 대부분 농사를 짓기 때문에 직업의 개념이 희박했다. 하지만 저수지를 만들기 위해서 설계를 하는 사람, 관리를 하는 사람, 장비를 만드는 사람, 운반을 하는 사람, 땅을 파는 사람 등 업무의 세분화가 필요했다. 농업 기술의 발달이 계급과 직업을 만든 것이다.

단순한 기술의 발전이지만 세상을 바꾼 대표적인 기술은 인쇄술이다. 인쇄술의 발전은 사회, 경제, 정치, 문화 등 사회 모든 분야에 영향을 주었다. 인쇄술의 영향을 받지 않은 곳이 없다고 봐도 무방하다. 인쇄술의 발전은 전혀 예상하지 못한 종교 개혁을 일으켜 세상을 어둠에서 구했다. 또한 인쇄술은 책의 가격을 큰 폭으로 낮췄다. 책을 구매할 수 있는 비용이 저렴해짐에 따라 글을 읽을 수 있는 능력이 더는 특별한 능력으로 인정받지 못하게 됐다. 사람들이 직접 성경을 읽을 수 있게 되면서 성직자에 대한 의존도를 줄일 수 있었고, 마틴 루터로 대표되는 종교 개혁자들이 지적하는 교회와 성직자의 문제점에 대해서도 일반 대중이 알 수 있게 되었다. 당시 종교가 세상을 지배하고 있었기 때문에 종교 개혁은 온 세상에 대한 개혁이나 마찬가지였다. 종교 개혁 이후 세계에 대한 합리적, 과학적 태도가 보편적 상식으로 자리잡으면서 근대 시대가 탄생했다. 인쇄술의 발달이 세상을 바꾼 것이다.

SNS, 검색, 클라우드, 빅데이터의 융합은 세상을 크게 변화시킬 것이다. 이들이 융화돼 개인의 판단을 대신해 주는 자율적 검색으로 발전할 것이다. 가까운 시간 내 자율적 검색은 우리 삶 구석구석에 스며들 것이다. 우리가 사용하는 대부분의 제품에 바코드가 있듯이 모든 제품에 인터넷과 연결되는 기술이 접목될 것이다. 이는 자율적 검색의 급진적 발전을 가져오리라 생각한다.

두타, 밀리오레 등 동대문 쇼핑 센터에서 옷을 사는 과정을 생각해 보자. 지금은 수만 벌 아니 그보다 훨씬 많은 옷 중에서 나에게 맞는 옷을 고른다. 나에게 가장 어울리면서 가격도 적당한 옷을 고르는 데는 많은 시간과 노력이 필요하다. 물론 이 과정을 즐기는 사람들도 많다. 하지만 모든 상점을 돌아다니며 옷을 찾는 과정이 그다지 합리적인 과정은 아니다. 앞으로는 인터넷이 나의 구매 기록, 나의 취향, 요즘 유행하는 스타일, 나의 체형, 나의 자금 사정 등 다양한 정보를 분석해 나에게 가장 어울리면서도 가격이 적당한 옷을 알려 줄 날이 올 것이다.

당연히 여기에는 SNS의 정보도 참고 자료로 활용될 것이다. 일반적으로 여자들은 다른 사람과 똑같은 옷 입기를 좋아하지 않는다. SNS 관계를 분석해 지인 중에 해당 옷을 구매한 기록이 있었는지를 분석해 구매 기록이 없는 경우에만 추천해 줄 수 있다. 인터넷에 수많은 정보가 있지만 내가 원하는 정보를 검색 창에 입력 후 연관도가 가장 높은 정보부터 정렬해 보는 등, 자율적 검색을 통해 최적화 순으로 조언을 참고한 후 실행에 옮길 수 있다. 지금처럼 무작위로 옷을 고르는 방법이 아니라 나에게 가장 맞는 옷이 어떤 옷인지 많은 옷 중에서 정렬해 볼 수 있다면 쇼핑의 즐거움은 배가되고 합리적인 선택도 가능하다.

소셜 그래프

소셜 그래프(Social Graph)는 SNS에서의 인간 관계를 표현한 구조도다. 2007년 5월 24일 페이스북 컨퍼런스인 F8에서 페이스북 플랫폼을 설명하면서 사용한 용어로서, 많은 언론에 기사화되면서 유명해졌다. 마크 주커버그는 페이스북 목표가 소셜 그래프를 완벽하게 구축하는 것이라고 이야기하면서 페이스북에서 제공하는 오픈그래프 API를 통해 이를 구현하려 한다고 발표했다.

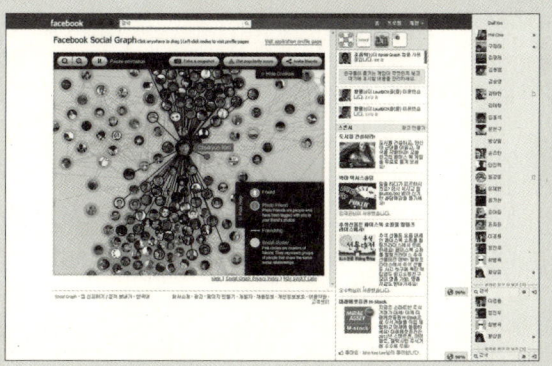

▲ 페이스북 소셜 그래프

SNS에서 인간 관계를 나타내는 기술은 새로운 것은 아니다. 기존 싸이월드 등에서도 사람들 간의 관계는 존재했다. 하지만 최근 소셜 그래프를

> 주목하는 이유는 인터넷 전체의 인적 관계를 시각적으로 분석하고 기술적으로 활용할 수 있게 해 준다는 점 때문이다. 과거 싸이월드도 인적 관계가 있었지만 결국 싸이월드 내에서의 인적 관계에 국한됐다. 제삼자가 싸이월드의 인적 네트워크를 이용해 새로운 서비스나 모델을 만드는 것도 불가능했다. 하지만 최근 주목받는 소셜 그래프는 페이스북, 트위터, 라이브저널 등 다양한 SNS에서 인간 관계를 분석해 활용한다.
>
> 본인의 소셜 그래프를 분석하고 싶다면 페이스북에 접속, 'Social Graph'를 검색해 앱을 본인의 페이스북에 설치하면 된다. 나와 내 친구들의 인간 관계를 분석해 볼 수 있다.

클릭 믹스 모타르

사회가 변화하면서 산업 현장에서의 경쟁력 역시 계속 변화해 왔다. 산업 혁명 이전까지만 해도 생산의 3요소인 토지, 노동, 자본의 원가 절감을 통해 누가 제품을 더 싸게 많이 만들어 파는지가 가장 중요했다. 하지만 산업 혁명 이후 인류는 처음으로 필요한 제품보다 더 많은 제품을 생산할 수 있게 된다. 과거에는 물건이 부족했기 때문에 싸게 물건을 생산하기만 하면 판매는 별 걱정이 없었다. 공급은 스스로 수요를 창조한다는 '세이의 법칙'이 통용되는 시절이었다. 하지만 제품의 공급이 넘쳐나면서 제품의 생산이 판매로 무조건 연결되는 세상은 끝나게 되었다. 이 때문에 소비자를 유혹해 소비를 촉진시키는 마케팅, 디자인 등 현대적 의미의 다양한 전략들이 등장하기 시작했다. 첨단 기술 등 일부 영역을 제외하고는 현대 사회에서 성공한 회사들의 대부분은 제품의 본원적 가치 대신 마케팅, 디자인 등의 전략적 우위로 성공을 거뒀다.

1995년 이후 기업들이 차별화된 경쟁력을 얻기 위해 너도 나도 인터넷의 중요성을 강조했지만 마케팅이나 디자인 전략과는 다르게 인터넷 전략을 통해 기업의 경쟁력이 크게 향상되는 경우는 생각만큼 많지 않았다. 2000년 이후 인터넷이 대중화되면서 대기업뿐만 아니라 중소기업도 인터넷의 중요성을 강조하고 나섰다. 하지만 인터넷이 대중화되었다고 해도 닷컴 기업을 제외한 대부분의 기업들에게 인터넷은 큰 의미를 주지 못했다. 인터넷이 세상을 바꾸는 것처럼 보여도 대부분의 기업들에게 인터넷은 수많은 홍보 채널 중 하나일 뿐이고 홈페이지는 또 다른 고객센터일 뿐이었다. 최근 들어 온라인 여론이 중요해지면서 가끔씩 기업 전략에 영향을 주는 경우가 있지만 아직 일반적인 경우는 아니다. 대부분의 기업에게 인터넷은 전략에 큰 영향을 주지 못하는 부수적인 이슈일 뿐이다.

하지만 마케팅과 산업 전반에 걸쳐 온라인과 오프라인의 경계가 모호해지는 세상이 오고 있다면 이야기가 달라진다. 인터넷이 기업 주요 전략의 결정 주체이자 상위 이슈가 되면서 산업은 '클릭 믹스 모타르Click Mix Mortar'가 활성화될 것이다. '클릭 믹스 모타르'는 '클릭 앤 모타르'가 발전해 온라인과 오프라인이 화학적으로 융화된 개념이다. '클릭 앤 모타르'는 온라인 기업을 상징하는 마우스의 '클릭'과 오프라인 기업을 상징하는 시멘트 '모타르'를 합성한 단어로 온라인 기업의 장점과 오프라인 기업의 장점을 조화시킨 비즈니스 모델을 말한다. 1996년 온라인 증권 회사인 찰스 슈왑이 주창한 개념으로 2000년 전후 닷컴 거품이 붕괴되면서 해결책으로 나왔던 개념이다. 수익 모델이 없어 쓰러지는 온라인 기업들의 돌파구로 인식되기도 했다. 시멘트로 대표되는 제조업의 현금 창출 능력과 마우스로 대표되는 온라인 기업들의 홍보 능력을 결합해 위기를 극복하자는 이론이었다. 열풍처럼 불었던 이 '클릭 믹스 모타르'가 점차 사라진 이유는 오프라인과 온라인의 화학적 결합이 아닌 단순한 물리적 결합이었기 때문이다.

현재 대표적인 모타르 기업이라고 할 수 있는 현대자동차의 예를 들어 보겠다. 현대자동차는 세계적인 기업이지만 인터넷을 활용하는 범위는 홍보와 고객서비스 정도로 일반적인 기업들이 흔히 하는 수준을 벗어나지 않는다. 홈페이지는 회사 소개/제품 소개/구매 안내/이벤트/고객센터 등을 통해 홍보한다. 요즘은 조금 더 적극적인 홍보를 위해 온라인 매거진, 블로그, 트위터, 유튜브를 운영하고 있는 점이 과거에 비해 조금 더 발전된 모습이라고 할 수 있다. 세계적인 자동차 회사지만 인터넷을 홍보 채널과 고객서비스로 활용할 뿐이다. 하지만 앞으로 현대자동차를 포함한 모든 자동차 회사는 페이스북과 구글 같은 온라인 기업과 제휴해 기업 경쟁력을 상승시키는 클릭 믹스 모타르를 본격화할 수밖에 없을 것이다.

앞으로 자동차는 단순히 사람과 화물을 운송하는 본원의 목적을 넘어 움직이는 정보 은행Information Bank으로 자리 잡을 것으로 본다. 자동차를 보유한 평범한 직장인인 김철수 씨를 예로 들어 이야기해 보자.

김철수 씨는 다음 달 휴가 계획이 있다. 오랜만에 가족들과 전국일주 계획을 세웠다. 아빠와 남편으로서 그동안 가족들에게 해 준 것이 별로 없었는데 소중한 가족 여행을 한다고 하니 벌써부터 기분이 좋다. 소중한 추억 여행이 될 것이 틀림없기에 좋은 카메라로 이번 여행을 기록하고 싶어 인터넷 쇼핑 사이트를 들락거리며 정보를 찾아 보고 있다. 하지만 저렴한 제품은 맘에 들지 않고 고급 제품은 가격 부담 때문에 망설이는 중이다. 어떤 제품이 좋을지 페이스북 친구들에게도 물어보기도 하지만 아직 결정을 못했다.

이런 김철수 씨가 자가용을 운전해 퇴근을 하는데 기름을 넣으라는 경고등이 켜졌다. 과거에는 습관적으로 자주 가는 동네 주유소를 갔지만 이제는 다르다. 자동차가 인터넷에 스스로 접속해 어떤 카드로 어디에서 기름을 넣는 것이 가장 좋을지를 알려주기 때문이다.

카드 조건, 가장 저렴한 주유소 등을 검색해 알려주는 것은 기본이다. 자동차는 스스로 인터넷에 접속해 카드사와 정유 회사에서 진행 중인 이벤트도 확인해 본다. 인터넷에는 수많은 이벤트가 진행 중이다. 대부분의 이벤트는 나에게 필요한 이벤트가 아니라 기업이 마케팅 목적으로 불특정 다수를 향해 진행된다. 그렇기 때문에 꼭 필요한 경우가 아니면 참여하지 않았다. 하지만 이제는 다르다. 꼭 필요한 이벤트를 자동차가 스스로 검색해 자동으로 응모하기 때문이다. 자동차는 나의 검색 기록, 내가 방문했던 사이트, 나의 SNS 활동 등을 분석해 놓았기에 내가 휴가 여행을 위해 DSLR 카메라가 필요하다는 사실을 알고 있다. 자동차는 SK 주유소에서 현대 카드로 기름을 넣으면 캐논 DSLR 카메라를 경품으로 주는 이벤트에 자동 응모된다는 사실을 알고 주위에서 가장 가까운 SK 주유소에서 현대 카드로 기름을 넣으라고 알려 준다.

갑자기 '딩동'이라는 소리가 울린다. 트위터 친구가 쪽지를 보낸 것이다. 자동차 핸들에 붙어 있는 '확인' 버튼을 클릭하자 음성으로 친구가 남긴 쪽지를 들을 수 있다. 오랜만에 연락이 온 친구이기에 기쁜 마음으로 음성으로 회신을 보낸다. 이것이 모두 자동차용 앱스토어에 접속해 자동차 전용 트위터 앱을 설치했기 때문에 가능한 일이다. 스마트폰을 통해 확인하는 것보다 훨씬 편리할 뿐만 아니라 안전하게 운전할 수 있어 만족스럽다. 오늘따라 갑자기 길이 막히기 시작한다. 조급한 마음으로 짜증을 내기보다는 어젯밤에 집에서 중간까지밖에 못본 영화를 이어서 보는 편이 좋겠다는 생각을 한다. 영화나 한 편 보면서 편안하게 운전하는 것이 정신 건강에 좋겠다는 판단이었다. 클라우드 컴퓨팅에 접속해 영화를 어제 본 부분부터 이어본 후 음성으로 트위터에 간단한 영화

평을 올렸다.

　이 사례에서처럼 향후 인터넷은 홍보와 고객서비스를 벗어나 우리가 사용하는 대부분 제품의 핵심 기능이 될 것이다. 인터넷 서비스의 특징인 기업과 고객 간의 연속적 관계도 물려 받게 될 것이다. 대다수 제조업 제품은 구매와 동시에 해당 기업과의 관계가 끝이다. 해당 제품에 문제가 있을 경우 고객센터를 통해 애프터서비스를 받는 정도가 그나마 관계를 이어가는 경우다. 하지만 모든 제조업자들은 고객들과 관계를 유지하면서 의견을 들어보고 싶어 하고, 어떤 사람들이 자신의 제품을 이용하는지를 알고 싶어 한다. 또한 신제품이 나왔을 경우 기존 고객들에게 소개하고 싶어 한다. 이 때문에 고객 카드를 만들기를 권유하기도 하고 정기적으로 메일이나 문자메시지를 보내기도 하지만 결과는 만족스럽지 못하다. 하지만 클릭 믹스 모타르가 되면 모든 제조업은 기본적으로 서비스 산업이 되어 고객들과 관계를 얼마나 잘 이어가는지가 경쟁력의 척도가 될 것이다.

　다시 자동차의 예를 들면, 빠르고 안전하게 달리는 기능은 물론이고 서비스를 얼마나 잘 제공하느냐가 더욱 중요해질 것이다. 자동차를 판매한 후 끝이 아니라 구입한 사람들에게 다양한 서비스를 제공하며 지속적인 관계를 유지해야 한다. 지금은 자동차 소유주가 본인 차를 알아서 관리해야 하지만, 앞으로 자동차 회사가 인터넷을 통해 관리를 해 줄 것이다. 엔진오일, 타이밍벨트, 미션오일 등의 교환 주기를 알려주는 서비스는 기본이며 타이어의 온

도와 압력 등을 체크해 적절한 조치를 취해 줄 수도 있다. 자동차 회사는 더 나아가 고객이 원하는 마음 속의 니즈를 정확하게 파악한 후 서비스를 제공해야 한다. 이미 볼보는 자동차 운전 과정에서 자동 전송되는 빅데이터를 분석해 신제품 개발에 응용하려고 준비 중이다.

고객은 자신의 불만 사항은 이야기해도 자신이 원하는 사항을 직접적으로 이야기하지는 않는다. 고객 자신이 스스로 원하는 바를 정확하게 모르기 때문이다. 고객도 모르는 고객의 니즈를 분석해 제공하는 일이 쉽지는 않다. 현실 세계에서는 수많은 제품, 수많은 행동, 수많은 선호도 등이 존재한다. 하지만 인터넷 기술은 이들을 적당히 분류하고 분석해야 한다. 이 과정이 생각만큼 간단하지는 않다. 특히 요즘은 개성을 중요하게 생각하기 때문에 나이, 성별, 지역, 학력 등 일반적인 통계와 일치하지 않는 경우가 많다.

대부분의 사람들은 인기 제품을 좋아하지만 정반대의 사람들도 있다. 얼리어답터들은 남들이 구매한 제품은 구매하지 않는다. 남들이 사용하지 않은 최신의 제품을 남들보다 빨리 써 보는 데에 만족을 느끼기 때문이다. 많은 사람들이 합리적인 가격을 좋아하지만 어떤 사람들은 가장 비싼 제품을 좋아한다. 하지만 가장 비싼 제품을 구매하는 사람이라고 모든 제품을 비싼 돈을 내고 구매하는 것은 아니다. 자신의 전문 분야 혹은 취미에만 돈을 아끼지 않고 지불하는 경향이 많기 때문이다.

제품에 따라 구매 패턴도 다르다. 수많은 종류, 수많은 행동, 수많은 선호도들 중 어느 시점에서 어떤 조건들끼리 조합한 후 어느 조건에 가중치를 줄지가 자율적 검색의 성능을 결정할 것이다. 이는 매우 어려운 알고리즘으로 수많은 사람들의 자동 피드백을 통해 끊임없이 정교화하며 사용자마다 개인화해야 하는 복잡한 문제다. 고객의 숨겨진 개인별 니즈를 분석해 서비스한다는 개념은 짧은 시간 내에 구현 가능한 일이 아니기에 업체 간 경쟁력 차이로 발전할 것이다.

현재까지 온라인과 오프라인은 화학적으로 결합돼 있지 않았다. 온라인은 온라인일 뿐이고 오프라인은 오프라인일 뿐이다. 필요에 따라 오프라인 세상의 정보를 얻기 위해 온라인에 접속해 정보를 찾아보는 정도일 뿐이다. 앞으로는 온라인과 오프라인이 유기적으로 결합되어, 어디서부터 오프라인이고 어디까지가 온라인인지 모르는 모호한 세상이 될 것이다.

사회적 갈등 심화

공중파밖에 없었던 시절, 사람들은 KBS, MBC, SBS만 보았다. 하지만 케이블 TV와 DMB 등 매체들이 늘어나면서 다양한 채널의 각양각색 콘텐츠를 볼 수 있게 되었다. 낚시TV 등 기존 공중파에서는 볼 수 없었던 전문적인 콘텐츠를 볼 수 있게 되었고, 공공성이 중요한 공중파에서는 불가능한 기독교 방송 등 특정 집단을 위한 콘텐츠도 볼 수 있게 되었다.

다양한 콘텐츠와 정보들이 유통되면서 사회가 다양화되는 긍정적 현상을 만들었다. 하지만 공통 분모가 없는 다양한 생각은 사회적 갈등이라는 큰 비용을 발생시키기도 한다. 이미 우리 사회는 수많은 비생산적 대결 구도를 양산하고, 상대방의 의견을 듣지 않고 자신들의 이해와 생각만을 끝까지 관철시키는 경우가 많다. 특히 인터넷은 이런 경향이 강하다. 인터넷은 개방된 곳이기도 하지만 끼리끼리 모이기에도 매우 좋은 공간이다. 비슷한 생각을 가진 사람들끼리 뭉치고 그들만의 생각을 발전시킨다. 다른 집단과 차별화되는 생각이나 가치가 있을 경우 커뮤니티는 더욱 빠르게 발전한다.

SNS와 소셜 검색 등의 발전은 우리 사회의 다양성을 더욱 가속화시킬 것이다. 내가 보는 정보, 내가 커뮤니케이션하는 사람, 내가 검색했을 때 보이는 정보가 개인화되기 때문에 전체를 보지 못하는 문제가 발생한다. 소셜 정보를 많이 이용하는 나는 이런 경험을 많이 하게 된다. 나는 17대 대통령 선거 때 문국현 후보가 대통령이 되는 이변이 일어날 수도 있겠다고 생각했다. 내가 활동하는 대부분의 커뮤니티와 사이트에서 문국현 후보에 대한 지지율이 매우 높았기 때문이다. 이명박 후보에 대한 선호도는 매우 낮았다. 당시 다음 아고라, 블로거 커뮤니티 등 여론 주도층들이 많이 활동하는 사이트를 주로 이용했다. 하지만 개표 결과 문국현 후보는 불과 5.8퍼센트를 확보하는 데 그쳤다. 이에 비해 온갖 비방의 대상이었던 이명박 후보는 48.6퍼센트라는 압도적인 지지율로 당선되었다. 온라인에서 나에게 맞는 사이트를 찾아 다니다 보니 나와 비슷한 생각을 가진 사람들과만 생각을 공유하게 되고 이것이 전체인 줄 착각하게 만든 결과였다.

현재는 많은 사람들이 포털 사이트에서 추천해 주는 비슷한 정보를 보는 경우가 많지만 '네이버 me'서비스에서 볼 수 있듯이 앞으로 대부분의 사이트는 SNS와 연계되면서 개인화되고 세분화될 것이다. 이 때문에 사회는 점차 다양화되며 사회적 갈등에 따른 비용은 점차 늘어날 수밖에 없다.

정보 계급 사회

현재 인터넷은 수많은 정보가 있는 것처럼 보이지만 정작 깊이 있는 정보는 부족하다. 네이버에서 정보를 검색해 보면 '초딩인'이라고 비판받는 '지식인'의 답변, 대학생들의 레포트 자료, 그리고 대중들 수준에 맞춰 쓴 신문 기사가 대부분이다. 그러나 앞으로는 고급정보를 가진 단체들이 일반 대중들에게 지식을 많이 공유할 것이다. 예를 들어, 해외에서는 MIT대학이 오픈코스웨어^{OCW}라는 이름으로 1,900개의 강의를 공개한다. 국내에도 한국교육학술정보원에서 대학공개강의 사이트(kocw.net)를 통해 전국 84개 대학, 741개의 강의를 공개한다. 대학뿐만 아니라 대기업도 이러한 흐름에 동참하여 삼성경제연구소의 세리(seri.org)는 다양한 경제 보고서를 무료로 공개하고 있으며, KT경제경영연구소는 디지에코(digieco.co.kr)를 통해 IT 관련 고급 자료를 아무런 조건 없이 공개하고 있다.

대기업, 정부, 연구소들의 디지털화가 가속화되면서 이 정보 중 일부를 인터넷에 무료 공개하는 사례가 더욱 많아질 것이다. 하지만 이들이 생산하는 모든 정보가 인터넷에 완전히 공개되어 일반인들이 자유롭게 접근하고 이용하는 일은 쉽지 않을 것이다. 정보가 중요한 자산이기 때문이다. 하지만 이해 관계가 맞는 단체들끼리의 정보 공유는 많아질 것이다. 서로가 가진 정보들을 서로 결합해 시너지를 내기 위해서인데 이론적 기반이 탄탄한 대학과 실무 경험과 시장에 대한 이해가 풍부한 대기업 간의 정보 공유가 대표적이라 하겠다. 고급정보를 가진 단체가 다른 고급정보를 가진 단체와 정보 거래를 계속하면서 더 많은 정보를 확보할 수 있다. 그러나 그렇지 않은 단체와 개인은 정보에서 소외돼 지식의 부익부 빈익빈 현상이 심화될 것이다.

정보 흐름은 네트워크를 구성하게 된다. 고급정보가 큰 줄기로 흐르기도 하고 가치가 적은 정보가 가늘게 흐르기도 한다. 보통 동일한 그룹 내에서는 동일한 정보가 빠른 시간 내에 공유된다. 하지만 그룹을 벗어나면 정보는 더 이상 유통되지 않는다.

자본주의 사회에서 자본이 자본을 모으는 것처럼 지식 기반의 공동 창조 사회에서는 지식이 지식을 모은다. 고급정보에 접근할 수 있는 단체에 소속된 개인과 그렇지 않은 개인의 격차는 더욱 커진다. 고급정보는 공개된 장소에 함부로 올릴 수 없다. 특히 SNS의 발달로 이 격차는 더욱 커질 것이다. 신원이 확인된 사람들끼리만 고급정보를 공유하는 경우가 많아질 것이다. 현재도 이미 특정 분야의 사람들끼리만 고급정보를 공유하는 경우가 있다. 이미 의사 사이트인 아임닥터(iamdoctor.com), 메디게이트(medigate.net), 닥플닷컴(docple.com) 등은 의사 면허 확인을 통해 의사만 가입할 수 있다. 일반인들은 가입 자체를 불허하거나 가입을 해도 볼 수 있는 정보가 한정적이다.

SNS가 발달하기 전에는 특정 분야에 사람들끼리 정보를 공유하기가 현실적으로 어려웠다. 예를 들어 '방송 종사자들의 모임'을 만들고 싶어도 이들에게 가입을 유도하기도 어렵고 가입 신청을 한 사람이 정말로 방송 종사자인지 확인하기도 어려웠다. 하지만 SNS 발달로 '소셜 인증'이 가능해졌다. 예를 들어 KBS 뉴스를 진행하는 '민경욱' 앵커나 유명 탤런트인 '이민정'과 친구 관계인 사람이 가입 신청을 했다면 방송종사자일 확률이 높다. 더 철저한 인증이 필요할 경우 '민경욱' 앵커와 탤런트 '이민정'에게 인증을 요청할 수도 있다.

자율적 검색이 일반화되면 정보의 부익부 빈익빈 현상은 더욱 심해질 것이다. 친구가 누구냐에 따라 검색결과가 달라질 것이다. 폐쇄적인 정보는 다른 사람이 볼 수 없을 뿐더러 공개된 정보라고 해도 해당 정보를 발견할 수 있는 사람과 그렇지 않은 사람이 나뉜다. 이는 정보 부자와 정보 빈자라는 새로운 계급을 만들어 낼 수 있다. 정보를 소유한 정보 부자들이 그렇지 못한 사람들을 통제하거나 조정할 수 있는 가능성이 갈수록 많아진다. 새로운 기술이 기술로만 머물지 않고 새로운 패러다임의 사회와 엘리트 계급을 만든다. 새로운 기술은 새로운 인간 사회를 만들고 새로운 사회에 적응을 잘하는 사람은 엘리트로 인정받아 부를 창출한다. 자본주의 사회에서 자본을 가진 사람이 세상의 중심이 됐듯이 공동 창조 사회는 지식을 가진 사람이 세상의 중심이 된다.

권력을 통한 생각의 이식

우리 사회가 경험하는 다양한 현상과 흐름은 단순한 우연의 결과가 아니다. 체제와 기술이 우리에게 강요하는 결과로 발현되는 것이다. 과거에는 정치와 제도, 그리고 지배 구조가 사회의 기본 틀을 만들었다. 하지만 산업 혁명 이후 기술이 우리 사회의 기본 틀을 만드는 경우가 많아졌다. 멀게는 기차가 그러했고, 가까이는 인터넷과 스마트폰이 그러하다.

 과거 권력자들은 TV와 신문을 통해 우리의 생각을 지배했다. 우리는 우리 스스로가 각자 주체성을 가지고 판단했다고 생각하지만 대부분 미디어를 통해 주입된 것이다. 물건을 구입하는 것부터 정치적인 판단을 통해 투표를 하는 것까지 상당 부분 미디어를 통해 주입된 경우가 많다. 우리는 물건이 좋다고 생각해 구매하지만 사실 미디어의 홍보에 넘어가 구매하는 경우가 많다. 사회 문제를 바라볼 때도 미디어에서 이야기하는 대로 생각하는 경우도 적지 않다. 중요한 문제를 바라보는 관점 역시도 미디어에서 알려주는 내용을 무비판적으로 수용하는 경우가 많다. 미디어에 대한 대표적인 이론들 역시도 이런 사실을 뒷받침해 주고 있다.

미디어에 관련된 대표적인 이론에는 4가지가 있다. 전달해야 할 내용을 설정하는 '아젠다 세팅agenda setting', 전달해야 할 내용을 해석하는 방식인 '프레이밍framing', 전달하려는 메시지를 축소 혹은 확대하는 편집 과정인 '게이트키핑gatekeeping'이다. 이에 대한 효과로 '탄환이론'이라는 것이 있다. 원하는 목표를 정확하게 맞춰 목표를 달성하는 탄환처럼 미디어 역시도 의도한 바대로 정확하게 대중들에게 메시지와 의도를 주입시킬 수 있다는 이론이다. 최근 '제한효과이론'처럼 제한적인 효과만 인정하는 이론이 주목받지만 정도의 차이만 있을 뿐 미디어가 우리 생각의 상당 부분을 지배한다는 생각은 전문가들 사이에서 큰 이견이 없다.

정치 권력은 프로퍼갠더(정치 선전) 기법을 개발했고, 자본 권력은 심리학을 연구해 광고 기법을 개발했다. 이들은 섹스, 폭력, 스포츠라는 대중을 사로잡는 주제와 교묘히 결합해 효과를 극대화시키기도 했다. 우리는 낮에 직장과 학교에서 지친 상태로 집으로 돌아와 비판할 기력도 잃은 상태에서 무방비로 그들의 주장을 받아들이는 경우가 많다. 특히 섹스, 폭력, 스포츠라는 흥미로운 주제와 결합해 효과를 높이는 경우도 많다. 이들을 효과적으로 활용할 경우 스트레스나 좌절, 분노를 잠시나마 잊을 수 있는 피로회

복제로 작용해 탄환 효과가 증가하게 된다.

과거 모든 권력자들은 언제나 일반 대중의 생각을 자신들의 지배 아래 두기 위해 노력했다. 모든 권력은 대중을 감시하고 다스리고 싶어하는 속성이 있기 때문이다. 2011년에 개봉한 「모비딕」이란 영화는 1990년 보안사 소속 '윤석양' 이병이 육군보안사의 민간인 사찰 활동을 실제 폭로한 사건을 모티브로 해서 제작됐다.

'모비딕'은 보안사가 민간인 정보 수집을 위해 운영했던 위장된 술집이었다. '윤석양' 이병은 1990년 8월 학생 운동을 같이 했던 동지들의 동태를 파악하기 위해 프락치 활동을 하라는 강요에 괴로워하다가 탈영 후 세상에 이 같은 사실을 폭로했다. 보안사는 민간인들을 사찰하기 위해 도청 장치를 주문제작 하는 등 당시 최신 기술을 적극적으로 활용했다. 그가 가지고 나온 디스켓 30장과 서류에는 김영삼, 김대중, 노무현 등 정치 지도자뿐만 아니라 노조 간부, 대학 총장, 주요 기업 임원 등 사회 지도층에 대한 사찰 내용이 빠짐 없이 기록되어 있었다. 이 사건으로 노태우 정권은 거센 퇴진 압박에 직면했고 관련 장성들은 줄줄이 자리에서 물러났다.

세상에 무서울 것이 없는 집단이었던 보안사는 철폐 요구에 시달리다가 결국은 기무사로 이름이 바뀌면서 그 역할이 크게 축소됐다. '윤석양' 이병의 폭로로 우리나라 민주주의와 인권이 발전하는 기회가 되었으나 그는 2년 형을 선고받아 교도소에서 복역했고, 순탄치 않은 삶을 살아야 했다. 윤석양 폭로 사건 이후에도 기무사는 끊임없이 민간인 사찰 의혹을 받고 있다. 2009년 경기 평택 쌍용차 파업 집회 현장에서 붙잡힌 기무사 장교의 수첩에는 민간인 20여 명의 행적이 고스란히 기록되어 있었다.

2012년 3월에도 우리나라를 뜨겁게 한 '민간인 사찰'까지 대중을 감시하고 다스리고 싶어하는 권력의 속성은 변하지 않는다. 단지 이것이 법적으로 문제가 되자 홍보라는 이름으로 세련되게 바뀔 뿐이다. 역사적으로 권력이 대중을 통제하기를 원하는 욕망은 미디어를 통제하려는 욕망으로 표출되는 경우가 많았다. 1961년 5월 16일, 박정희 전 대통령이 쿠데타 직후 첫 번째로 한 일은 KBS를 직접 찾아가 쿠데타가 성공했음을 알리고 그들의 정당성을 대중들에게 알리는 일이었다. 세계를 주도하는 국내 전자업체들이 자리를 잡게 되는 첫 번째 계기도 미디어를 활용해 대중에 대한 통제를 강화하기를 원했던 박정희 전 대통령의 욕망 때문이었다. 자신들의 정책을 효과적으로 알리고 싶어 했던 박정희 전 대통령은 시골에 '라디오 보내기 운동'을 펼쳤고 국내 업체가 크게 성장하며 경쟁력을 갖추는 계기가 되었다.

과거 군사 정권 시절 혹은 독재자의 시대에서만 대중 통제에 대한 욕망이 있는 것은 아니다. 인류 역사를 살펴보면 대부분의 정권 교체는 누군가의 피를 동반한 희생을 통해 이뤄진다. 하지만 우리나라는 민주적인 투표를 통해 정권 교체를 이루며 '김대중 정부'를 탄생시켰다. 하지만 우리나라 민주주의를 한 단계 발전시킨 '김대중 정부'가 가장 먼저 한 일 중 하나가 '국정홍보처'를 만든 일이었다. 민주주의 발전과 무관하게, 권력의 정당성과 무관하게 대중에게 그들의 생각을 주입시키고 이를 통해 자신들의 권력을 강화하려는 권력의 속성은 변하지 않는다.

자신들의 생각을 대중들에게 주입시켜 대중을 마음껏 움직인 대표적인 인물들은 히틀러와 괴벨스다. 히틀러 선전장관이었던 괴벨스는 미디어를 활용해 대중에게 자신들의 생각을 완벽하게 주입한 최초의 사람이다. 그는 미디어를 활용해 수많은 사람들에게 광신도적 충성을 이끌어냈다. 예술가가 되고 싶어 한 청년 괴벨스는 똑똑했지만 소아마비를 앓아 신체적 장애가 있어 세상으로부터 인정받지 못했다. 하지만 28살에 그는 히틀러를 만났고 그의 인생은 완전히 바뀌게 된다. 히틀러는 인간의 본능을 정확하게 꿰뚫어 보는 괴벨스의 천재성을 알아보며 그를 인정해 주었다.

몇 년 뒤 괴벨스는 젊은 나이임에도 불구하고 나치의 '선전장관'이 된다. 그는 당시 신기술이었던 라디오를 전 국민에게 보급했다. 라디오를 통해 히틀러의 일거수일투족을 알리며 효과적으로 대중들의 감정과 본능을 공략했다. 라디오를 이용해 홍보 활동을 하면서 세웠던 가장 중요한 원칙은 '자연스러움'이었다. 나치의 통치력 강화를 위해 대중이 이성적 판단을 하지 못한 상태에서 무의식적으로 자신들의 사상을 받아들이고 따르게 하는 방법을 연구했다. 그는 세계 최초로 정기적인 TV 방송을 시작해 대중들의 생각을 지배할 수 있는 다양한 실험을 하였다. 그는 "대중은 거짓말을 처음에는 부정하고 그 다음엔 의심하지만 되풀이하면 결국에는 믿게 된다."라는 유명한 말을 남겼다.

사회 구조의 고도화로 자신의 문제를 더 이상 자신이 결정할 수 없는 세상이 돼버렸다. 나의 문제를 내가 해결할 수 있는 주체적인 존재가 아니라 권력자들의 판단과 강요에 따라 결정되는 종속적 존재가 되고 있다. 우리 사회는 이미 다른 사람이 판단하고 결정한 범위 내에서 살아간다. 우리는 권력을 가진 몇 명 안되는 사람이 결정해 놓은 법규, 기업, 학교 등의 시스템적 틀 속에서만 자유를 누리고 살아간다. 이 틀을 벗어나면 우리는 정상적인 사회생활을 할 수 없어 사회의 밑바닥으로 떨어질 수밖에 없기에 이들이 정해 놓은 규칙을 따라 행동하는 것이 현대 사회에서 현명한 선택이 되었다.

이제 우리 사회는 나의 욕망도 내가 바라는 온전한 욕망이라고 할 수 없는 사회가 되었다. 특히 기술의 발달로 우리의 욕망은 자본 권력이 결정해 놓은 판단에 의해 발현되는 경우가 많다. 미디어에서 이야기하는 좋은 아파트, 좋은 자동차부터 심지어 예쁜 여자까지 사실은 나의 고유한 판단으로 인한 욕망이 아니라 권력을 가지고 있는 그들이 정해주는 식이다. 그들은 우리에게 끊임없이 "이 제품을 사야 해.", "이런 아파트에서 살아야 해.", "이 제품이 좋은 제품이야.", "이 브랜드가 좋은 브랜드야."라고 끊임없이 속삭인다. 욕망은 흔히 사람이 갖는 근본적인 본능이라고 이야기한다. 욕망 자체가 근본적인 본능일 수 있으나 이것이 발현되는 방향은 상당 부분 자본 권력의 영향으로 결정된다. 그렇기 때문에 기술이 발전하지 않아 자본 권력의 지배력이 낮은 나라에서는 좋은 집의 기준도 좋은 자동차의 기준도 다를뿐더러 욕망도 적다.

정치 권력, 자본 권력, 미디어 권력 외에 주목해야 하는 권력은 기술 권력이다. 우리 삶을 결정짓는 강력한 권력임에도 불구하고 기술 권력에 대한 우리들의 인식 수준은 매우 낮다. 기술 권력이 강력한 이유는 다른 권력과 다르게 한 방향으로 지속적으로 나아가며 견제가 없다는 점이다. 정치 권력이 5년마다 한 번씩 문제점에 대해 비판을 받고 수정 혹은 교체되며, 자본 권력과 미디어 권력 역시 시민 단체와 정부 기관을 통해 통제와 견제를 받는 데 비해 기술 권력은 견제 장치가 없다. 기술 권력이 무서운 이유는 한 번 정착하면 해당 기술에 종속되어 버린다는 사실이다. 그리고 이 종속에서 벗어날 가능성은 거의 없다.

스마트폰으로 우리는 언제 어디서든지 인터넷에 접속할 수 있게 되었지만 거꾸로 이것 때문에 잃는 것도 많다. 가족들과 저녁 식사를 같이 하면서 가족과 이야기를 나누는 대신에 친구들과 카카오톡으로 쪽지를 주고 받기도 하고, 주말에 여유롭게 가족과 쇼핑을 하다가 급하게 이메일을 확인하고 답변을 해 줘야 하는 경우가 생기기도 한다. 그렇다고 우리가 스마트폰을 사용하지 않을 수가 있을까?

현재 우리는 기술을 이용하기보다, 기술에 종속돼 살아가고 있다. 기술은 이미 스스로 생명을 얻었다. 사람을 죽이는 가장 무서운 도구는 무엇일까? 바로 자동차다. 이미 교통 사고로 죽은 사람이 1차, 2차 세계대전을 통해 죽은 사람보다 많다. 우리나라에서만 자동차 사고로 죽는 사람이 매년 1만 명이 된다. 자동차가 아니라 다른 이유라면 한 명만 죽어도 뉴스에 나오며 국민적 관심사가 되는 것에 비교해 보면 우리가 자동차 사고에 대해 얼마나 관대한지 알 수 있다. 관대한 이유는 수많은 사람들이 지금 이 순간에도 죽고 있지만 우리가 자동차라는 기술을 없앨 수 없기 때문이다.

세계 최초의 자동차 사고는 1834년 영국의 귀족 스코트 러셀이 만든 증기 버스를 타고 가다가 발생했다. 오르막을 오르기 위해 증기 압력을 높이는 과정에서 보일러가 폭발해 두 사람이 사망했다. 살인 기계인 자동차 사용을 막아야 한다는 주장이 크게 공감을 얻어 운행에 제안을 받았다. 붉은 깃발법 Red Flag Act이 만들어져 자동차 운전을 3명 이상이 해야 했다. 최고 속도는 시외 기준 최고 6.4킬로미터였으며, 시내에서는 3.2킬로미터로 제한 받았다. 3명 중 한 명은 낮에는 붉은 깃발, 밤에는 붉은 등을 들고 자동차 전방 55미터 앞에서 자동차가 오고 있으니 조심하라고 깃발 혹은 붉은 등을 가지고 소리치면서 뛰어다녀야 했다. 또 다른 한 명은 자동차가 지나갔으니 이제 안심해도 된다고 후방에서 소리치면서 뛰어다녔다.

현재 미국은 가장 많은 자동차를 소비하는 국가다. 미국에서 자동차 사망 사고가 처음으로 발생한 날은 1899년 9월이었다. 뉴욕 74번가와 센트럴 파크 웨스트 교차 지점에서 전차에서 내리던 여자를 도와 주던 한 남자를 자동차 운전자가 보지 못해 교통사고를 냈다. 이 때문에 미국 역시도 자동차를 없애야 한다는 주장이 큰 호응을 얻었다.

하지만 지금 우리가 그러했듯이, 자동차가 대중화되자 과거보다 훨씬 많은 사람들이 교통 사고로 사망함에도 불구하고 어느 누구도 자동차를 없애야 한다고 주장하지 않는다. 원자력이 수많은 사람을 죽일 수 있다는 사실을 누구나 알지만 우리가 과연 원자력 발전의 가동을 중지시킬 수 있는가? 기술에 종속되어 버린 사례는 이외에도 얼마든지 있다.

자율적 검색이 내가 무엇을 해야 하는지 알려주고, 내가 어떤 사람이 되어야 하는지를 알려주는 세상이 오면 대부분의 사람들의 뇌는 근육과 같은 운명을 맞이하게 될 것이다. 그리고 이 자율적 검색은 일부 권력자들이 우리의 생각을 지배하는 매우 좋은 수단이 될 것이다. 우리는 그럴 일이 없다고 생각하며 그럴 경우 해당 기술을 이용하지 않을 거라고 생각하지만 편의성과 효율성을 앞세운 기술이 우리 삶으로 침투하지 못하는 경우는 거의 없었고, 우리 삶으로 침투한 기술이 사라지는 경우는 더욱 없었다. 그리고 나중에는 해당 기술에 대해 비판조차 불가능하게 된다.

디지털 진화와 뇌의 종말

현재 세계 최고의 천재 중 한 명으로 인정받는 사람은 17개의 명예 박사 학위를 보유한 레이 커즈와일^{Ray Kurzweil}이다. 컴퓨터가 글을 읽을 수 있게 해주는 기술인 광학문자인식^{OCR} 등 인공 지능 분야를 발명해 세계 최고의 발명자이자 미래 학자로 인정받았다. 「월스트리트저널」은 그를 '지칠 줄 모르는 천재'라고 칭찬했으며, 「포브스」는 '최고의 사고^{思考} 기계$^{Ultimate Thinking Machine}$'라고 극찬하기도 했다. 그는 1988년 MIT에서 '올해의 발명가'로 선정되었고, 1994년에는 카네기 멜론대에서 최고 과학상인 디킨슨상을 받았다. 그 외 미국기술훈장, 레멜슨-MIT상을 받았다. 그를 세계 최고의 천재 발명가로 인정하는 이유는 생존하는 사람 중 유일하게 3명의 미국 대통령에게서 상을 받았기 때문이기도 하다. 천재 발명가이도 하지만 1980년대 이미 인터넷의 폭발적 확산으로 세상이 지금과는 완전히 다르게 바뀔 것이라고 정확히 예언하기도 했으며, 당시에는 상상하기 힘든 사람을 이기는 체스 컴퓨터의 등장을 정확히 예견해 미래학자로도 인정받았다.

그는 천 년의 마지막 해인 1999년 1월 1일 세계적인 논란을 일으킨 『21세기 호모 사피엔스』라는 책을 출간했다. 이 책에서 레일 커즈와일은 인간이 생각하는 수준부터 더 급진적인 기술의 발전과 우리의 운명을 이야기한다. 커즈와일은 정보 기술이 수많은 데이터를 분석해 가며 우리보다 더 정확하고 합리적인 판단을 하게 되어 우리가 과도하게 정보 기술에 의존하게 될 것이라고 이야기한다.

급진적으로 레이 커즈와일은 영화에서 흔히 나오는 장면이 조만간 현실화될 것이라고 이야기한다. 단순히 판단력이 뛰어난 정보 기술이 아니라 2029년에 이르면 인간의 뇌처럼 모든 것을 사고할 수 있는 능력을 가진 기계가 개발된다고 주장한다. 그 이후 기계의 지능이 비약적으로 발전해 2045년에는 인간 지능을 수십억 배 능가하게 된다고 말한다.

이때는 우리가 기술의 도움을 받아 판단하는 것이 아니라 우리가 기술과 하나가 되는, 인간과 로봇이 거의 하나가 되는 세상이 된다고 이야기했다. 그는 미디어와의 인터뷰에서 여러 번 우리는 곧 사이보그가 될 것이라고 주장했다. 지금은 정상적인 생활을 하는 데 어려움이 있는 경우 이를 해결하기 위한 방법으로 의학 기술의 도움을 받는다면, 앞으로 의학 기술은 정보 기술과 결합해 인간의 한계를 뛰어 넘는 기술이 될 것이라고 전망했다. 우리가 흔히 이용하는 콘택트렌즈가 시력 교정을 넘어 기술의 발전으로 수 킬로미터 떨어진 물체를 볼 수 있고 증강 현실 기술로 관련 정보까지 보여 준다면 우리는 해당 기술을 사용하지 않을 이유가 없고 큰 거부감 없이 사이보그의 행렬에 동참하게 될 것이라고 주장한다.

그는 기술의 도움으로 영생할 수 있는 가능성에 대해서도 이야기하며 인간이 조만간 단백질로 이루어진 신체를 버리고 기계에 몸과 정신을 의존하게 될 것이라고 이야기했다. 결국 우리 몸은 기계가 되고 우리의 정신은 결국 정보 기술의 도움을 받는다는 뜻이다. 이쯤 되면 우리가 사람인지 기계인지 구분하기 힘든 세상이 되는 것이다.

그는 또한 인간이 영생할 수 있는 세상이 곧 다가온다고 주장하며 『영원히 사는 법(부제: 의학혁명까지 살아남기 위해 알아야 할 9가지)』이라는 책도 펴냈다. 이 책에서 그는 2045년이 되면 영원히 살 수 있는 기술이 개발되니 건강 관리를 잘 하면서 죽지 않고 그때까지만 버티면 영생을 얻을 수 있다고 조언한다. 빌 게이츠는 레이 커즈와일의 이런 주장에 대해 '인공지능 분야 최고 권위자가 들려주는 인류 문명의 미래'라며 그의 주장에 동의했다.

새천년을 여는 2000년 4월에 미국에서 가장 유명한 디지털 전문 잡지인 「와이어드」는 'Why the future doesn't need us?왜 미래는 인간이 필요하지 않은가?'라는 도발적인 칼럼으로 세계적인 논쟁거리를 만들었다. 가까운 시간 내에 기술이 발전해 인간은 기술의 지배를 받거나 심할 경우 기술의 역습으로 멸망할 수 있다는 주장이다. 디지털 기술에 매우 우호적인 디지털 전문 잡지에 이런 글이 실린 것이 이례적인 사건이었지만 더 놀라운 것은 디지털 기술을 반대하는 인문학자, 환경론자 혹은 시민단체 관련자가 아닌 디지털 기술을 최선두에서 이끌어가는 IT 리더의 칼럼이었기 때문에 더욱 화제가 되었다. 이 칼럼을 쓴 사람은 빌 조이Bill Joy로 빌 클린턴 대통령 시절 '정보기술에 관한 대통령 자문위원회'의 공동의장을 역임하기도 했다. 그는 썬마이크로시스템즈의 공동 창업자로 IT 업계에서는 널리 알려진 인물이며, 전 세계 IT 업계를 이끌어가는 핵심 인물 중 한 명이다. 이 칼럼에서 빌 조이는 레이 커즈와일의 주장을 상당 부분 인용하며 그의 주장에 동조했다.

기술이 우리의 생각과 미래를 지배하게 될 것이라는 주장은 레이 커즈와일, 빌 게이츠, 빌 조이만 내세운 것이 아니다. 2008년 8월, TCP/IP를 개발해 '인터넷의 아버지'라 불리는 빈트 서프도 앞으로의 10년을 예언했다. 빈트 서프는 석학이기도 하지만 구글 부사장으로 일하고 있기 때문에 미래에 대한 예언은 사실 구글이 추구하는 미래라고 봐도 무방하다. 그는 10년 내로 인류의 절반 이상이 사이보그가 될 것이라고 전망했다. 언제 어디서나 인터넷에 접속한 상태로 있고, 특수 안경을 쓰고 실제 모습에다가 정보를 합친 모습으로 세상을 바라보며 지시에 따라 행동하며, 우리가 보고, 느끼고, 경험하는 모든 것이 인터넷에 저장될 것이라고 이야기한다. 정보 기술의 발전은 우리의 자유 의지를 크게 후퇴시킬 수 있다는 우려 역시도 빼놓지 않았다. 모든 사람이 정부와 권력에 의해 상시적으로 감시되는 생활이 일상적으로 벌어진다는 설명이다.

검색과 SNS, 빅데이터를 통해 세상은 기술적으로 지금보다 더 발달할 것이고 합리적으로 변할 것이다. 그리고 우리의 삶은 편안해질 것이다. 우리는 생각과 판단을 자율적 검색 같은 정보 기술에 크게 의존하게 될 테고 권력은 이 부분을 주시할 것이다. 대중들의 생각과 판단에 결정적 영향을 줄 수 있다는 점은 권력을 유지하고 싶거나 획득하고 싶은 집단에게 매우 매력적인 수단이기 때문이다. 권력은 대중에 대한 통제의 효율성을 추구할 것이다. 권력은 기존 미디어보다 더 효과적인 자율적 검색 같은 정보 기술을 이용해 우리의 생각을 자신들이 뜻하는 바대로 바꾸려고 노력할 것이다. 차이가 있다면 기존에는 정치와 자본 권력이 주로 미디어를 활용해 대중을 통제하려고 한 반면, 앞으로는 정치와 자본 권력 뿐 아니라 구글 같은 기술 권력으로 다양화될 가능성이 커졌다는 점뿐이다. 미래에는 우리의 생각이 우리 본연이 사고하고 판단한 생각이 아닌 정치, 자본, 기술 권력에 의한 생각이 될 수 있다. 법률적으로 우리의 민주주의는 커지겠지만 정보 기술을 통한 통제로 우리의 생각이 권력에 종속화되어 사실상의 전체주의적 사회를 만들 수 있다.

현재 일부 분야에서 정보 기술의 판단 능력이 인간의 판단 능력을 앞섰지만 검색 기술의 발전, 빅데이터 분석의 발전 등으로 모든 분야에서 정보 기술이 우리보다 더 합리적인 판단을 할 수 있게 될 것이다. 그럴 경우 우리는 우리의 판단 능력 대신 정보 기술의 판단 능력을 더 신뢰하게 될 수밖에 없다. 우리는 중요한 의사 결정부터 사소한 의사 결정까지 모두 정보 기술에 의지해 살게 될 것이다. 우리가 정보 기술을 이용하는 것이 아니라 정보 기술이 시키는 대로 하는, 정보 기술에 종속적인 관계가 될 것이다.

이 글을 읽는 많은 독자들은 이렇게 생각할지도 모르겠다. "우리는 우리의 판단력을 온전히 정보 기술에 넘겨 줄 정도로 멍청하지 않다!"

그런 경우가 발생하면 우리가 기술의 작동을 중지시키면 된다고 이야기할 수 있다. 역사상 기술의 영향력이 축소된 적은 없었다. 우리 사회는 갈수록 고도화되고 있으며 이미 많은 것들을 정보 기술에 의존한다. 목적지로 가기 위해 내비게이션이 시키는 방향으로 핸들을 돌려 이동한다. 운전 중에도 시스템화되어 자동으로 작동되는 신호등의 지시에 따라 움직인다. 신호등이 자동화된 시스템에 의해 빨간 불을 켜 주면 차들이 멈추며, 초록 불이 들어오면 다들 움직이기 시작한다.

하루에 수십만 명이 이용하는 지하철의 경우 사람의 판단력만으로 운행을 할 경우 대형 사고를 유발할 수 있기에 기술의 도움을 많이 받는다. 과거 사람이 지하철 운행을 했지만 지금은 정보 기술이 지하철 운행을 한다. 지하철 5호선부터 8호선은 기본 설계가 사람이 필요 없이 정보 기술만으로 운영 가능한 시스템으로 되어있다. 사람은 혹시 발생할지 모를 비상 사태에 대비해 한 사람만 탑승해 보조하는 역할을 한다. 안전 점검도 사람이 돌아다니면서 하는 것이 아니라 지하철 외부에 특수 카메라를 부착해 열차 운행 중 지하철 터널 상태를 실시간으로 분석해 안전 여부를 알려 준다. 문제가 있을 경우 이를 알려 주면 사람이 가서 수리를 한다. 고도화되고 복잡해질수록 정보 기술에 대한 의존도는 필수적이다.

이미 우리 사회의 많은 부분은 우리의 뇌로 하는 판단이 아니라 정보 기술에 의존한 판단에 따른다. 현재 정보 기술에 대한 판단이 엔지니어가 설계한 간단한 공식에 따라 판단을 했다면 앞으로는 인터넷에 연결해 더 많은 정보를 분석해 설계된 이상의 판단을 한다는 차이만 있다. 영화 같은 일이 일어나게 될 것이다. 자동차가 있으니 귀찮게 걸어다니지 않는 것처럼, 컴퓨터가 나보다 정확한 판단을 하는데 내가 진행 사항을 확인해가며 또 다른 의사 결정을 할 이유가 없다. 개인적인 일이라면 귀찮은 일이고 기업이라면 의사 결정의 속도만 느려지게 할 뿐이다.

정보 기술이 개인과 기업의 의사 결정을 모두 해 버린다면 과연 우리는 어떤 존재가 될지 진지하게 고민하지 않을 수 없다. 우리에게 지시를 내리는 존재가 결국은 정보 기술이라면, 우리가 구글에서 시키는 검색결과를 활용한 지령에 따라 움직인다면 우리는 독립적인 존재가 아니라 수동적인 존재로 전락했다고 봐도 무방하기 때문이다.

디지털 유토피아를 위한 제언

기술의 발전은 사회를 변화시킨다. 앞으로 우리 사회를 변화시키는 기술은 검색, SNS, 클라우드, 빅데이터가 융합될 것이다. 우리의 개인정보와 활동 정보를 분석해 우리에게 최적의 시간에 최적의 형태로 내가 예상하지도 못한 정보를 명령하듯 알려 줄 것이다. 처음에는 단순히 실생활에 유용한 정보를 알려 주는 수준이겠지만, 나에 대한 정보가 많이 쌓이고 기술이 고도화되면 내가 무슨 직업을 가져야 하는지, 내가 어디에 투자를 해야 하는지, 누구와 결혼하는 것이 합당한지와 같이 나의 미래를 결정할 수 있는 큰 결정까지도 대신 내리고 알려 줄 것이다.

결국, 온라인과 오프라인의 경계가 모호해지며 과거에는 경험해 보지 못한 새로운 세상을 맞이하게 될 것이다. 현재 TV로 스포츠 경기 중계를 보면 실제로 존재하는 스포츠 경기 중에 현존하지 않는 광고판이 등장하는 것처럼, 우리가 안경이나 렌즈를 끼고 세상을 바라보면 실존하는 것과 실존하지 않는 것이 교묘하게 결합되는 세상이 될 것이다. 같은 장소에 존재하지만 각기 다른 것을 보고 각기 다른 것을 경험하는 영화 같은 세상이 등장하는 것이다.

세계는 현재 경제 위기 속에서 새로운 패러다임의 등장을 강력하게 원하고 있다. 우리는 과거 어떤 세대보다 빠르게 신기술을 받아들이며 사회의 변화에 적응하게 될 것이다. SNS 등이 대중화되면서 우리 생활과 생각이 디지털로 기록되고 있다. 인류의 정신적 자산인 책이 디지털화되면서 인터넷 정보의 질적 향상도 이루어지고 있다. 스마트폰의 대중화는 디지털의 시공간의 제약을 사라지게 한다. 양적 질적으로 성장한 정보들은 거대한 구름 같은 컴퓨터에서 실시간으로 분석되어 나의 판단을 대신해 주는 또 하나의 뇌가 될 준비를 하고 있다.

이것을 주도적으로 사용하는 개인에게는 가장 합리적인 판단을 할 수 있는 마법의 도구를 얻은 셈이지만, 그렇지 않은 개인에게는 사실상의 '신'이 되는 문제점이 발생할 것이다. 스스로의 판단력을 상실하게 되어 기술이 지시하는 것을 무비판적으로 믿고 행동하는 사람들이 늘어날지도 모른다. 정치 권력, 자본 권력 등 기득권을 지닌 세력은 대중들의 새로운 뇌를 자기들 입맛에 맞게 조종하고 싶어 할 것이다. 바야흐로 자유 의지를 지키려는 개인과 개인을 조종하려는 권력과의 싸움이 시작되는 것이다.

새로운 뇌가 올바르게 작동하기 위해서는 인터넷의 정확성과 신뢰를 높여야 한다. 괴담이 떠도는 인터넷 세상이 아니라 서로 신뢰할 수 있는 정보가 더욱 많아져야 한다. 공동 창조 사회에서는 구성원들이 하나의 생명체처럼 유기적으로 연결되어 있어서, 잘못된 정보와 바람직하지 못한 정보는 다수의 사회 구성원들에게 피해를 주기 때문이다. 정보 기술에 대한 의존도와 유기성이 갈수록 강해지기 때문에 한 사람의 잘못이 다른 한 사람의 피해로 끝나는 것이 아니라 사회 전체적인 위기까지도 불러 일으키는 문제로 발전 수 있다.

창의적인 개인의 영향력은 앞으로 점점 늘어날 것이다. 조직 내에서 한 사람이 처리할 수 있는 업무 범위와 성과가 크게 증가할 수 있기 때문이다. 창의적인 인재들은 부차적인 일들을 정보 기술에 맡기고 본연의 업무를 효율적으로 생산할 수 있다. 이는 조직 내에서는 보조적 역할을 하던 사무직 인력의 축소를 의미하며, 사회적으로는 좋은 일자리와 중산층의 감소라는 문제를 야기할 것이다. 또한, 지금은 대중 매체의 영향력이 크고 이 정보를 대부분의 사람들이 소비하기 때문에 사회적 아젠다와 해결책에 대해서 합의를 이끌어 내는 것이 어렵지 않지만 앞으로 모든 사람들이 최적화된 정보를 받아 보게 됨에 따라 공통점이 많지 않은 사람들끼리 합의를 도출하는 것이 어려워질 것이다. 심할 경우 의사 소통의 어려움이 생길 수 있다. 경제적으로 중산층 감소와 최적화된 정보만을 접하는 정보 환경의 변화로 인해 사회 통합의 극심한 어려움에 빠질 수도 있다.

긍정적인 효과로 좋은 콘텐츠와 제품을 생산한 개인이 타인에게 영향력을 행사하거나 유통할 수 있는 방법이 점점 늘어남에 따라 개인의 가치가 증대될 것이다. 산업혁명 이후 사회의 중심을 기업에게 넘겨 주고 개인의 가치가 갈수록 하락하는 현실이 개선될 것이다. 개인의 영향력이 극대화되는 시점은 신뢰를 확보하는 순간이다. 단순히 콘텐츠와 제품을 공급해주던 공급자에서 사회 구성원들에게 영향을 주는 영향력자로 발전할 수 있다. 개인의 영향력이 커질 수 있다는 것은 개인의 사생활이 침해될 가능성이 갈수록 많아질 것이라는 뜻과 동일하다. 개인의 영향력 확대와 사생활 보호 사이에서 적당한 타협점을 찾는 것이 사회적으로 가장 중요한 문제 중에 하나가 될 것이다.

산업 혁명 이후 우리는 기술결정의 세상에서 살아가고 있다. 우리의 삶, 우리의 사회, 우리의 생각 모든 것이 기술의 영향을 받고 있다. 지금까지 인터넷이 어떻게 발전해 왔고, 현재 우리 세상에서 어떤 영향력을 미치고 있으며 앞으로 검색, SNS, 클라우드, 빅데이터의 융합으로 어떤 세상이 펼쳐질 것인지에 대해서 살펴봤다. 미래는 아무도 알 수 없다. 하지만, 미래의 기술에 대해서는 짐작할 수 있다. 과거 10년, 20년 전에 전문가들이 개발하려고 노력했던 기술이 우리가 오늘날 사용하는 기술이며, 현재 전문가들이 개발하려고 노력하는 기술이 앞으로 10년, 20년 뒤에 사용하게 될 기술이다. 물론, 이 기술로 인해 변화되는 세상은 그 기술을 개발한 사람도 짐작할 수 없다.

현재 우리 생활의 큰 영향을 미치는 텔레비전은 개발 초기에는 뮤지컬과 오페라 같은 무대 공연을 멀리 떨어진 곳에서도 볼 수 있게 해주겠다는 생각으로 만들어졌다. 텔레비전의 등장은 예상할 수 있었지만 텔레비전으로 인해 변화될 우리 생활까지는 과거에 예상하지 못했다. 이처럼 검색, SNS, 클라우드, 빅데이터의 융합은 확실한 기술적 흐름이지만, 앞으로 펼쳐질 세상의 변화를 우리는 정확하게 알 수 없다.

디지털이 지배하는 미래가 음울한 디스토피아에 가까울지, 기술의 만개로 인한 인류의 편리와 행복이 보장되는 유토피아 세상에 가까울지 나 자신도 쉽게 단언하기 어렵다. 다만, 확실한 것은 모든 사회적 변화가 그러하듯이 긍정적인 변화와 함께 부정적인 변화도 함께 가져올 것이라는 점이다. 긍정적인 변화는 더 발전시키며 부정적인 변화를 줄이기 위해서는, 사전에 정확한 변화를 예측하기 위해 얼마나 많은 고민을 하느냐가 무엇보다 중요하다. 이 책은 이런 변화를 예측하며 고민한 책이다. 인간이 조금이라도 능동적으로 세상을 바꿀 수 있다면 함께 노력해서 디지털 유토피아 미래를 꿈꿔보고 싶다. 행동과 감시, 통찰이 필요한 시점이다. 모두에게 건투를 빈다.

찾아보기

ㄱ

개똥녀 231
객체지향 148
게이트키핑 277
계정 비활성화 249
괴벨스 280
구글 26, 44, 57, 102, 205, 212, 254
구글 닥스 160
구글 트렌드 47
구텐베르크 214
구텐베르크 프로젝트 215

ㄴ

넷스케이프 80, 132, 224
넷플릭스 244
놀 102
뉘앙스 37
뉴요커 216, 217
뉴턴 149

닉 빌튼 246
닝닷컴 81

ㄷ

다운로드닷컴 123
데이비드 골드 249
데이터 과학자 168
두스 230
드라이어드 129
드롭박스 160
디그 113
디지에코 274
디지털 미래 설계 191
딜리셔스 200

ㄹ

래리 페이지 29, 30
레이 커즈와일 284, 285
레코디드 퓨처 34, 35
리눅스 109, 139

리얼리티 인터페이스 116
리차드 스톨만 110
링컨 221
링크 80
링크투 HPC 129, 136

ㅁ

마리사 메이어 44
마이너리티 리포트 237
마이스페이스 59, 66, 68, 69, 106
마이크 로버슨 249
마이크로소프트 80, 133, 155, 174
마이클 모리츠 181
마이클 체토프 191
마크 앤드리슨 80, 224
마크 주커버그 245, 246
마틴 루터 261
매셔블 248
매스매티카 42
모비딕 278
모자익 80

ㅂ

바다 137
바이두 198
버추얼 커뮤니티 65
베람 미스트리 243
베보닷컴 134
벤 파 248
보잉보잉 231
북스 라이브러리 프로젝트 212
붉은 깃발법 283
블리자드 202
비콘 248

빅데이터 35, 55, 136, 151, 161, 191, 225, 239
빅 브라더 236
빅테이블 136
빈트 서프 197, 288
빌 게이츠 174
빌 조이 287

ㅅ

세르게이 브린 29, 30
세리 273
세린디피티 엔진 53, 56
세이의 법칙 264
세쿼이아 캐피탈 177, 180, 182
소셜 그래프 263
소셜 스킬 233
소셜 시그너처 245
스몰토크 148
스텀블어폰닷컴 176
스트리트뷰 206, 254
스티브 잡스 151, 156, 174
시네 매치 엔진 244
시리 36, 38, 151, 156, 157
시장과 성당 110
실명제 253
실버라이트 127
싸이월드 66, 232
썬마이크로시스템즈 126, 140, 181, 287
씨넷 123

ㅇ

아르파넷 79
아마존 142, 144, 146

아마존 리테일 애널리틱스 146
아마존웹서비스 145
아젠다 세팅 277
아킴보 시스템 152
아파치 소프트웨어 재단 139
알타비스타 27, 29, 30
애드센스 50, 144
애드워즈 50
애플 36, 38, 44, 157, 174
애플TV 39
액티브엑스 132
앤드리슨 호로위츠 82
앨 고어 181
앨런 케이 147, 148
야후 135, 136
어도비 인디자인 218
에릭 슈미트 32, 33, 254
엑스박스360 155
엠파스 58
영원히 사는 법 287
오버추어 125
오픈코스웨어 273
올리버 고든 셀프리지 43
와이어드 217, 287
울프럼알파 38, 40, 41, 43
원숭이와 꽃신 255
웹2.0 175
웹2.0 자살 기계 236
웹샷 124
위키피디아 111, 113
유은이 양 서울대 불합격 사건 194
유저서브미터 114
유튜브 68, 69
윤석양 278

익명성 253
익사이트 105
인공지능 47
인물 인식 49
인스턴트 검색 46
인터넷 소사이어티 197
인터넷 실명제 209
인터넷 주소 운영에 관한 백서 196
인텔 44
인포시크 125

ㅈ

자바 140
자율적 검색 33, 64, 145, 186
잣스팟 105
전자책 215
제프 베조스 142
제한효과이론 277
조산구 210
조지 오웰 236
존 스컬리 149
존 포스텔 196
종교 개혁 261
주커버그 82
지니어스 151
지오시티 207
지프 데이비스 123

ㅊ

최시중 204
추링 112

ㅋ

카터 제니건 243
카피레프트 110

칼 마르크스 260
커뮤니티 64
코어 136
클라우드 컴퓨팅 60, 125, 159, 161
클래스메이트 65
클레임드 플레이스 58
클릭 믹스 모타르 264
클릭 앤 모타르 265

ㅌ

테라 네트웍스 124
테크노라티 114, 248
테크크런치 70, 76, 107
템포럴 애널리틱스 엔진 35
통신법 193
트롤 114
트위터 70, 71
트윗와이프 235
티보 153
팀 버너스리 79

ㅍ

파워 블로거 229
파워 트위터리안 229
팜탑 149
팜파일럿 150
페이스북 71, 94, 245, 249
페이스북: 프라이버시에 대한 위협 248
페이지랭크 28, 30
포스퀘어 234
프레이밍 277
프렌드스터 65, 66
프로그레시브 네트워크 127

프로퍼갠더 277
피카사 49
핀터레스트 83, 84, 85

ㅎ

하둡 129
하워드 라인골드 64
하이퍼텍스트91 79
해롤드 아벨슨 243
호튼웍스 130

A

AIM 134
AOL 134
AWS 146, 147

C

CEP 170

D

DDI 188
DPS 218

F

F8 69, 73

G

GFS 136

I

IBM 138, 140
ICANN 195, 196, 198
ICQ 134
IDC 28

K
KPCB 180, 182

M
MDP 70

N
NC 126
nhn 177

O
OLPC 189
OS/2 138

S
SNS 65, 72, 75, 92, 171, 233, 242, 275
SXSW 107

T
TGIF 201

W
Walmarting Across America 227
WELL 65

숫자
『1984』 236

에이콘출판의 기틀을 마련하신 故 정완재 선생님 (1935-2004)

인터넷 진화와 뇌의 종말
디지털의 미래, 디스토피아인가 유토피아인가

초판 인쇄 ㅣ 2013년 1월 24일
1쇄 발행 ㅣ 2014년 3월 10일

지은이 ㅣ 조 중 혁

펴낸이 ㅣ 권 성 준
엮은이 ㅣ 김 희 정
　　　　 양 아 영
　　　　 황 지 영
표지 디자인 ㅣ 권 혜 정
본문 디자인 ㅣ 선우숙영

인　쇄 ㅣ (주)갑우문화사
용　지 ㅣ 진영지업(주)

에이콘출판주식회사
경기도 의왕시 계원대학로 38 (내손동 757-3) 에이콘출판사 (437-836)
전화 02-2653-7600, 팩스 02-2653-0433
www.acornpub.co.kr / editor@acornpub.co.kr

Copyright ⓒ 에이콘출판주식회사, 2013, Printed in Korea.
ISBN 978-89-6077-389-9
http://www.acornpub.co.kr/book/end-of-brain

이 도서의 국립중앙도서관 출판시도서목록(CIP)은 e-CIP 홈페이지(http://www.nl.go.kr/cip.php)에서
이용하실 수 있습니다. (CIP제어번호: 2013000384)

책값은 뒤표지에 있습니다.